U0862528

中华人民共和国
新法规汇编

2017

第4辑

国务院法制办公室 编

中国法制出版社

编辑说明

一、《中华人民共和国新法规汇编》是国家出版的法律、行政法规汇编正式版本，是刊登报国务院备案并予以登记的部门规章的指定出版物。

二、本汇编收集的内容包括：上一个月内由全国人民代表大会及其常务委员会通过的法律和有关法律问题的决定，国务院公布的行政法规和国务院文件，报国务院备案并予以登记的部门规章，最高人民法院和最高人民检察院公布的司法解释。另外，还收入了上一个月内报国务院备案并予以登记的地方性法规和地方政府规章目录。

三、本汇编所收的内容，按下列分类顺序编排：法律，行政法规，国务院文件，国务院部门规章，司法解释。每类中按公布的时间顺序排列。报国务院备案并予以登记的地方性法规和地方政府规章目录按1987年国务院批准的行政区划顺序排列；同一行政区域报备两件以上者，按公布时间顺序排列。

四、本汇编每年出版12辑，每月出版1辑。本辑为2017年度第4辑，收入2017年3月份内公布的法律1件，有关法律问题的决定3件，行政法规1件，选收国务院文件6件，报国务院备案并经审查予以登记编号的部门规章17件，补收2017年2月份内公布的国务院文件2件，补收司法解释5件，共计35件。

五、本汇编在编辑出版过程中，得到了国务院有关部门和有关方面以及广大读者的大力支持和协助，在此谨致谢意。

国务院法制办公室

2017年4月

目　录

法　律

有关法律问题的决定

行政法规

法规性文件

国务院部门规章

司法解释

附：

法　律

中华人民共和国民法总则

（2017年3月15日第十二届全国人民代表大会第五次会议通过　2017年3月15日中华人民共和国主席令第66号公布　自2017年10月1日起施行）

目　录

第一章　基本规定

第一条　为了保护民事主体的合法权益，调整民事关系，维护社会和经济秩序，适应中国特色社会主义发展要求，弘扬社会主义核心价值观，根据宪法，制定本法。

第二条　民法调整平等主体的自然人、法人和非法人组织之间的人身关系和财产关系。

第三条　民事主体的人身权利、财产权利以及其他合法权益受法律保护，任何组织或者个人不得侵犯。

第四条　民事主体在民事活动中的法律地位一律平等。

第五条　民事主体从事民事活动，应当遵循自愿原则，按照自己的意思设立、变更、终止民事法律关系。

第六条　民事主体从事民事活动，应当遵循公平原则，合理确定各方的权利和义务。

第七条　民事主体从事民事活动，应当遵循诚信原则，秉持诚实，恪守承诺。

第八条　民事主体从事民事活动，不得违反法律，不得违背公序良俗。

第九条　民事主体从事民事活动，应当有利于节约资源、保护生态环境。

第十条　处理民事纠纷，应当依照法律；法律没有规定的，可以适用习惯，但是不得违背公序良俗。

第十一条　其他法律对民事关系有特别规定的，依照其规定。

第十二条　中华人民共和国领域内的民事活动，适用中华人民共和国法律。法律另有规定的，依照其规定。

第二章　自　然　人

第一节　民事权利能力和民事行为能力

第十三条　自然人从出生时起到死亡时止，具有民事权利能力，依法享有民事权利,承担民事义务。

第十四条 自然人的民事权利能力一律平等。

第十五条 自然人的出生时间和死亡时间,以出生证明、死亡证明记载的时间为准;没有出生证明、死亡证明的,以户籍登记或者其他有效身份登记记载的时间为准。有其他证据足以推翻以上记载时间的,以该证据证明的时间为准。

第十六条 涉及遗产继承、接受赠与等胎儿利益保护的,胎儿视为具有民事权利能力。但是胎儿娩出时为死体的,其民事权利能力自始不存在。

第十七条 十八周岁以上的自然人为成年人。不满十八周岁的自然人为未成年人。

第十八条 成年人为完全民事行为能力人,可以独立实施民事法律行为。

十六周岁以上的未成年人,以自己的劳动收入为主要生活来源的,视为完全民事行为能力人。

第十九条 八周岁以上的未成年人为限制民事行为能力人,实施民事法律行为由其法定代理人代理或者经其法定代理人同意、追认,但是可以独立实施纯获利益的民事法律行为或者与其年龄、智力相适应的民事法律行为。

第二十条 不满八周岁的未成年人为无民事行为能力人,由其法定代理人代理实施民事法律行为。

第二十一条 不能辨认自己行为的成年人为无民事行为能力人,由其法定代理人代理实施民事法律行为。

八周岁以上的未成年人不能辨认自己行为的,适用前款规定。

第二十二条 不能完全辨认自己行为的成年人为限制民事行为能力人,实施民事法律行为由其法定代理人代理或者经其法定代理人同意、追认,但是可以独立实施纯获利益的民事法律行为或者与其智力、精神健康状况相适应的民事法律行为。

第二十三条 无民事行为能力人、限制民事行为能力人的监护人是其法定代理人。

第二十四条 不能辨认或者不能完全辨认自己行为的成年人,其利害关系人或者有关组织,可以向人民法院申请认定该成年人为无民事行为能力人或者限制民事行为能力人。

被人民法院认定为无民事行为能力人或者限制民事行为能力人的,经本人、利害关系人或者有关组织申请,人民法院可以根据其智力、精神健康恢复的状况,认定该成年人恢复为限制民事行为能力人或者完全民事行为能力人。

本条规定的有关组织包括:居民委员会、村民委员会、学校、医疗机构、妇女联合会、残疾人联合会、依法设立的老年人组织、民政部门等。

第二十五条 自然人以户籍登记或者其他有效身份登记记载的居所为住所;经常居所与住所不一致的,经常居所视为住所。

第二节 监 护

第二十六条 父母对未成年子女负有抚养、教育和保护的义务。

成年子女对父母负有赡养、扶助和保护的义务。

第二十七条 父母是未成年子女的监护人。

未成年人的父母已经死亡或者没有监护能力的,由下列有监护能力的人按顺序担任监护人:

(一)祖父母、外祖父母;

(二)兄、姐;

(三)其他愿意担任监护人的个人或者组织,但是须经未成年人住所地的居民委员会、村民委员会或者民政部门同意。

第二十八条 无民事行为能力或者限制民事行为能力的成年人,由下列有监护能力的人按顺序担任监护人:

(一)配偶;

(二)父母、子女;

(三)其他近亲属;

(四)其他愿意担任监护人的个人或者组织,但是须经被监护人住所地的居民委员会、村民委员会或者民政部门同意。

第二十九条 被监护人的父母担任监护人的,可以通过遗嘱指定监护人。

第三十条 依法具有监护资格的人之间可以协议确定监护人。协议确定监护人应当尊重被监护人的真实意愿。

第三十一条 对监护人的确定有争议的,由被监护人住所地的居民委员会、村民委员会或者民政部门指定监护人,有关当事人对指定不服的,可以向人民法院申请指定监护人;有关当事人也可以直接向人民法院申请指定监护人。

居民委员会、村民委员会、民政部门或者人民法院应当尊重被监护人的真实意愿,按照最有利于被监护人的原则在依法具有监护资格的人中指定监护人。

依照本条第一款规定指定监护人前,被监护人的人身权利、财产权利以及其他合法权益处于无人保护状态的,由被监护人住所地的居民委员会、村民委员会、法律规定的有关组织或者民政部门担任临时监护人。

监护人被指定后,不得擅自变更;擅自变更的,不免除被指定的监护人的责任。

第三十二条 没有依法具有监护资格的人的,监护人由民政部门担任,也可以由具备履行监护职责条件的被监护人住所地的居民委员会、村民委员会担任。

第三十三条 具有完全民事行为能力的成年人,可以与其近亲属、其他愿意担任监护人的个人或者组织事先协商,以书面形式确定自己的监护人。协商确定的监护人在该成年人丧失或者部分丧失民事行为能力时,履行监护职责。

第三十四条 监护人的职责是代理被监护人实施民事法律行为,保护被监护人的人身权利、财产权利以及其他合法权益等。

监护人依法履行监护职责产生的权利,受法律保护。

监护人不履行监护职责或者侵害被监护人合法权益的,应当承担法律责任。

第三十五条 监护人应当按照最有利于被监护人的原则履行监护职责。监护人除为维护被监护人利益外,不得处分被监护人的财产。

未成年人的监护人履行监护职责,在作出与被监护人利益有关的决定时,应当根据被监护人的年龄和智力状况,尊重被监护人的真实意愿。

成年人的监护人履行监护职责,应当最大程度地尊重被监护人的真实意愿,保障并协助被监护人实施与其智力、精神健康状况相适应的民事法律行为。对被监护人有能力独立处理的事务,监护人不得干涉。

第三十六条 监护人有下列情形之一的,人民法院根据有关个人或者组织的申请,撤销其监护人资格,安排必要的临时监护措施,并按照最有利于被监护人的原则依法指定监护人:

(一)实施严重损害被监护人身心健康行为的;

(二)怠于履行监护职责,或者无法履行监护职责并且拒绝将监护职责部分或者全部委托给他人,导致被监护人处于危困状态的;

(三)实施严重侵害被监护人合法权益的其他行为的。

本条规定的有关个人和组织包括:其他依法具有监护资格的人,居民委员会、村民委员会、学校、医疗机构、妇女联合会、残疾人联合会、未成年人保护组织、依法设立的老年人组织、民政部门等。

前款规定的个人和民政部门以外的组织未及时向人民法院申请撤销监护人资格的,民政部门应当向人民法院申请。

第三十七条 依法负担被监护人抚养费、赡养费、扶养费的父母、子女、配偶等,被人民法院撤销监护人资格后,应当继续履行负担的义务。

第三十八条 被监护人的父母或者子女被人民法院撤销监护人资格后,除对被监护人实施故意犯罪的外,确有悔改表现的,经其申请,人民法院可以在尊重被监护人真实意愿的前提下,视情况恢复其监护人资格,人民法院指定的监护人与被监护人的监护关系同时终止。

第三十九条 有下列情形之一的,监护关系终止:

(一)被监护人取得或者恢复完全民事行为能力;

(二)监护人丧失监护能力;

(三)被监护人或者监护人死亡;

(四)人民法院认定监护关系终止的其他情形。

监护关系终止后,被监护人仍然需要监护的,应当依法另行确定监护人。

第三节 宣告失踪和宣告死亡

第四十条 自然人下落不明满二年的,利害关系人可以向人民法院申请宣告该自然人为失踪人。

第四十一条 自然人下落不明的时间从其失去音讯之日起计算。战争期间下落不明的,下落不明的时间自战争结束之日或者有关机关确定的下落不明之日起计算。

第四十二条 失踪人的财产由其配偶、成年子女、父母或者其他愿意担任财产代管人的人代管。

代管有争议,没有前款规定的人,或者前款规定的人无代管能力的,由人民法院指定的人代管。

第四十三条 财产代管人应当妥善管理失踪人的财产,维护其财产权益。

失踪人所欠税款、债务和应付的其他费用,由财产代管人从失踪人的财产中支付。

财产代管人因故意或者重大过失造成失踪人财产损失的,应当承担赔偿责任。

第四十四条 财产代管人不履行代管职责、侵害失踪人财产权益或者丧失代管能力的,失踪人的利害关系人可以向人民法院申请变更财产代管人。

财产代管人有正当理由的,可以向人民法院申请变更财产代管人。

人民法院变更财产代管人的,变更后的财产代管人有权要求原财产代管人及时移交有关财产并报告财产代管情况。

第四十五条 失踪人重新出现,经本人或者利害关系人申请,人民法院应当撤销失踪宣告。

失踪人重新出现,有权要求财产代管人及时移交有关财产并报告财产代管情况。

第四十六条 自然人有下列情形之一的,利害关系人可以向人民法院申请宣告该自然人死亡:

(一)下落不明满四年;

(二)因意外事件,下落不明满二年。

因意外事件下落不明,经有关机关证明该自然人不可能生存的,申请宣告死亡不受二年时间的限制。

第四十七条 对同一自然人,有的利害关系人申请宣告死亡,有的利害关系人申请宣告失踪,符合本法规定的宣告死亡条件的,人民法院应当宣告死亡。

第四十八条 被宣告死亡的人,人民法院宣告死亡的判决作出之日视为其死亡的日期;因意外事件下落不明宣告死亡的,意外事件发生之日视为其死亡的日期。

第四十九条 自然人被宣告死亡但是并未死亡的,不影响该自然人在被宣告死亡期间实施的民事法律行为的效力。

第五十条 被宣告死亡的人重新出现,经本人或者利害关系人申请,人民法院应当撤销死亡宣告。

第五十一条 被宣告死亡的人的婚姻关系,自死亡宣告之日起消灭。死亡宣告被撤销的,婚姻关系自撤销死亡宣告之日起自行恢复,但是其配偶再婚或者向婚姻登记机关书面声明不愿意恢复的除外。

第五十二条 被宣告死亡的人在被宣告死亡期间,其子女被他人依法收养的,在死亡宣告被撤销后,不得以未经本人同意为由主张收养关系无效。

第五十三条 被撤销死亡宣告的人有权请求依照继承法取得其财产的民事主体返还财产。无法返还的,应当给予适当补偿。

利害关系人隐瞒真实情况,致使他人被宣告死亡取得其财产的,除应当返还财产外,还应当对由此造成的损失承担赔偿责任。

第四节　个体工商户和农村承包经营户

第五十四条 自然人从事工商业经营,经依法登记,为个体工商户。个体工商户可以起字号。

第五十五条 农村集体经济组织的成员,依法取得农村土地承包经营权,从事家庭承包经营的,为农村承包经营户。

第五十六条 个体工商户的债务,个人经营的,以个人财产承担;家庭经营的,以家庭财产承担;无法区分的,以家庭财产承担。

农村承包经营户的债务,以从事农村土地承包经营的农户财产承担;事实上由农户部分成员经营的,以该部分成员的财产承担。

第三章　法　人

第一节　一般规定

第五十七条 法人是具有民事权利能力和民事行为能力,依法独立享有民事权利和承担民事义务的组织。

第五十八条 法人应当依法成立。

法人应当有自己的名称、组织机构、住所、财产或者经费。法人成立的具体条件和程序,依照法律、行政法规的规定。

设立法人,法律、行政法规规定须经有关机关批准的,依照其规定。

第五十九条 法人的民事权利能力和民事行为能力,从法人成立时产生,到法人终止时消灭。

第六十条 法人以其全部财产独立承担民事责任。

第六十一条 依照法律或者法人章程的规定,代表法人从事民事活动的负责人,为法人的法定代表人。

法定代表人以法人名义从事的民事活动,其法律后果由法人承受。

法人章程或者法人权力机构对法定代表人代表权的限制,不得对抗善意相对人。

第六十二条 法定代表人因执行职务造成他人损害的,由法人承担民事责任。

法人承担民事责任后,依照法律或者法人章程的规定,可以向有过错的法定代表人追偿。

第六十三条 法人以其主要办事机构所在地为住所。依法需要办理法人登记的,应当将主要办事机构所在地登记为住所。

第六十四条 法人存续期间登记事项发生变化的,应当依法向登记机关申请变更登记。

第六十五条 法人的实际情况与登记的事项不一致的,不得对抗善意相对人。

第六十六条 登记机关应当依法及时公示法人登记的有关信息。

第六十七条 法人合并的,其权利和义务由合并后的法人享有和承担。

法人分立的,其权利和义务由分立后的法人享有连带债权,承担连带债务,但是债权人和债务人另有约定的除外。

第六十八条 有下列原因之一并依法完成清算、注销登记的,法人终止:

(一)法人解散;

(二)法人被宣告破产;

(三)法律规定的其他原因。

法人终止,法律、行政法规规定须经有关机关批准的,依照其规定。

第六十九条 有下列情形之一的,法人解散:

(一)法人章程规定的存续期间届满或者法人章程规定的其他解散事由出现;

(二)法人的权力机构决议解散;

（三）因法人合并或者分立需要解散；

（四）法人依法被吊销营业执照、登记证书，被责令关闭或者被撤销；

（五）法律规定的其他情形。

第七十条 法人解散的，除合并或者分立的情形外，清算义务人应当及时组成清算组进行清算。

法人的董事、理事等执行机构或者决策机构的成员为清算义务人。法律、行政法规另有规定的，依照其规定。

清算义务人未及时履行清算义务，造成损害的，应当承担民事责任；主管机关或者利害关系人可以申请人民法院指定有关人员组成清算组进行清算。

第七十一条 法人的清算程序和清算组职权，依照有关法律的规定；没有规定的，参照适用公司法的有关规定。

第七十二条 清算期间法人存续，但是不得从事与清算无关的活动。

法人清算后的剩余财产，根据法人章程的规定或者法人权力机构的决议处理。法律另有规定的，依照其规定。

清算结束并完成法人注销登记时，法人终止；依法不需要办理法人登记的，清算结束时，法人终止。

第七十三条 法人被宣告破产的，依法进行破产清算并完成法人注销登记时，法人终止。

第七十四条 法人可以依法设立分支机构。法律、行政法规规定分支机构应当登记的，依照其规定。

分支机构以自己的名义从事民事活动，产生的民事责任由法人承担；也可以先以该分支机构管理的财产承担，不足以承担的，由法人承担。

第七十五条 设立人为设立法人从事的民事活动，其法律后果由法人承受；法人未成立的，其法律后果由设立人承受，设立人为二人以上的，享有连带债权，承担连带债务。

设立人为设立法人以自己的名义从事民事活动产生的民事责任，第三人有权选择请求法人或者设立人承担。

第二节 营利法人

第七十六条 以取得利润并分配给股东等出资人为目的成立的法人，为营利法人。

营利法人包括有限责任公司、股份有限公司和其他企业法人等。

第七十七条 营利法人经依法登记成立。

第七十八条 依法设立的营利法人，由登记机关发给营利法人营业执照。营业执照签发日期为营利法人的成立日期。

第七十九条 设立营利法人应当依法制定法人章程。

第八十条 营利法人应当设权力机构。

权力机构行使修改法人章程，选举或者更换执行机构、监督机构成员，以及法人章程规定的其他职权。

第八十一条 营利法人应当设执行机构。

执行机构行使召集权力机构会议，决定法人的经营计划和投资方案，决定法人内部管理机构的设置，以及法人章程规定的其他职权。

执行机构为董事会或者执行董事的，董事长、执行董事或者经理按照法人章程的规定担任法定代表人；未设董事会或者执行董事的，法人章程规定的主要负责人为其执行机构和法定代表人。

第八十二条 营利法人设监事会或者监事等监督机构的，监督机构依法行使检查法人财务，监督执行机构成员、高级管理人员执行法人职务的行为，以及法人章程规定的其他职权。

第八十三条 营利法人的出资人不得滥用出资人权利损害法人或者其他出资人的利益。滥用出资人权利给法人或者其他出资人造成损失的，应当依法承担民事责任。

营利法人的出资人不得滥用法人独立地位和出资人有限责任损害法人的债权人利益。滥用法人独立地位和出资人有限责任，逃避债务，严重损害法人的债权人利益的，应当对法人债务承担连带责任。

第八十四条 营利法人的控股出资人、实际控制人、董事、监事、高级管理人员不得利用其关联关系损害法人的利益。利用关联关系给法人造成损失的，应当承担赔偿责任。

第八十五条 营利法人的权力机构、执行机构作出决议的会议召集程序、表决方式违反法律、行政法规、法人章程，或者决议内容违反法人章程的，营利法人的出资人可以请求人民法院撤销该决议，但是营利法人依据该决议与善意相对人形成的民事法律关系不受影响。

第八十六条 营利法人从事经营活动，应当遵守商业道德，维护交易安全，接受政府和社会的监督，承担社会责任。

第三节 非营利法人

第八十七条 为公益目的或者其他非营利目的成立，不向出资人、设立人或者会员分配所取得利润的法人，为非营利法人。

非营利法人包括事业单位、社会团体、基金会、社会服务机构等。

第八十八条 具备法人条件，为适应经济社会发展需要，提供公益服务设立的事业单位，经依法登记成立，取得事业单位法人资格；依法不需要办理法人登记的，从成立之日起，具有事业单位法人资格。

第八十九条 事业单位法人设理事会的，除法律另有规定外，理事会为其决策机构。事业单位法人的法定代表人依照法律、行政法规或者法人章程的规定产生。

第九十条 具备法人条件，基于会员共同意愿，为公益目的或者会员共同利益等非营利目的设立的社会团体，经依法登记成立，取得社会团体法人资格；依法不需要办理法人登记的，从成立之日起，具有社会团体法人资格。

第九十一条 设立社会团体法人应当依法制定法人章程。

社会团体法人应当设会员大会或者会员代表大会等权力机构。

社会团体法人应当设理事会等执行机构。理事长或者会长等负责人按照法人章程的规定担任法定代表人。

第九十二条 具备法人条件，为公益目的以捐助财产设立的基金会、社会服务机构等，经依法登记成立，取得捐助法人资格。

依法设立的宗教活动场所，具备法人条件的，可以申请法人登记，取得捐助法人资格。法律、行政法规对宗教活动场所有规定的，依照其规定。

第九十三条 设立捐助法人应当依法制定法人章程。

捐助法人应当设理事会、民主管理组织等决策机构，并设执行机构。理事长等负责人按照法人章程的规定担任法定代表人。

捐助法人应当设监事会等监督机构。

第九十四条 捐助人有权向捐助法人查询捐助财产的使用、管理情况，并提出意见和建议，捐助法人应当及时、如实答复。

捐助法人的决策机构、执行机构或者法定代表人作出决定的程序违反法律、行政法规、法人章程，或者决定内容违反法人章程的，捐助人等利害关系人或者主管机关可以请求人民法院撤销该决定，但是捐助法人依据该决定与善意相对人形成的民事法律关系不受影响。

第九十五条 为公益目的成立的非营利法人终止时，不得向出资人、设立人或者会员分配剩余财产。剩余财产应当按照法人章程的规定或者权力机构的决议用于公益目的；无法按照法人章程的规定或者权力机构的决议处理的，由主管机关主持转给宗旨相同或者相近的法人，并向社会公告。

第四节 特 别 法 人

第九十六条 本节规定的机关法人、农村集体经济组织法人、城镇农村的合作经济组织法人、基层群众性自治组织法人，为特别法人。

第九十七条 有独立经费的机关和承担行政职能的法定机构从成立之日起，具有机关法人资格，可以从事为履行职能所需要的民事活动。

第九十八条 机关法人被撤销的，法人终止，其民事权利和义务由继任的机关法人享有和承担；没有继任的机关法人的，由作出撤销决定的机关法人享有和承担。

第九十九条 农村集体经济组织依法取得法人资格。

法律、行政法规对农村集体经济组织有规定的，依照其规定。

第一百条 城镇农村的合作经济组织依法取得法人资格。

法律、行政法规对城镇农村的合作经济组织有规定的，依照其规定。

第一百零一条 居民委员会、村民委员会具有基层群众性自治组织法人资格，可以从事为履行职能所需要的民事活动。

未设立村集体经济组织的，村民委员会可以依法代行村集体经济组织的职能。

第四章 非法人组织

第一百零二条 非法人组织是不具有法人资格，但是能够依法以自己的名义从事民事活动的组织。

非法人组织包括个人独资企业、合伙企业、不具有法人资格的专业服务机构等。

第一百零三条 非法人组织应当依照法律的规定登记。

设立非法人组织，法律、行政法规规定须经有关机关批准的，依照其规定。

第一百零四条 非法人组织的财产不足以清偿债务的，其出资人或者设立人承担无限责任。法律另有规定的，依照其规定。

第一百零五条 非法人组织可以确定一人或者数人代表该组织从事民事活动。

第一百零六条 有下列情形之一的，非法人组织解散：

（一）章程规定的存续期间届满或者章程规定的其他解散事由出现；

（二）出资人或者设立人决定解散；

（三）法律规定的其他情形。

第一百零七条 非法人组织解散的，应当依法进行清算。

第一百零八条 非法人组织除适用本章规定外，参照适用本法第三章第一节的有关规定。

第五章 民事权利

第一百零九条 自然人的人身自由、人格尊严受法律保护。

第一百一十条 自然人享有生命权、身体权、健康权、姓名权、肖像权、名誉权、荣誉权、隐私权、婚姻自主权等权利。

法人、非法人组织享有名称权、名誉权、荣誉权等权利。

第一百一十一条 自然人的个人信息受法律保护。任何组织和个人需要获取他人个人信息的,应当依法取得并确保信息安全,不得非法收集、使用、加工、传输他人个人信息,不得非法买卖、提供或者公开他人个人信息。

第一百一十二条 自然人因婚姻、家庭关系等产生的人身权利受法律保护。

第一百一十三条 民事主体的财产权利受法律平等保护。

第一百一十四条 民事主体依法享有物权。

物权是权利人依法对特定的物享有直接支配和排他的权利,包括所有权、用益物权和担保物权。

第一百一十五条 物包括不动产和动产。法律规定权利作为物权客体的,依照其规定。

第一百一十六条 物权的种类和内容,由法律规定。

第一百一十七条 为了公共利益的需要,依照法律规定的权限和程序征收、征用不动产或者动产的,应当给予公平、合理的补偿。

第一百一十八条 民事主体依法享有债权。

债权是因合同、侵权行为、无因管理、不当得利以及法律的其他规定,权利人请求特定义务人为或者不为一定行为的权利。

第一百一十九条 依法成立的合同,对当事人具有法律约束力。

第一百二十条 民事权益受到侵害的,被侵权人有权请求侵权人承担侵权责任。

第一百二十一条 没有法定的或者约定的义务,为避免他人利益受损失而进行管理的人,有权请求受益人偿还由此支出的必要费用。

第一百二十二条 因他人没有法律根据,取得不当利益,受损失的人有权请求其返还不当利益。

第一百二十三条 民事主体依法享有知识产权。

知识产权是权利人依法就下列客体享有的专有的权利:

(一)作品;

(二)发明、实用新型、外观设计;

(三)商标;

(四)地理标志;

(五)商业秘密;

(六)集成电路布图设计;

（七）植物新品种；

（八）法律规定的其他客体。

第一百二十四条 自然人依法享有继承权。

自然人合法的私有财产，可以依法继承。

第一百二十五条 民事主体依法享有股权和其他投资性权利。

第一百二十六条 民事主体享有法律规定的其他民事权利和利益。

第一百二十七条 法律对数据、网络虚拟财产的保护有规定的，依照其规定。

第一百二十八条 法律对未成年人、老年人、残疾人、妇女、消费者等的民事权利保护有特别规定的，依照其规定。

第一百二十九条 民事权利可以依据民事法律行为、事实行为、法律规定的事件或者法律规定的其他方式取得。

第一百三十条 民事主体按照自己的意愿依法行使民事权利，不受干涉。

第一百三十一条 民事主体行使权利时，应当履行法律规定的和当事人约定的义务。

第一百三十二条 民事主体不得滥用民事权利损害国家利益、社会公共利益或者他人合法权益。

第六章 民事法律行为

第一节 一般规定

第一百三十三条 民事法律行为是民事主体通过意思表示设立、变更、终止民事法律关系的行为。

第一百三十四条 民事法律行为可以基于双方或者多方的意思表示一致成立，也可以基于单方的意思表示成立。

法人、非法人组织依照法律或者章程规定的议事方式和表决程序作出决议的，该决议行为成立。

第一百三十五条 民事法律行为可以采用书面形式、口头形式或者其他形式；法律、行政法规规定或者当事人约定采用特定形式的，应当采用特定形式。

第一百三十六条 民事法律行为自成立时生效，但是法律另有规定或者当事人另有约定的除外。

行为人非依法律规定或者未经对方同意，不得擅自变更或者解除民事法律行为。

第二节 意思表示

第一百三十七条 以对话方式作出的意思表示，相对人知道其内容时生效。

以非对话方式作出的意思表示，到达相对人时生效。以非对话方式作出的采用数据电文形式的意思表示，相对人指定特定系统接收数据电文的，该数据电文进入该特定系统时生效；未指定特定系统的，相对人知道或者应当知道该数据电文进入其系统时生效。当事人对采用数据电文形式的意思表示的生效时间另有约定的，按照其约定。

第一百三十八条 无相对人的意思表示，表示完成时生效。法律另有规定的，依照其规定。

第一百三十九条 以公告方式作出的意思表示，公告发布时生效。

第一百四十条 行为人可以明示或者默示作出意思表示。

沉默只有在有法律规定、当事人约定或者符合当事人之间的交易习惯时，才可以视为意思表示。

第一百四十一条 行为人可以撤回意思表示。撤回意思表示的通知应当在意思表示到达相对人前或者与意思表示同时到达相对人。

第一百四十二条 有相对人的意思表示的解释，应当按照所使用的词句，结合相关条款、行为的性质和目的、习惯以及诚信原则，确定意思表示的含义。

无相对人的意思表示的解释，不能完全拘泥于所使用的词句，而应当结合相关条款、行为的性质和目的、习惯以及诚信原则，确定行为人的真实意思。

第三节 民事法律行为的效力

第一百四十三条 具备下列条件的民事法律行为有效：

（一）行为人具有相应的民事行为能力；

（二）意思表示真实；

（三）不违反法律、行政法规的强制性规定，不违背公序良俗。

第一百四十四条 无民事行为能力人实施的民事法律行为无效。

第一百四十五条 限制民事行为能力人实施的纯获利益的民事法律行为或者与其年龄、智力、精神健康状况相适应的民事法律行为有效；实施的其他民事法律行为经法定代理人同意或者追认后有效。

相对人可以催告法定代理人自收到通知之日起一个月内予以追认。法定代理人未作表示的，视为拒绝追认。民事法律行为被追认前，善意相对人有撤销的权利。撤销应当以通知的方式作出。

第一百四十六条 行为人与相对人以虚假的意思表示实施的民事法律行为无效。

以虚假的意思表示隐藏的民事法律行为的效力，依照有关法律规定处理。

第一百四十七条 基于重大误解实施的民事法律行为，行为人有权请求人民法院或者仲裁机构予以撤销。

第一百四十八条 一方以欺诈手段，使对方在违背真实意思的情况下实施的民事法律行为，受欺诈方有权请求人民法院或者仲裁机构予以撤销。

第一百四十九条 第三人实施欺诈行为，使一方在违背真实意思的情况下实施的民事法律行为，对方知道或者应当知道该欺诈行为的，受欺诈方有权请求人民法院或者仲裁机构予以撤销。

第一百五十条 一方或者第三人以胁迫手段，使对方在违背真实意思的情况下实施的民事法律行为，受胁迫方有权请求人民法院或者仲裁机构予以撤销。

第一百五十一条 一方利用对方处于危困状态、缺乏判断能力等情形，致使民事法律行为成立时显失公平的，受损害方有权请求人民法院或者仲裁机构予以撤销。

第一百五十二条 有下列情形之一的，撤销权消灭：

（一）当事人自知道或者应当知道撤销事由之日起一年内、重大误解的当事人自知道或者应当知道撤销事由之日起三个月内没有行使撤销权；

（二）当事人受胁迫，自胁迫行为终止之日起一年内没有行使撤销权；

（三）当事人知道撤销事由后明确表示或者以自己的行为表明放弃撤销权。

当事人自民事法律行为发生之日起五年内没有行使撤销权的，撤销权消灭。

第一百五十三条 违反法律、行政法规的强制性规定的民事法律行为无效，但是该强制性规定不导致该民事法律行为无效的除外。

违背公序良俗的民事法律行为无效。

第一百五十四条 行为人与相对人恶意串通，损害他人合法权益的民事法律行为无效。

第一百五十五条 无效的或者被撤销的民事法律行为自始没有法律约束力。

第一百五十六条 民事法律行为部分无效，不影响其他部分效力的，其他部分仍然有效。

第一百五十七条 民事法律行为无效、被撤销或者确定不发生效力后，行为人因该行为取得的财产，应当予以返还；不能返还或者没有必要返还的，应当折价补偿。有过错的一方应当赔偿对方由此所受到的损失；各方都有过错的，应当各自承担相应的责任。法律另有规定的，依照其规定。

第四节　民事法律行为的附条件和附期限

第一百五十八条　民事法律行为可以附条件，但是按照其性质不得附条件的除外。附生效条件的民事法律行为，自条件成就时生效。附解除条件的民事法律行为，自条件成就时失效。

第一百五十九条　附条件的民事法律行为，当事人为自己的利益不正当地阻止条件成就的，视为条件已成就；不正当地促成条件成就的，视为条件不成就。

第一百六十条　民事法律行为可以附期限，但是按照其性质不得附期限的除外。附生效期限的民事法律行为，自期限届至时生效。附终止期限的民事法律行为，自期限届满时失效。

第七章　代　　理

第一节　一般规定

第一百六十一条　民事主体可以通过代理人实施民事法律行为。

依照法律规定、当事人约定或者民事法律行为的性质，应当由本人亲自实施的民事法律行为，不得代理。

第一百六十二条　代理人在代理权限内，以被代理人名义实施的民事法律行为，对被代理人发生效力。

第一百六十三条　代理包括委托代理和法定代理。

委托代理人按照被代理人的委托行使代理权。法定代理人依照法律的规定行使代理权。

第一百六十四条　代理人不履行或者不完全履行职责，造成被代理人损害的，应当承担民事责任。

代理人和相对人恶意串通，损害被代理人合法权益的，代理人和相对人应当承担连带责任。

第二节　委托代理

第一百六十五条　委托代理授权采用书面形式的，授权委托书应当载明代理人的姓名或者名称、代理事项、权限和期间，并由被代理人签名或者盖章。

第一百六十六条　数人为同一代理事项的代理人的，应当共同行使代理权，但是当事人另有约定的除外。

第一百六十七条　代理人知道或者应当知道代理事项违法仍然实施代理

行为,或者被代理人知道或者应当知道代理人的代理行为违法未作反对表示的,被代理人和代理人应当承担连带责任。

第一百六十八条 代理人不得以被代理人的名义与自己实施民事法律行为,但是被代理人同意或者追认的除外。

代理人不得以被代理人的名义与自己同时代理的其他人实施民事法律行为,但是被代理的双方同意或者追认的除外。

第一百六十九条 代理人需要转委托第三人代理的,应当取得被代理人的同意或者追认。

转委托代理经被代理人同意或者追认的,被代理人可以就代理事务直接指示转委托的第三人,代理人仅就第三人的选任以及对第三人的指示承担责任。

转委托代理未经被代理人同意或者追认的,代理人应当对转委托的第三人的行为承担责任,但是在紧急情况下代理人为了维护被代理人的利益需要转委托第三人代理的除外。

第一百七十条 执行法人或者非法人组织工作任务的人员,就其职权范围内的事项,以法人或者非法人组织的名义实施民事法律行为,对法人或者非法人组织发生效力。

法人或者非法人组织对执行其工作任务的人员职权范围的限制,不得对抗善意相对人。

第一百七十一条 行为人没有代理权、超越代理权或者代理权终止后,仍然实施代理行为,未经被代理人追认的,对被代理人不发生效力。

相对人可以催告被代理人自收到通知之日起一个月内予以追认。被代理人未作表示的,视为拒绝追认。行为人实施的行为被追认前,善意相对人有撤销的权利。撤销应当以通知的方式作出。

行为人实施的行为未被追认的,善意相对人有权请求行为人履行债务或者就其受到的损害请求行为人赔偿,但是赔偿的范围不得超过被代理人追认时相对人所能获得的利益。

相对人知道或者应当知道行为人无权代理的,相对人和行为人按照各自的过错承担责任。

第一百七十二条 行为人没有代理权、超越代理权或者代理权终止后,仍然实施代理行为,相对人有理由相信行为人有代理权的,代理行为有效。

第三节　代理终止

第一百七十三条 有下列情形之一的,委托代理终止:

(一)代理期间届满或者代理事务完成;

(二)被代理人取消委托或者代理人辞去委托;

（三）代理人丧失民事行为能力；

（四）代理人或者被代理人死亡；

（五）作为代理人或者被代理人的法人、非法人组织终止。

第一百七十四条 被代理人死亡后，有下列情形之一的，委托代理人实施的代理行为有效：

（一）代理人不知道并且不应当知道被代理人死亡；

（二）被代理人的继承人予以承认；

（三）授权中明确代理权在代理事务完成时终止；

（四）被代理人死亡前已经实施，为了被代理人的继承人的利益继续代理。

作为被代理人的法人、非法人组织终止的，参照适用前款规定。

第一百七十五条 有下列情形之一的，法定代理终止：

（一）被代理人取得或者恢复完全民事行为能力；

（二）代理人丧失民事行为能力；

（三）代理人或者被代理人死亡；

（四）法律规定的其他情形。

第八章 民事责任

第一百七十六条 民事主体依照法律规定和当事人约定，履行民事义务，承担民事责任。

第一百七十七条 二人以上依法承担按份责任，能够确定责任大小的，各自承担相应的责任；难以确定责任大小的，平均承担责任。

第一百七十八条 二人以上依法承担连带责任的，权利人有权请求部分或者全部连带责任人承担责任。

连带责任人的责任份额根据各自责任大小确定；难以确定责任大小的，平均承担责任。实际承担责任超过自己责任份额的连带责任人，有权向其他连带责任人追偿。

连带责任，由法律规定或者当事人约定。

第一百七十九条 承担民事责任的方式主要有：

（一）停止侵害；

（二）排除妨碍；

（三）消除危险；

（四）返还财产；

（五）恢复原状；

（六）修理、重作、更换；

（七）继续履行；

（八）赔偿损失；

（九）支付违约金；

（十）消除影响、恢复名誉；

（十一）赔礼道歉。

法律规定惩罚性赔偿的，依照其规定。

本条规定的承担民事责任的方式，可以单独适用，也可以合并适用。

第一百八十条 因不可抗力不能履行民事义务的，不承担民事责任。法律另有规定的，依照其规定。

不可抗力是指不能预见、不能避免且不能克服的客观情况。

第一百八十一条 因正当防卫造成损害的，不承担民事责任。

正当防卫超过必要的限度，造成不应有的损害的，正当防卫人应当承担适当的民事责任。

第一百八十二条 因紧急避险造成损害的，由引起险情发生的人承担民事责任。

危险由自然原因引起的，紧急避险人不承担民事责任，可以给予适当补偿。

紧急避险采取措施不当或者超过必要的限度，造成不应有的损害的，紧急避险人应当承担适当的民事责任。

第一百八十三条 因保护他人民事权益使自己受到损害的，由侵权人承担民事责任，受益人可以给予适当补偿。没有侵权人、侵权人逃逸或者无力承担民事责任，受害人请求补偿的，受益人应当给予适当补偿。

第一百八十四条 因自愿实施紧急救助行为造成受助人损害的，救助人不承担民事责任。

第一百八十五条 侵害英雄烈士等的姓名、肖像、名誉、荣誉，损害社会公共利益的，应当承担民事责任。

第一百八十六条 因当事人一方的违约行为，损害对方人身权益、财产权益的，受损害方有权选择请求其承担违约责任或者侵权责任。

第一百八十七条 民事主体因同一行为应当承担民事责任、行政责任和刑事责任的，承担行政责任或者刑事责任不影响承担民事责任；民事主体的财产不足以支付的，优先用于承担民事责任。

第九章　诉讼时效

第一百八十八条 向人民法院请求保护民事权利的诉讼时效期间为三年。法律另有规定的，依照其规定。

诉讼时效期间自权利人知道或者应当知道权利受到损害以及义务人之日起计算。法律另有规定的,依照其规定。但是自权利受到损害之日起超过二十年的,人民法院不予保护;有特殊情况的,人民法院可以根据权利人的申请决定延长。

第一百八十九条 当事人约定同一债务分期履行的,诉讼时效期间自最后一期履行期限届满之日起计算。

第一百九十条 无民事行为能力人或者限制民事行为能力人对其法定代理人的请求权的诉讼时效期间,自该法定代理终止之日起计算。

第一百九十一条 未成年人遭受性侵害的损害赔偿请求权的诉讼时效期间,自受害人年满十八周岁之日起计算。

第一百九十二条 诉讼时效期间届满的,义务人可以提出不履行义务的抗辩。

诉讼时效期间届满后,义务人同意履行的,不得以诉讼时效期间届满为由抗辩;义务人已自愿履行的,不得请求返还。

第一百九十三条 人民法院不得主动适用诉讼时效的规定。

第一百九十四条 在诉讼时效期间的最后六个月内,因下列障碍,不能行使请求权的,诉讼时效中止:

(一)不可抗力;

(二)无民事行为能力人或者限制民事行为能力人没有法定代理人,或者法定代理人死亡、丧失民事行为能力、丧失代理权;

(三)继承开始后未确定继承人或者遗产管理人;

(四)权利人被义务人或者其他人控制;

(五)其他导致权利人不能行使请求权的障碍。

自中止时效的原因消除之日起满六个月,诉讼时效期间届满。

第一百九十五条 有下列情形之一的,诉讼时效中断,从中断、有关程序终结时起,诉讼时效期间重新计算:

(一)权利人向义务人提出履行请求;

(二)义务人同意履行义务;

(三)权利人提起诉讼或者申请仲裁;

(四)与提起诉讼或者申请仲裁具有同等效力的其他情形。

第一百九十六条 下列请求权不适用诉讼时效的规定:

(一)请求停止侵害、排除妨碍、消除危险;

(二)不动产物权和登记的动产物权的权利人请求返还财产;

(三)请求支付抚养费、赡养费或者扶养费;

(四)依法不适用诉讼时效的其他请求权。

第一百九十七条 诉讼时效的期间、计算方法以及中止、中断的事由由法律规定,当事人约定无效。

当事人对诉讼时效利益的预先放弃无效。

第一百九十八条 法律对仲裁时效有规定的,依照其规定;没有规定的,适用诉讼时效的规定。

第一百九十九条 法律规定或者当事人约定的撤销权、解除权等权利的存续期间,除法律另有规定外,自权利人知道或者应当知道权利产生之日起计算,不适用有关诉讼时效中止、中断和延长的规定。存续期间届满,撤销权、解除权等权利消灭。

第十章 期间计算

第二百条 民法所称的期间按照公历年、月、日、小时计算。

第二百零一条 按照年、月、日计算期间的,开始的当日不计入,自下一日开始计算。

按照小时计算期间的,自法律规定或者当事人约定的时间开始计算。

第二百零二条 按照年、月计算期间的,到期月的对应日为期间的最后一日;没有对应日的,月末日为期间的最后一日。

第二百零三条 期间的最后一日是法定休假日的,以法定休假日结束的次日为期间的最后一日。

期间的最后一日的截止时间为二十四时;有业务时间的,停止业务活动的时间为截止时间。

第二百零四条 期间的计算方法依照本法的规定,但是法律另有规定或者当事人另有约定的除外。

第十一章 附则

第二百零五条 民法所称的"以上""以下""以内""届满",包括本数;所称的"不满""超过""以外",不包括本数。

第二百零六条 本法自2017年10月1日起施行。

有关法律问题的决定

第十二届全国人民代表大会第五次会议关于第十三届全国人民代表大会代表名额和选举问题的决定

（2017年3月15日第十二届全国人民代表大会第五次会议通过）

根据《中华人民共和国宪法》和《中华人民共和国全国人民代表大会和地方各级人民代表大会选举法》的有关规定，第十二届全国人民代表大会第五次会议关于第十三届全国人民代表大会代表名额和选举问题决定如下：

一、第十三届全国人民代表大会代表的名额不超过3000人。

二、各省、自治区、直辖市应选第十三届全国人民代表大会代表的名额与第十二届全国人民代表大会代表的名额相同。

三、香港特别行政区应选第十三届全国人民代表大会代表36名，澳门特别行政区应选第十三届全国人民代表大会代表12名，代表产生办法由全国人民代表大会另行规定。

四、台湾省暂时选举第十三届全国人民代表大会代表13名，由在各省、自治区、直辖市和中国人民解放军的台湾省籍同胞中选出。代表产生办法由全国人民代表大会常务委员会规定。依法应选的其余名额予以保留。

五、中国人民解放军应选第十三届全国人民代表大会代表265名。

六、第十三届全国人民代表大会代表中，少数民族代表的名额应占代表总名额的12%左右。人口特少的民族至少应有1名代表。

七、第十三届全国人民代表大会代表中，应选归侨代表35名。

八、第十三届全国人民代表大会代表中，妇女代表的比例要比上届有所提高。

九、第十三届全国人民代表大会代表中，基层代表特别是一线工人、农民、专业技术人员代表的比例要比上届有所上升，农民工代表人数要比上届有所增加，党政领导干部代表的比例要比上届有所降低。连任的代表应占一定比例。

十、第十三届全国人民代表大会代表于2018年1月选出。

中华人民共和国香港特别行政区选举第十三届全国人民代表大会代表的办法

（2017年3月15日第十二届全国人民代表大会第五次会议通过）

第一条 根据《中华人民共和国宪法》、《中华人民共和国香港特别行政区基本法》以及《中华人民共和国全国人民代表大会和地方各级人民代表大会选举法》第十五条第三款的规定，结合香港特别行政区的实际情况，制定本办法。

第二条 香港特别行政区选举第十三届全国人民代表大会代表由全国人民代表大会常务委员会主持。

第三条 香港特别行政区应选第十三届全国人民代表大会代表的名额为三十六名。

第四条 香港特别行政区选举的全国人民代表大会代表必须是年满十八周岁的香港特别行政区居民中的中国公民。

第五条 香港特别行政区成立第十三届全国人民代表大会代表选举会议。选举会议由参加过香港特别行政区第十二届全国人民代表大会代表选举会议的人员，以及不是上述人员的香港特别行政区居民中的中国人民政治协商会议第十二届全国委员会委员和香港特别行政区第五任行政长官选举委员会委员中的中国公民组成。但本人提出不愿参加的除外。

香港特别行政区行政长官为香港特别行政区第十三届全国人民代表大会代表选举会议的成员。

选举会议成员名单由全国人民代表大会常务委员会公布。

第六条 选举会议第一次会议由全国人民代表大会常务委员会召集，根据全国人民代表大会常务委员会委员长会议的提名，推选十九名选举会议成员组成主席团。主席团从其成员中推选常务主席一人。

主席团主持选举会议。主席团常务主席主持主席团会议。

第七条 选举会议举行全体会议，须有过半数成员出席。

第八条 选举会议成员以个人身份参加选举会议，并以个人身份履行职责。

选举会议成员应出席选举会议，如有特殊原因不能出席，应事先向主席团请假。

选举会议成员不得直接或者间接地索取或者接受参选人和候选人的贿赂或者谋取其他任何利益，不得直接或者间接地以利益影响他人在选举中对参选人和候选人所持的立场。

第九条 选举日期由选举会议主席团确定。

第十条 全国人民代表大会代表候选人由选举会议成员十人以上提名。每名选举会议成员提名的代表候选人不得超过三十六名。

选举会议成员提名他人为代表候选人，应填写《中华人民共和国香港特别行政区第十三届全国人民代表大会代表候选人提名信》。

第十一条 年满十八周岁的香港特别行政区居民中的中国公民，凡有意参选第十三届全国人民代表大会代表的，应领取和填写《中华人民共和国香港特别行政区第十三届全国人民代表大会代表参选人登记表》。在提名截止日期以前，送交参选人登记表和十名以上选举会议成员分别填写的候选人提名信。

选举会议成员本人登记为参选人的，需要由其他十名以上选举会议成员为其填写候选人提名信。

参选人在登记表中应当作出声明：拥护中华人民共和国宪法和香港特别行政区基本法，拥护“一国两制”方针政策，效忠中华人民共和国和香港特别行政区；未直接或者间接接受外国机构、组织、个人提供的与选举有关的任何形式的资助。参选人须对所填事项的真实性负责。

第十二条 代表候选人的提名时间由选举会议主席团确定。

第十三条 选举会议主席团公布第十三届全国人民代表大会代表候选人名单和简介，并印发给选举会议全体成员。

主席团公布代表候选人名单后，选举会议成员可以查阅代表候选人的提名情况。

主席团在选举日之前，对违反本法第十一条规定的登记表所声明内容的参选人，经过审查核实，可以决定不将其列入候选人名单或者从候选人名单中除名。

第十四条 选举会议选举第十三届全国人民代表大会代表的候选人应多于应选名额，进行差额选举。

第十五条 选举会议选举第十三届全国人民代表大会代表采用无记名投票的方式。

选举会议进行选举时，所投的票数多于投票人数的无效，等于或者少于投票人数的有效。

每一选票所选的人数，等于应选代表名额的有效，多于或者少于应选代表名额的作废。

第十六条 代表候选人获得参加投票的选举会议成员过半数的选票时，始得当选。

获得过半数选票的代表候选人的人数超过应选代表名额时，以得票多的当选。如遇票数相等不能确定当选人时，应当就票数相等的候选人再次投票，以得票多的当选。

获得过半数选票的当选代表的人数少于应选代表的名额时，不足的名额另行选举。另行选举时，根据在第一次投票时得票多少的顺序，按照候选人比应选名额多五分之一至二分之一的差额比例，由主席团确定候选人名单；如果只选一人，候选人应为二人。另行选举时，代表候选人获得参加投票的选举会议成员过半数的选票，始得当选。

第十七条 选举会议设总监票人一人、监票人若干人，由选举会议主席团在不是代表候选人的选举会议成员中提名，选举会议通过。总监票人和监票人对发票、投票、计票工作进行监督。

第十八条 在选举日不得进行拉票活动。

会场按座区设投票箱，选举会议成员按座区分别到指定的票箱投票。

投票时，首先由总监票人、监票人投票，然后主席团成员和选举会议其他成员按顺序投票。

选举会议成员不得委托他人投票。

第十九条 计票完毕，总监票人向主席团报告计票结果。选举结果由主席团予以宣布，并报全国人民代表大会常务委员会代表资格审查委员会。

选举会议主席团向全国人民代表大会常务委员会代表资格审查委员会报送选举结果前，发现当选人违反本法第十一条规定的登记表所声明内容的，应当在向全国人民代表大会常务委员会代表资格审查委员会报送选举结果的同时，提出当选人违反登记表所声明内容情况的报告。代表资格审查委员会经审查核实后，应当向全国人民代表大会常务委员会提出确定代表当选无效的报告。

全国人民代表大会常务委员会根据代表资格审查委员会提出的报告，确认代表的资格或者确定代表的当选无效，并公布代表名单。

第二十条 选举会议主席团接受与选举第十三届全国人民代表大会代表有关的投诉，并转报全国人民代表大会常务委员会代表资格审查委员会处理。

第二十一条 香港特别行政区第十三届全国人民代表大会代表可以向全国人民代表大会常务委员会提出辞职，由全国人民代表大会常务委员会决定接受辞职后予以公告。

第二十二条 香港特别行政区第十三届全国人民代表大会代表违反本法第十一条规定的登记表所声明内容的，由全国人民代表大会常务委员会代表资格审查委员会提出终止其代表资格的意见，全国人民代表大会常务委员会根据代表资格审查委员会的意见，确定终止其代表资格，并予以公告。

第二十三条 香港特别行政区第十三届全国人民代表大会代表因故出缺，由选举香港特别行政区第十三届全国人民代表大会代表时未当选的代表候选人，按得票多少顺序依次递补，但是被递补为全国人民代表大会代表的候选人的得票数不得少于选票的三分之一。全国人民代表大会常务委员会根据代表资格审查委员会提出的报告，确认递补的代表资格，公布递补的代表名单。

选举第十三届全国人民代表大会代表时，在未当选的代表候选人中，如遇票数相等不能确定代表出缺时的递补顺序，由主席团决定就票数相等的候选人再次投票，按得票多少确定递补顺序。

中华人民共和国澳门特别行政区选举第十三届全国人民代表大会代表的办法

（2017年3月15日第十二届全国人民代表大会第五次会议通过）

第一条 根据《中华人民共和国宪法》、《中华人民共和国澳门特别行政区基本法》以及《中华人民共和国全国人民代表大会和地方各级人民代表大会选举法》第十五条第三款的规定，结合澳门特别行政区的实际情况，制定本办法。

第二条 澳门特别行政区选举第十三届全国人民代表大会代表由全国人民代表大会常务委员会主持。

第三条 澳门特别行政区应选第十三届全国人民代表大会代表的名额为十二名。

第四条 澳门特别行政区选举的全国人民代表大会代表必须是年满十八周岁的澳门特别行政区居民中的中国公民。

第五条 澳门特别行政区成立第十三届全国人民代表大会代表选举会议。选举会议由参加过澳门特别行政区第十二届全国人民代表大会代表选举会议的人员，以及不是上述人员的澳门特别行政区居民中的中国人民政治协商会议第十二届全国委员会委员、澳门特别行政区第四任行政长官选举委员会委员中的中国公民和澳门特别行政区第五届立法会议员中的中国公民组成。但本人提出不愿参加的除外。

澳门特别行政区行政长官为澳门特别行政区第十三届全国人民代表大会代表选举会议的成员。

选举会议成员名单由全国人民代表大会常务委员会公布。

第六条 选举会议第一次会议由全国人民代表大会常务委员会召集，根据全国人民代表大会常务委员会委员长会议的提名，推选十一名选举会议成员组成主席团。主席团从其成员中推选常务主席一人。

主席团主持选举会议。主席团常务主席主持主席团会议。

第七条 选举会议举行全体会议，须有过半数成员出席。

第八条 选举会议成员以个人身份参加选举会议，并以个人身份履行职责。

选举会议成员应出席选举会议，如有特殊原因不能出席，应事先向主席团请假。

选举会议成员不得直接或者间接地索取或者接受参选人和候选人的贿赂或者谋取其他任何利益，不得直接或者间接地以利益影响他人在选举中对参选人和候选人所持的立场。

第九条 选举日期由选举会议主席团确定。

第十条 全国人民代表大会代表候选人由选举会议成员十人以上提名。每名选举会议成员提名的代表候选人不得超过十二名。

选举会议成员提名他人为代表候选人，应填写《中华人民共和国澳门特别行政区第十三届全国人民代表大会代表候选人提名信》。

第十一条 年满十八周岁的澳门特别行政区居民中的中国公民，凡有意参选第十三届全国人民代表大会代表的，应领取和填写《中华人民共和国澳门特别行政区第十三届全国人民代表大会代表参选人登记表》。在提名截止日期以前，送交参选人登记表和十名以上选举会议成员分别填写的候选人提名信。

选举会议成员本人登记为参选人的，需要由其他十名以上选举会议成员为其填写候选人提名信。

参选人在登记表中应当作出声明：拥护中华人民共和国宪法和澳门特别行政区基本法，拥护“一国两制”方针政策，效忠中华人民共和国和澳门特别行政区；未直接或者间接接受外国机构、组织、个人提供的与选举有关的任何形式的资助。参选人须对所填事项的真实性负责。

第十二条 代表候选人的提名时间由选举会议主席团确定。

第十三条 选举会议主席团公布第十三届全国人民代表大会代表候选人名单和简介，并印发给选举会议全体成员。

主席团公布代表候选人名单后，选举会议成员可以查阅代表候选人的提名情况。

主席团在选举日之前，对违反本法第十一条规定的登记表所声明内容的参选人，经过审查核实，可以决定不将其列入候选人名单或者从候选人名单中除名。

第十四条 选举会议选举第十三届全国人民代表大会代表的候选人应多

于应选名额，进行差额选举。

第十五条 选举会议选举第十三届全国人民代表大会代表采用无记名投票的方式。

选举会议进行选举时，所投的票数多于投票人数的无效，等于或者少于投票人数的有效。

每一选票所选的人数，等于应选代表名额的有效，多于或者少于应选代表名额的作废。

第十六条 代表候选人获得参加投票的选举会议成员过半数的选票时，始得当选。

获得过半数选票的代表候选人的人数超过应选代表名额时，以得票多的当选。如遇票数相等不能确定当选人时，应当就票数相等的候选人再次投票，以得票多的当选。

获得过半数选票的当选代表的人数少于应选代表的名额时，不足的名额另行选举。另行选举时，根据在第一次投票时得票多少的顺序，按照候选人比应选名额多五分之一至二分之一的差额比例，由主席团确定候选人名单；如果只选一人，候选人应为二人。另行选举时，代表候选人获得参加投票的选举会议成员过半数的选票，始得当选。

第十七条 选举会议设总监票人一人、监票人若干人，由选举会议主席团在不是代表候选人的选举会议成员中提名，选举会议通过。总监票人和监票人对发票、投票、计票工作进行监督。

第十八条 在选举日不得进行拉票活动。

会场按座区设投票箱，选举会议成员按座区分别到指定的票箱投票。

投票时，首先由总监票人、监票人投票，然后主席团成员和选举会议其他成员按顺序投票。

选举会议成员不得委托他人投票。

第十九条 计票完毕，总监票人向主席团报告计票结果。选举结果由主席团予以宣布，并报全国人民代表大会常务委员会代表资格审查委员会。

选举会议主席团向全国人民代表大会常务委员会代表资格审查委员会报送选举结果前，发现当选人违反本法第十一条规定的登记表所声明内容的，应当在向全国人民代表大会常务委员会代表资格审查委员会报送选举结果的同时，提出当选人违反登记表所声明内容情况的报告。代表资格审查委员会经审查核实后，应当向全国人民代表大会常务委员会提出确定代表当选无效的报告。

全国人民代表大会常务委员会根据代表资格审查委员会提出的报告，确认代表的资格或者确定代表的当选无效，并公布代表名单。

第二十条 选举会议主席团接受与选举第十三届全国人民代表大会代表有关的投诉，并转报全国人民代表大会常务委员会代表资格审查委员会处理。

第二十一条 澳门特别行政区第十三届全国人民代表大会代表可以向全国人民代表大会常务委员会提出辞职，由全国人民代表大会常务委员会决定接受辞职后予以公告。

第二十二条 澳门特别行政区第十三届全国人民代表大会代表违反本法第十一条规定的登记表所声明内容的，由全国人民代表大会常务委员会代表资格审查委员会提出终止其代表资格的意见，全国人民代表大会常务委员会根据代表资格审查委员会的意见，确定终止其代表资格，并予以公告。

第二十三条 澳门特别行政区第十三届全国人民代表大会代表因故出缺，由选举澳门特别行政区第十三届全国人民代表大会代表时未当选的代表候选人，按得票多少顺序依次递补，但是被递补为全国人民代表大会代表的候选人的得票数不得少于选票的三分之一。全国人民代表大会常务委员会根据代表资格审查委员会提出的报告，确认递补的代表资格，公布递补的代表名单。

选举第十三届全国人民代表大会代表时，在未当选的代表候选人中，如遇票数相等不能确定代表出缺时的递补顺序，由主席团决定就票数相等的候选人再次投票，按得票多少确定递补顺序。

行政法规

国务院关于修改和废止部分行政法规的决定

（2017年3月1日中华人民共和国国务院令第676号公布　自公布之日起施行）

为了依法推进简政放权、放管结合、优化服务改革，国务院对取消行政审批项目、中介服务事项、职业资格许可事项和企业投资项目核准前置审批改革涉及的行政法规，以及不利于稳增长、促改革、调结构、惠民生的行政法规，进行了清理。经过清理，国务院决定：

一、对36部行政法规的部分条款予以修改。（附件1）

二、对3部行政法规予以废止。（附件2）

本决定自公布之日起施行。

附件1

国务院决定修改的行政法规

一、删去《城市绿化条例》第十一条第三款、第十六条。

第二十二条改为第二十一条，修改为："在城市的公共绿地内开设商业、服务摊点的，应当持工商行政管理部门批准的营业执照，在公共绿地管理单位指定的地点从事经营活动，并遵守公共绿地和工商行政管理的规定。"

第二十四条改为第二十三条，修改为："为保证管线的安全使用需要修剪树木时，应当按照兼顾管线安全使用和树木正常生长的原则进行修剪。承担修剪费用的办法，由城市人民政府规定。

"因不可抗力致使树木倾斜危及管线安全时，管线管理单位可以先行扶正或者砍伐树木，但是，应当及时报告城市人民政府城市绿化行政主管部门和绿地管理单位。"

第二十六条改为第二十五条，修改为："工程建设项目的附属绿化工程设计方案，未经批准或者未按照批准的设计方案施工的，由城市人民政府城市绿化行政主管部门责令停止施工、限期改正或者采取其他补救措施。”

第二十七条改为第二十六条，第二项修改为：“（二）擅自砍伐城市树木的”。

第二十九条改为第二十八条，删去第一款。第二款修改为：“对不服从公共绿地管理单位管理的商业、服务摊点，由城市人民政府城市绿化行政主管部门或者其授权的单位给予警告，可以并处罚款；情节严重的，可以提请工商行政管理部门吊销营业执照。”

二、删去《中华人民共和国海洋倾废管理条例》第十二条第三款。

三、将《防止拆船污染环境管理条例》第十一条第二款修改为：“废油船在拆解前，必须进行洗舱、排污、清舱、测爆等工作。”

四、将《中华人民共和国河道管理条例》第十一条第一款修改为：“修建开发水利、防治水害、整治河道的各类工程和跨河、穿河、穿堤、临河的桥梁、码头、道路、渡口、管道、缆线等建筑物及设施，建设单位必须按照河道管理权限，将工程建设方案报送河道主管机关审查同意。未经河道主管机关审查同意的，建设单位不得开工建设。”

第二十九条修改为：“江河的故道、旧堤、原有工程设施等，不得擅自填堵、占用或者拆毁。”

五、删去《实验动物管理条例》第二十三条、第二十四条第一款、第二十七条。

六、将《放射性药品管理办法》第四条修改为：“国务院药品监督管理部门负责全国放射性药品监督管理工作。国务院国防科技工业主管部门依据职责负责与放射性药品有关的管理工作。国务院环境保护主管部门负责与放射性药品有关的辐射安全与防护的监督管理工作。”

删去第五条。

第六条改为第五条，第三款修改为：“放射性新药的分类，按国务院药品监督管理部门有关药品注册的规定办理。”

第七条改为第六条，修改为：“研制单位研制的放射性新药，在进行临床试验或者验证前，应当向国务院药品监督管理部门提出申请，按规定报送资料及样品，经国务院药品监督管理部门审批同意后，在国务院药品监督管理部门指定的药物临床试验机构进行临床研究。”

第八条改为第七条，将其中的“卫生部”修改为“国务院药品监督管理部门”，“能源部”修改为“国务院国防科技工业主管部门”。

第九条改为第八条，将其中的“卫生部”修改为“国务院药品监督管理部门”。

删去第十条。

第十一条改为第九条，修改为："国家根据需要，对放射性药品的生产企业实行合理布局。"

第十二条改为第十条，修改为："开办放射性药品生产、经营企业，必须具备《药品管理法》规定的条件，符合国家有关放射性同位素安全和防护的规定与标准，并履行环境影响评价文件的审批手续；开办放射性药品生产企业，经国务院国防科技工业主管部门审查同意，国务院药品监督管理部门审核批准后，由所在省、自治区、直辖市药品监督管理部门发给《放射性药品生产企业许可证》；开办放射性药品经营企业，经国务院药品监督管理部门审核并征求国务院国防科技工业主管部门意见后批准的，由所在省、自治区、直辖市药品监督管理部门发给《放射性药品经营企业许可证》。无许可证的生产、经营企业，一律不准生产、销售放射性药品。"

第十三条改为第十一条，将其中的"卫生行政"修改为"药品监督管理"，"第十二条"修改为"第十条"。

第十四条改为第十二条，修改为："放射性药品生产企业生产已有国家标准的放射性药品，必须经国务院药品监督管理部门征求国务院国防科技工业主管部门意见后审核批准，并发给批准文号。凡是改变国务院药品监督管理部门已批准的生产工艺路线和药品标准的，生产单位必须按原报批程序提出补充申请，经国务院药品监督管理部门批准后方能生产。"

第十六条改为第十四条，第二款修改为："经国务院药品监督管理部门审核批准的含有短半衰期放射性核素的药品，可以边检验边出厂，但发现质量不符合国家药品标准时，该药品的生产企业应当立即停止生产、销售，并立即通知使用单位停止使用，同时报告国务院药品监督管理、卫生行政、国防科技工业主管部门。"

第十七条改为第十五条，修改为："放射性药品的生产、经营单位和医疗单位凭省、自治区、直辖市药品监督管理部门发给的《放射性药品生产企业许可证》、《放射性药品经营企业许可证》，医疗单位凭省、自治区、直辖市药品监督管理部门发给的《放射性药品使用许可证》，开展放射性药品的购销活动。"

第十八条改为第十六条，修改为："进口的放射性药品品种，必须符合我国的药品标准或者其他药用要求，并依照《药品管理法》的规定取得进口药品注册证书。

"进出口放射性药品，应当按照国家有关对外贸易、放射性同位素安全和防护的规定，办理进出口手续。"

第十九条改为第十七条，修改为："进口放射性药品，必须经国务院药品监督管理部门指定的药品检验机构抽样检验；检验合格的，方准进口。

“对于经国务院药品监督管理部门审核批准的含有短半衰期放射性核素的药品，在保证安全使用的情况下，可以采取边进口检验，边投入使用的办法。进口检验单位发现药品质量不符合要求时，应当立即通知使用单位停止使用，并报告国务院药品监督管理、卫生行政、国防科技工业主管部门。”

第二十三条改为第二十一条，第一款修改为：“医疗单位使用放射性药品，必须符合国家有关放射性同位素安全和防护的规定。所在地的省、自治区、直辖市药品监督管理部门，应当根据医疗单位核医疗技术人员的水平、设备条件，核发相应等级的《放射性药品使用许可证》，无许可证的医疗单位不得临床使用放射性药品。”

第二十四条改为第二十二条，修改为：“医疗单位配制、使用放射性制剂，应当符合《药品管理法》及其实施条例的相关规定。”

第二十五条改为第二十三条，修改为：“持有《放射性药品使用许可证》的医疗单位，必须负责对使用的放射性药品进行临床质量检验，收集药品不良反应等项工作，并定期向所在地药品监督管理、卫生行政部门报告。由省、自治区、直辖市药品监督管理、卫生行政部门汇总后分别报国务院药品监督管理、卫生行政部门。”

第二十七条改为第二十五条，将其中的“卫生部”修改为“国务院药品监督管理部门”。

第二十八条改为第二十六条，修改为：“放射性药品的检验由国务院药品监督管理部门公布的药品检验机构承担。”

第二十九条改为第二十七条，修改为：“对违反本办法规定的单位或者个人，由县以上药品监督管理、卫生行政部门，按照《药品管理法》和有关法规的规定处罚。”

删去第三十条。

七、删去《学校体育工作条例》第十四条第二款。

八、将《中华人民共和国防治海岸工程建设项目污染损害海洋环境管理条例》第七条第一款修改为：“海岸工程建设项目的建设单位，应当依法编制环境影响报告书（表），报环境保护主管部门审批。”第二款修改为：“环境保护主管部门在批准海岸工程建设项目的环境影响报告书（表）之前，应当征求海洋、海事、渔业主管部门和军队环境保护部门的意见。”

九、删去《中华人民共和国档案法实施办法》第十七条。

十、将《中华人民共和国计量法实施细则》第二十九条第一款修改为：“国家法定计量检定机构的计量检定人员，必须经考核合格。”

第三十一条第一项修改为：“（一）被授权单位执行检定、测试任务的人员，必须经考核合格”。

第五十八条第五项修改为:"(五)未经考核合格执行计量检定的。"

十一、将《城市市容和环境卫生管理条例》第三十三条修改为:"按国家行政建制设立的市的市区内,禁止饲养鸡、鸭、鹅、兔、羊、猪等家畜家禽;因教学、科研以及其他特殊需要饲养的除外。"

删去第三十五条中的"未经批准擅自"。

十二、将《食盐加碘消除碘缺乏危害管理条例》第二十条第一款修改为:"为防治疾病,在碘盐中同时添加其他营养强化剂的,应当符合《中华人民共和国食品安全法》的相关规定,并标明销售范围。"

十三、将《中华人民共和国中外合作经营企业法实施细则》第四十四条第一款修改为:"中外合作者在合作企业合同中约定合作期限届满时,合作企业的全部固定资产无偿归中国合作者所有的,外国合作者在合作期限内,可以在按照投资或者提供合作条件进行分配的基础上,在合作企业合同中约定扩大外国合作者的收益分配比例,先行回收其投资。"

删去第四十五条第一款。

十四、将《城市道路管理条例》第十条第二款修改为:"单位投资建设城市道路的,应当符合城市道路发展规划。"

删去第三十二条第二款、第三款。

十五、将《广播电视管理条例》第十三条第一款修改为:"广播电台、电视台变更台名、节目设置范围或者节目套数,省级以上人民政府广播电视行政部门设立的广播电台、电视台或者省级以上人民政府教育行政部门设立的电视台变更台标的,应当经国务院广播电视行政部门批准。"

十六、将《饲料和饲料添加剂管理条例》第十二条第一款中的"应当委托中国境内代理机构向国务院农业行政主管部门申请登记"修改为"由出口方驻中国境内的办事机构或者其委托的中国境内代理机构向国务院农业行政主管部门申请登记"。

十七、删去《印刷业管理条例》第五条第一款中的"会同国务院公安部门"。

增加一条,作为第十三条:"出版行政部门应当按照国家社会信用信息平台建设的总体要求,与公安部门、工商行政管理部门或者其他有关部门实现对印刷企业信息的互联共享。"

第十四条改为第十五条,删去第一款中的"并按照国家有关规定向公安部门备案"。

第三十条改为第三十一条,第一款修改为:"印刷布告、通告、重大活动工作证、通行证、在社会上流通使用的票证的,委托印刷单位必须向印刷企业出具主管部门的证明。印刷企业必须验证主管部门的证明,并保存主管部门的证明副本 2 年,以备查验;并且不得再委托他人印刷上述印刷品。"

第三十八条改为第三十九条，第二款修改为：“单位内部设立印刷厂（所）违反本条例的规定，没有向所在地县级以上地方人民政府出版行政部门、保密工作部门办理登记手续的，由县级以上地方人民政府出版行政部门、保密工作部门依据法定职权责令改正，给予警告；情节严重的，责令停业整顿。”

第四十二条改为第四十三条，修改为：“有下列行为之一的，由出版行政部门给予警告，没收印刷品和违法所得，违法经营额1万元以上的，并处违法经营额5倍以上10倍以下的罚款；违法经营额不足1万元的，并处1万元以上5万元以下的罚款；情节严重的，责令停业整顿或者吊销印刷经营许可证；构成犯罪的，依法追究刑事责任：

“（一）印刷布告、通告、重大活动工作证、通行证、在社会上流通使用的票证，印刷企业没有验证主管部门的证明的，或者再委托他人印刷上述印刷品的；

“（二）印刷业经营者伪造、变造学位证书、学历证书等国家机关公文、证件或者企业事业单位、人民团体公文、证件的。

“印刷布告、通告、重大活动工作证、通行证、在社会上流通使用的票证，委托印刷单位没有取得主管部门证明的，由县级以上人民政府出版行政部门处以500元以上5000元以下的罚款。”

十八、删去《地震安全性评价管理条例》第十二条、第十三条、第十五条。

十九、删去《中国公民出国旅游管理办法》第十条第二款。第三款修改为：“领队在带团时，应当遵守本办法及国务院旅游行政部门的有关规定。”

第二十九条、第三十条、第三十一条、第三十二条中的“领队证”修改为“导游证”。

二十、将《地质资料管理条例》第十五条第二款修改为：“前款规定以外的地质资料，自汇交之日起90日内，由地质资料馆或者地质资料保管单位予以公开。需要保护的，由接收地质资料的单位按照国务院地质矿产主管部门的规定予以保护。”

二十一、将《中华人民共和国内河交通安全管理条例》第十八条修改为：“船舶进出内河港口，应当向海事管理机构报告船舶的航次计划、适航状态、船员配备和载货载客等情况。”

第六十八条第二项修改为：“（二）未按照规定向海事管理机构报告船舶的航次计划、适航状态、船员配备和载货载客等情况的”。

二十二、将《中华人民共和国文物保护法实施条例》第二十条第一项修改为：“（一）有4名以上接受过考古专业训练且主持过考古发掘项目的人员”。

第二十二条修改为：“考古发掘项目实行项目负责人负责制度。”

第三十五条修改为：“为制作出版物、音像制品等拍摄馆藏文物的，应当征得文物收藏单位同意，并签署拍摄协议，明确文物保护措施和责任。文物收藏单位应当自拍摄工作完成后10个工作日内，将拍摄情况向文物行政主管部门报告。”

第四十三条第一款中的“核准其销售、拍卖文物的文物行政主管部门”修改为“省、自治区、直辖市人民政府文物行政主管部门”。

第四十四条修改为：“国务院文物行政主管部门指定的文物进出境审核机构，应当有5名以上取得中级以上文物博物专业技术职务的文物进出境责任鉴定人员。”

第四十五条中的“文物进出境责任鉴定员”修改为“文物进出境责任鉴定人员”。

删去第五十八条中的“拍摄”。增加一款，作为第二款：“文物收藏单位违反本条例规定，未在规定期限内将文物拍摄情况向文物行政主管部门报告的，由文物行政主管部门责令限期改正；逾期不改正的，对负有责任的主管人员和其他直接责任人员依法给予行政处分。”

二十三、将《中华人民共和国进出口关税条例》第十六条第三项中的“暂准”修改为“暂时”。

删去第四十二条第一款中的“经海关批准”，将“经纳税义务人申请，海关可以根据海关总署的规定延长复运出境或者复运进境的期限”修改为“需要延长复运出境或者复运进境期限的，纳税义务人应当根据海关总署的规定向海关办理延期手续”。第二款、第三款中的“暂准”修改为“暂时”。

二十四、将《直销管理条例》第十一条修改为：“直销企业有关本条例第八条第一项、第二项、第三项、第五项、第六项、第七项所列内容发生重大变更的，应当依照本条例第九条第一款规定的程序报国务院商务主管部门批准。”

二十五、将《中华人民共和国进出口商品检验法实施条例》第六条第一款中的“暂准”修改为“暂时”。

二十六、删去《取水许可和水资源费征收管理条例》第十一条第二款中的“由具备建设项目水资源论证资质的单位编制的”。

第二十一条修改为：“取水申请经审批机关批准，申请人方可兴建取水工程或者设施。”

删去第四十七条第一款第四项。第二款中的“（六）”修改为“（五）”。

二十七、删去《防治海洋工程建设项目污染损害海洋环境管理条例》第十条第三款、第四款。

删去第十三条第三款。

二十八、将《期货交易管理条例》第二十二条修改为：“其他期货经营机构从事期货投资咨询业务，应当遵守国务院期货监督管理机构的规定。”

二十九、将《中华人民共和国船员条例》第七十条修改为：“引航员的培训依照本条例有关船员培训的规定执行。引航员管理的具体办法由国务院交通主管部门制订。”

三十、删去《中华人民共和国水文条例》第二十四条第二款第二项中的“并经考试合格”。

三十一、删去《对外承包工程管理条例》第二章。

删去第二十四条。

第二十五条改为第二十条,第二十六条改为第二十一条,均删去其中的“商务主管部门可以吊销其对外承包工程资格证书;对工程建设类单位”。

三十二、将《公共机构节能条例》第二十条第二款修改为:“国务院和县级以上地方各级人民政府负责审批固定资产投资项目的部门,应当严格控制公共机构建设项目的建设规模和标准,统筹兼顾节能投资和效益,对建设项目进行节能评估和审查,未通过节能评估和审查的项目,不得开工建设;政府投资项目未通过节能评估和审查的,依法负责项目审批的部门不得批准建设。”

删去第三十九条第一款中的“或者核准”。

三十三、将《旅行社条例》第三十一条修改为:“旅行社为接待旅游者委派的导游人员,应当持有国家规定的导游证。

“取得出境旅游业务经营许可的旅行社为组织旅游者出境旅游委派的领队,应当取得导游证,具有相应的学历、语言能力和旅游从业经历,并与委派其从事领队业务的旅行社订立劳动合同。旅行社应当将本单位领队名单报所在地设区的市级旅游行政管理部门备案。”

第五十七条修改为:“违反本条例的规定,旅行社委派的导游人员未持有国家规定的导游证或者委派的领队人员不具备规定的领队条件的,由旅游行政管理部门责令改正,对旅行社处 2 万元以上 10 万元以下的罚款。”

删去第五十九条中的“或者领队证”。

删去第六十三条中的“领队证”。

三十四、将《防治船舶污染海洋环境管理条例》第十七条修改为:“船舶污染物接收单位从事船舶垃圾、残油、含油污水、含有毒有害物质污水接收作业,应当编制作业方案,遵守相关操作规程,并采取必要的防污染措施。船舶污染物接收单位应当将船舶污染物接收情况按照规定向海事管理机构报告。”

第十八条修改为:“船舶污染物接收单位接收船舶污染物,应当向船舶出具污染物接收单证,经双方签字确认并留存至少 2 年。污染物接收单证应当注明作业双方名称,作业开始和结束的时间、地点,以及污染物种类、数量等内容。船舶应当将污染物接收单证保存在相应的记录簿中。”

第二十二条修改为:“载运污染危害性货物进出港口的船舶,其承运人、货物所有人或者代理人,应当向海事管理机构提出申请,经批准方可进出港口或者过境停留。”

删去第三十条第一款中的“并经海事管理机构检查合格，方可进行船舶拆解作业”。

删去第三十二条第一款。

删去第四十二条第二款、第三款。

第六十条修改为：“违反本条例的规定，船舶污染物接收单位从事船舶垃圾、残油、含油污水、含有毒有害物质污水接收作业，未编制作业方案、遵守相关操作规程、采取必要的防污染措施的，由海事管理机构处1万元以上5万元以下的罚款；造成海洋环境污染的，处5万元以上25万元以下的罚款。”

第六十一条修改为：“违反本条例的规定，船舶污染物接收单位未按照规定向海事管理机构报告船舶污染物接收情况，或者未按照规定向船舶出具污染物接收单证，或者未按照规定将船舶污染物的接收和处理情况报海事管理机构备案的，由海事管理机构处2万元以下的罚款。”

第六十二条第一项修改为：“（一）船舶未按照规定保存污染物接收单证的”。

删去第六十四条中的“进行装卸”。

第六十九条中的“未经海事管理机构批准”修改为“未按照国家规定的标准”。

三十五、将《中华人民共和国招标投标法实施条例》第十二条修改为：“招标代理机构应当拥有一定数量的具备编制招标文件、组织评标等相应能力的专业人员。”

删去第七十八条。

三十六、将《国内水路运输管理条例》第十四条第三款修改为：“海事管理机构在现场监督检查时，发现从事水路运输的船舶不能提供有效的船舶营运证件的，应当通知有关主管部门依法处理。”

此外，对相关行政法规中的条文序号作相应调整。

附件2

国务院决定废止的行政法规

一、城乡集市贸易管理办法（1983年2月5日国务院发布）

二、工资基金暂行管理办法（1985年9月24日国务院发布）

三、国家体育锻炼标准施行办法（1989年12月9日国务院批准 1990年1月6日国家体育运动委员会令第10号发布）

法规性文件

国务院办公厅关于印发
国务院 2017 年立法工作计划的通知

（2017 年 2 月 27 日　国办发〔2017〕23 号）

《国务院 2017 年立法工作计划》已经党中央、国务院同意，现印发给你们。2017 年是实施“十三五”规划的重要一年和推进供给侧结构性改革的深化之年，政府立法工作总的指导思想是：**在以习近平同志为核心的党中央坚强领导下，全面贯彻党的十八大和十八届三中、四中、五中、六中全会精神，以邓小平理论、“三个代表”重要思想、科学发展观为指导，深入学习贯彻习近平总书记系列重要讲话精神和治国理政新理念新思想新战略，统筹推进“五位一体”总体布局和协调推进“四个全面”战略布局，坚持稳中求进工作总基调，加强重点领域立法，不断提高立法质量和效率，努力为改革发展稳定大局做好法治服务和保障，以优异成绩迎接党的十九大胜利召开。**遵循这一指导思想，结合当前面临的新形势、新任务，现就做好国务院 2017 年立法工作提出以下意见：

一、坚持党对立法工作的领导

立法工作要牢固树立政治意识、大局意识、核心意识、看齐意识，在思想上政治上行动上坚决与以习近平同志为核心的党中央保持高度一致。要把党的领导贯穿到立法工作的全过程，坚持立法工作正确的政治方向，坚决贯彻落实党中央、国务院各项重大决策部署，为统筹推进“五位一体”总体布局和协调推进“四个全面”战略布局，提供有力的法治保障，创造良好的法治环境。认真贯彻执行党中央关于加强党领导立法工作的意见，制定政治方面法律的配套法规规章，以及涉及重大体制和重大政策调整的重要法律法规规章，要按照规定及时报告。

二、坚持稳中求进工作总基调，把全面深化改革急需的项目作为重中之重

稳是主基调，稳是大局，在稳的前提下要在关键领域有所进取，在把握好度的前提下奋发有为，做好稳增长、促改革、调结构、惠民生、防风险各项工作。保持战略定力，坚持问题导向、底线思维，更好地解决经济社会发展中的深层次矛盾和问题，为保持经济平稳健康发展和社会和谐稳定提供法治保障。从宏观政策要稳、产业政策要准、微观政策要活、改革政策要实、社会政策要托底等方面，有针对性地做好立法工作。

深化关键领域的重点改革，将贯彻落实“十三五”规划，推进供给侧结构性改革、“放管服”改革、国防和军队改革等方面的重大决策部署，党中央、国务院有关重要文件或者规划明确要求2017年完成的立法项目，以及党中央、国务院领导同志批示要求抓紧出台的立法项目，作为重中之重，抓紧办理，尽快完成起草和审查任务。抓紧完成有关适应经济发展新常态要求、促进经济平稳健康发展和对外开放，保障和改善民生、促进社会和谐稳定，坚持物质文明精神文明并重、促进文化发展，着力改善生态环境、节约能源资源，实施国家安全战略、维护国家安全，规范行政行为、加强政府自身建设等方面的立法项目。

三、进一步提高立法质量

国务院各部门起草法律法规草案，要从中国的实际出发，从维护人民群众根本利益出发，从改革发展稳定的大局出发。国务院各部门和有立法权的地方人民政府起草法律法规规章草案，要认真听取有关方面意见，注重听取基层群众、基层执法机关和行政管理相对人的意见。进一步拓展调研渠道、丰富调研手段、创新调研方法，充分掌握实践中存在的突出问题及其原因，搞清楚相关各方的利益诉求，统筹考虑不同方案的利弊得失，努力设计出能够有效解决实际问题、尽可能兼顾各方利益诉求的制度规定。强调立法质量的同时，要兼顾效率，加强对重点难点问题的协调攻关，推动改革发展稳定迫切需要的法律法规规章及时出台。

国务院各部门起草法律法规草案，除商国务院法制办同意，明确在上报后由国务院法制办通过中国政府法制信息网或者其他媒体向社会公布征求意见，或者由国务院法制办报国务院批准不公布征求意见的外，各部门应当在上报前将法律法规草案通过本部门网站或者其他媒体向社会公布征求意见。拟全面修改有关法律法规的，有关部门应当对现行法律法规的实施情况进行评估。

四、认真组织实施立法计划

起草部门要高度重视立法计划的执行，切实加强组织领导。对于党中央、国务院有关重要文件或者规划明确要求2017年完成的立法项目，起草部门要制定具体工作方案，明确责任分工，提高工作效率；对于起草过程中的重点难点问题，要深入研究、充分论证，加强与有关部门的沟通协商，力争达成共识；在向国务院上报立法项目送审稿前，应当主动与国务院法制办沟通。

国务院法制办要及时跟踪了解各部门落实立法计划、推进相关工作的进展情况，切实加强组织协调和督促指导。有关部门对于没有列入立法计划、正在研究的立法项目，要深入了解掌握实际情况，提出切实解决问题的办法，国务院法制办要积极支持配合。

（本文有删减）

国务院2017年立法工作计划

根据党的十八大和十八届三中、四中、五中、六中全会以及中央经济工作会议精神，按照党中央、国务院确定的2017年工作总体部署和主要任务的要求，国务院2017年立法工作重点是：**紧紧围绕党中央、国务院2017年的中心工作，把贯彻落实《中共中央关于全面深化改革若干重大问题的决定》、《中共中央关于全面推进依法治国若干重大问题的决定》、《中华人民共和国国民经济和社会发展第十三个五年规划纲要》和《政府工作报告》确定的任务作为重中之重，及时完成有关促进经济平稳健康发展、保障和改善民生、促进文化发展、着力改善生态环境、维护国家安全、加强政府自身建设等方面的立法项目。**具体安排如下：

一、全面深化改革急需的项目

为贯彻落实"十三五"规划、推进供给侧结构性改革等方面的重大决策部署，对党中央、国务院确定的立法项目，要根据改革进程和改革方案，抓紧办理，尽快完成起草和审查任务。这类项目主要有：**税收征收管理法（修订）**（税务总局、财政部起草），**标准化法（修订）**（质检总局起草），**社区矫正法**（司法部起草），**出口管制法**（商务部起草），**烟叶税法**（财政部、税务总局起草），**船舶吨税法**（财政部、海关总署起草），**原子能法**（国防科工局起草），**密码法**（密码局起草），**住房公积金管理条例（修订）**（住房城乡建设部起草），**建设项目环境保护管理条例（修订）**（环境保护部起草），**无证无照经营查处办法**（工商总局起草），**外国人永久居留管理条例**（公安部起草），**强制医疗所条例**（公安部起草），**宗教事务条例（修订）**（宗教局起草），**志愿服务条例**（民政部起草），**基金会管理条例（修订）**（民政部起草），**社会团体登记管理条例（修订）**（民政部起草），**民办非企业单位登记管理暂行条例（修订）**（民政部起草），**行政区划管理条例**（民政部起草），**人力资源市场条例**（人力资源社会保障部起草），**失业保险条例（修订）**（人力资源社会保障部起草），**政府投资条例**（发展改革委起草），**楼堂馆所建设管理暂行条例（修订）**（发展改革委起草），**融资担保公司管理条例**（银监会起草），**私募投资基金管理暂行条例**（证监会起草），**行政机关督查工作条例**（国务院办公厅、法制办起草），**政府信息公开条例（修订）**（国务院办公厅、法制办起草），**重大行政决策程序暂行条例**（法制办起草），**基础设施和公共服务项目引入社会资本条例**（法制办、发展改革委、财政部起草），**行政法规制定程序条例（修订）**（法制办起草），**规章制定程序条例（修订）**（法制办起草），研究推进统一内外资法律法规，以及为了推进简政放权、放管结合、优化服务改革及公路管理、住房租赁市场、外商投资国家安全审查、文化市场综合行政执法等方面改革涉及的立法项目。深化国防和军队改革需要制定、修订的行政法规，适时提请国务院、中央军委审议。

对于党中央、国务院交办的其他项目，要抓紧办理，尽快完成起草和审查任务。

二、力争年内完成的项目

（一）适应经济发展新常态要求，促进经济平稳健康发展和对外开放需要提请全国人大常委会审议的法律修订草案和需要制定、修订的行政法规。(4件)

1. 为了进一步保护专利权人的合法权益，鼓励发明创造，促进专利实施和运用，提请审议**专利法修订草案**（知识产权局起草）。

2. 为了规范招标投标活动，确定必须招标的工程建设项目范围，修订**工程建设项目招标范围和规模标准规定**（发展改革委起草）。

3. 为了进一步规范专利代理行为，保障委托人、专利代理机构以及专利代理人的合法权益，维护专利代理正常秩序，促进专利代理行业健康发展，修订**专利代理条例**（知识产权局起草）。

4. 为了规范缔约程序，使缔结条约程序法相关规定更加细化、更具可操作性，以满足我国大幅增长的对外缔约实践需要，制定**缔结条约程序法实施条例**（外交部起草）。

（二）保障和改善民生，促进社会和谐稳定需要提请全国人大常委会审议的法律修订草案和需要制定、修订的行政法规。(9件)

1. 为了加强海上交通管理，维护海上交通环境与秩序，保护海上人身和财产安全，维护国家利益，提请审议**海上交通安全法修订草案**（交通运输部起草）。

2. 为了保障快递安全，保护用户合法权益，加强对快递市场的监督管理，促进快递业健康发展，制定**快递条例**（交通运输部、邮政局起草）。

3. 为了规范生产安全事故应急工作，保护人民群众生命和财产安全，制定**生产安全事故应急条例**（安全监管总局起草）。

4. 为了规范城镇住房保障工作，保障住房困难家庭和个人的基本住房需求，促进实现住有所居，制定**城镇住房保障条例**（住房城乡建设部起草）。

5. 为了预防与处理医疗纠纷，保护患者和医疗机构及其医务人员的合法权益，维护医疗秩序，保障医疗安全，修订**医疗事故处理条例**（卫生计生委起草）。

6. 为了进一步细化食品安全法的规定，落实食品生产经营者的食品安全责任，强化食品安全监督管理，修订**食品安全法实施条例**（食品药品监管总局起草）。

7. 为了加强铁路交通事故的应急救援工作，规范铁路交通事故调查处理，减少人员伤亡和财产损失，保障铁路运输安全和畅通，修订**铁路交通事故应急救援和调查处理条例**（交通运输部、铁路局起草）。

8. 为了做好大中型水利水电工程建设征地补偿和移民安置工作，维护移民合法权益，保障工程建设的顺利进行，修订**大中型水利水电工程建设征地补偿和移民安置条例**（水利部起草）。

9. 为了加强对我国人类遗传资源的有效保护和合理利用，制定**人类遗传资源管理条例**（科技部起草）。

（三）坚持物质文明精神文明并重，促进文化发展需要提请全国人大常委会审议的法律草案和需要制定、修订的行政法规。（3件）

1. 为了发展公共图书馆事业，满足人民群众日益增长的精神文化需求，提请审议**公共图书馆法草案**（文化部起草）。

2. 为了促进全民阅读，提高公民思想道德素质和科学文化素质，制定**全民阅读促进条例**（新闻出版广电总局起草）。

3. 为了加强和改进互联网信息服务管理，促进互联网信息服务健康有序发展，修订**互联网信息服务管理办法**（网信办起草）。

（四）着力改善生态环境，节约能源资源需要修订的行政法规。（2件）

1. 为了加强海洋石油勘探开发环境保护，完善溢油事故应急处置机制，修订**海洋石油勘探开发环境保护管理条例**（海洋局起草）。

2. 为了规范报废机动车回收拆解活动，保障道路交通安全，促进资源综合利用和循环经济发展，修订**报废汽车回收管理办法**（商务部起草）。

（五）实施国家安全战略，维护国家安全需要制定的行政法规。（1件）

为了贯彻实施反间谍法，防范、制止和惩治间谍行为，维护国家安全，制定**反间谍法实施细则**（安全部起草）。

（六）规范行政行为，加强政府自身建设需要制定、修订的行政法规。（3件）

1. 为了贯彻实施统计法，进一步规范统计行为，制定**统计法实施条例**（统计局起草）。

2. 为了贯彻实施预算法，进一步增强预算管理的规范性和可操作性，完善预算管理制度，修订**预算法实施条例**（财政部起草）。

3. 为了规范国家土地督察工作，强化对地方人民政府土地利用和土地管理情况的监督检查，制定**国家土地督察条例**（国土资源部起草）。

对于有关部门正在研究但未列入立法计划的项目，由有关部门继续研究论证。

为了配合外交大局，为国际合作与交流提供法治保障，开展有关国际条约审核工作(法制办会同有关部门)。

此外,配合全国人大及其常委会继续审议**民法总则、证券法(修订)、测绘法(修订)、中小企业促进法(修订)、核安全法、水污染防治法(修订)、电子商务法**等法律案,配合初次审议**行政监察法(修订)、农民专业合作社法(修订)、土壤污染防治法、国际刑事司法协助法、基本医疗卫生法**等法律案,做好相关工作(法制办会同有关部门)。

国务院关于印发“十三五”国家老龄事业发展和养老体系建设规划的通知

(2017年2月28日 国发〔2017〕13号)

现将《“十三五”国家老龄事业发展和养老体系建设规划》印发给你们,请认真贯彻执行。

“十三五”国家老龄事业发展和养老体系建设规划

为积极开展应对人口老龄化行动,推动老龄事业全面协调可持续发展,健全养老体系,根据《中华人民共和国老年人权益保障法》和《中华人民共和国国民经济和社会发展第十三个五年规划纲要》,制定本规划。

第一章 规划背景

第一节 “十二五”时期的成就

“十二五”时期我国老龄事业和养老体系建设取得长足发展。《中国老龄事业发展“十二五”规划》、《社会养老服务体系建设规划(2011—2015年)》确定的目标任务基本完成。老年人权益保障和养老服务业发展等方面的法规政策不断完善;基本养老、基本医疗保障覆盖面不断扩大,保障水平逐年提高;以居家为基础、社区为依托、机构为补充、医养相结合的养老服务体系初步形成,养老床位数量达到672.7万张;老年宜居环境建设持续推进,老年人社会参与条件继续优化;老年文化、体育、教育事业快速发展,老年人精神文化生活日益丰富;老年人优待项目更加丰富、范围大幅拓宽,敬老养老助老社会氛围日益浓厚,老年人的获得感和幸福感明显增强。

专栏1 “十二五”期间老龄事业发展和养老体系建设主要指标完成情况

主要指标	完成情况	预期目标	完成率(%)
城镇职工基本养老保险参保人数(亿人)	3.54	3.57	99
城乡居民基本养老保险参保人数(亿人)	5.05	4.5	112
企业退休人员社会化管理比例(%)	81.1	80	101
离退休人员养老金待遇年均增长率(%)	10.7	7	152
农村五保供养平均标准年均增长率(%)	15.3	7	219
城乡居民基本医疗保险参保人数(亿人)	13.3	13.2	101
每千名老年人拥有养老床位数(张)	30.3	30	101
基层老年法律援助覆盖面(%)	98	75	131
老年协会城乡社区创建率(%)	81.9	87.5	94
老年教育参与率(%)	3.5	5	70
老年志愿者占比(%)	10	10	100

第二节 “十三五”时期的形势

“十三五”时期是我国全面建成小康社会决胜阶段,也是我国老龄事业改革发展和养老体系建设的重要战略窗口期。

严峻形势。预计到2020年,全国60岁以上老年人口将增加到2.55亿人左右,占总人口比重提升到17.8%左右;高龄老年人将增加到2900万人左右,独居和空巢老年人将增加到1.18亿人左右,老年抚养比将提高到28%左右;用于老年人的社会保障支出将持续增长;农村实际居住人口老龄化程度可能进一步加深。

明显短板。涉老法规政策系统性、协调性、针对性、可操作性有待增强;城乡、区域老龄事业发展和养老体系建设不均衡问题突出;养老服务有效供给不足,质量效益不高,人才队伍短缺;老年用品市场供需矛盾比较突出;老龄工作体制机制不健全,社会参与不充分,基层基础比较薄弱。

有利条件。党中央、国务院高度重视老龄事业发展和养老体系建设,“十三五”规划纲要对积极应对人口老龄化提出明确要求。经济社会平稳健康发展,供给侧结构性改革加快推进,公共服务和民生保障能力不断增强,科技创新成果加快推广应用,劳动年龄人口仍较为充足,社会参与老龄事业发展积极性不断提高。

制定实施“十三五”国家老龄事业发展和养老体系建设规划是贯彻落实党中央、国务院关于积极应对人口老龄化决策部署的重要措施,对于保障和改善民生,增强老年人参与感、获得感和幸福感,实现全面建成小康社会奋斗目标具有重要战略意义。

第二章　指导思想、基本原则和发展目标

第一节　指导思想

高举中国特色社会主义伟大旗帜,全面贯彻党的十八大和十八届三中、四中、五中、六中全会精神,深入贯彻习近平总书记系列重要讲话精神和治国理政新理念新思想新战略,认真落实党中央、国务院决策部署,统筹推进“五位一体”总体布局和协调推进“四个全面”战略布局,牢固树立和贯彻落实创新、协调、绿色、开放、共享的发展理念,坚持党委领导、政府主导、社会参与、全民行动,着力加强全社会积极应对人口老龄化的各方面工作,着力完善老龄政策制度,着力加强老年人民生保障和服务供给,着力发挥老年人积极作用,着力改善老龄事业发展和养老体系建设支撑条件,确保全体老年人共享全面建成小康社会新成果。

第二节　基本原则

以人为本,共建共享。坚持保障和改善老年人民生,逐步增进老年人福祉,大力弘扬孝亲敬老、养老助老优秀传统文化,为老年人参与社会发展、社会力量参与老龄事业发展和养老体系建设提供更多更好支持,实现不分年龄、人人共建共享。

补齐短板,提质增效。坚持问题导向,注重质量效益,着力保基本、兜底线、补短板、调结构,不断健全完善社会保障制度体系,促进资源合理优化配置,强化薄弱环节,加大投入力度,有效保障面向老年人的基本公共服务供给。

改革创新,激发活力。坚持政府引导、市场驱动,深化简政放权、放管结合、优化服务改革,不断增强政府依法履职能力,加快形成统一开放、竞争有序的市场体系,保障公平竞争,改善营商环境,支持创业创新,激发市场活力。

统筹兼顾,协调发展。坚持把应对人口老龄化与促进经济社会发展相结合,促进老龄事业发展和养老体系建设城乡协调、区域协调、事业产业协调,统筹做好老年人经济保障、服务保障和精神关爱等制度安排,实现协调可持续发展。

第三节　发展目标

到2020年，老龄事业发展整体水平明显提升，养老体系更加健全完善，及时应对、科学应对、综合应对人口老龄化的社会基础更加牢固。

多支柱、全覆盖、更加公平、更可持续的社会保障体系更加完善。城镇职工和城乡居民基本养老保险参保率达到90%，基本医疗保险参保率稳定在95%以上，社会保险、社会福利、社会救助等社会保障制度和公益慈善事业有效衔接，老年人的基本生活、基本医疗、基本照护等需求得到切实保障。

居家为基础、社区为依托、机构为补充、医养相结合的养老服务体系更加健全。养老服务供给能力大幅提高、质量明显改善、结构更加合理，多层次、多样化的养老服务更加方便可及，政府运营的养老床位数占当地养老床位总数的比例不超过50%，护理型床位占当地养老床位总数的比例不低于30%，65岁以上老年人健康管理率达到70%。

有利于政府和市场作用充分发挥的制度体系更加完备。老龄事业发展和养老体系建设的法治化、信息化、标准化、规范化程度明显提高。政府职能转变、"放管服"改革、行政效能提升成效显著。市场活力和社会创造力得到充分激发，养老服务和产品供给主体更加多元、内容更加丰富、质量更加优良，以信用为核心的新型市场监管机制建立完善。

支持老龄事业发展和养老体系建设的社会环境更加友好。全社会积极应对人口老龄化、自觉支持老龄事业发展和养老体系建设的意识意愿显著增强，敬老养老助老社会风尚更加浓厚，安全绿色便利舒适的老年宜居环境建设扎实推进，老年文化体育教育事业更加繁荣发展，老年人合法权益得到有效保护，老年人参与社会发展的条件持续改善。

专栏2　"十三五"期间国家老龄事业发展和养老体系建设主要指标

类　别	指　标	目标值
社会保障	基本养老保险参保率	达到90%
	基本医疗保险参保率	稳定在95%以上
养老服务	政府运营的养老床位占比	不超过50%
	护理型养老床位占比	不低于30%
健康支持	老年人健康素养	提升至10%
	二级以上综合医院设老年病科比例	35%以上
	65岁以上老年人健康管理率	达到70%

续　表

精神文化生活	建有老年学校的乡镇(街道)比例	达到50%
	经常性参与教育活动的老年人口比例	20%以上
社会参与	老年志愿者注册人数占老年人口比例	达到12%
	城乡社区基层老年协会覆盖率	90%以上
投入保障	福彩公益金用于养老服务业的比例	50%以上

第三章　健全完善社会保障体系

第一节　社会保险制度

完善养老保险制度。制定实施完善和改革基本养老保险制度总体方案。完善社会统筹与个人账户相结合的基本养老保险制度，构建包括职业年金、企业年金，以及个人储蓄性养老保险和商业保险的多层次养老保险体系。推进个人税收递延型商业养老保险试点。建立基本养老金合理调整机制，适当提高退休人员基本养老金标准。加快健全社会保障管理体制和经办服务体系。建立更加便捷的养老保险转移接续机制。

健全医疗保险制度。健全稳定可持续筹资和报销比例调整机制，完善缴费参保政策。加快推进基本医疗保险全国联网和异地就医结算，实现跨省异地安置退休人员住院费用直接结算。鼓励有条件的地方研究将基本治疗性康复辅助器具按规定逐步纳入基本医疗保险支付范围。巩固完善城乡居民大病保险。鼓励发展补充医疗保险和商业健康保险、老年人意外伤害保险。

探索建立长期护理保险制度。开展长期护理保险试点的地区要统筹施策，做好长期护理保险与重度残疾人护理补贴、经济困难失能老年人护理补贴等福利性护理补贴项目的整合衔接，提高资源配置效率效益。鼓励商业保险公司开发适销对路的长期护理保险产品和服务，满足老年人多样化、多层次长期护理保障需求。

第二节　社会福利制度

制定实施老年人照顾服务项目，鼓励地方丰富照顾服务项目、创新和优化照顾服务提供方式。着力保障特殊困难老年人的养老服务需求，确保人人能够享有基本养老服务。在全国范围内基本建成针对经济困难的高龄、失能老年人的补贴制度。对经济困难的老年人，地方各级人民政府逐步给予养老服务补贴。完善农村计划生育家庭奖励扶助和特别扶助制度。

第三节 社会救助制度

确保所有符合条件的老年人按规定纳入最低生活保障、特困人员救助供养等社会救助制度保障范围。完善医疗救助制度，全面开展重特大疾病医疗救助，逐步将低收入家庭老年人纳入救助范围。完善临时救助制度，加强对老年人的"救急难"工作，按规定对流浪乞讨、遭受遗弃等生活无着老年人给予救助。落实农村最低生活保障制度与扶贫开发政策有效衔接有关政策要求，确保现行扶贫标准下农村贫困老年人实现脱贫。

第四节 公益慈善事业

鼓励面向老年人开展募捐捐赠、志愿服务、慈善信托、安全知识教育、急救技能培训、突发事故防范等形式多样的公益慈善活动。依法加强对公益慈善组织和公益慈善活动的扶持和监管，依法及时查处以公益慈善为名实施的侵害老年人合法权益等违反法律法规、违背公序良俗的行为。加强民政部门与公益慈善组织、社会服务机构之间的信息对接和工作衔接，实现政府救助与社会帮扶有机结合。

第四章 健全养老服务体系

第一节 夯实居家社区养老服务基础

大力发展居家社区养老服务。逐步建立支持家庭养老的政策体系，支持成年子女与老年父母共同生活，履行赡养义务和承担照料责任。支持城乡社区定期上门巡访独居、空巢老年人家庭，帮助老年人解决实际困难。支持城乡社区发挥供需对接、服务引导等作用，加强居家养老服务信息汇集，引导社区日间照料中心等养老服务机构依托社区综合服务设施和社区公共服务综合信息平台，创新服务模式，提升质量效率，为老年人提供精准化个性化专业化服务。鼓励老年人参加社区邻里互助养老。鼓励有条件的地方推动扶持残疾、失能、高龄等老年人家庭开展适应老年人生活特点和安全需要的家庭住宅装修、家具设施、辅助设备等建设、配备、改造工作，对其中的经济困难老年人家庭给予适当补助。大力推行政府购买服务，推动专业化居家社区养老机构发展。

加强社区养老服务设施建设。统筹规划发展城乡社区养老服务设施，新建城区和新建居住(小)区按要求配套建设养老服务设施，老城区和已建成居住(小)区无养老服务设施或现有设施未达到规划要求的，通过购置、置换、租赁等方式建设。加强社区养老服务设施与社区综合服务设施的整合利用。支持在社区养老服务设施配备康复护理设施设备和器材。鼓励有条件的地方通过委托管理等方式，将社区养老服务设施无偿或低偿交由专业化的居家社区养老服务项目团队运营。

专栏3　居家社区养老服务工程
依托城乡社区公共服务综合信息平台，以失能、独居、空巢老年人为重点，整合建立居家社区养老服务信息平台、呼叫服务系统和应急救援服务机制，方便养老服务机构和组织向居家老年人提供助餐、助洁、助行、助浴、助医、日间照料等服务。 实施“互联网+”养老工程。支持社区、养老服务机构、社会组织和企业利用物联网、移动互联网和云计算、大数据等信息技术，开发应用智能终端和居家社区养老服务智慧平台、信息系统、APP应用、微信公众号等，重点拓展远程提醒和控制、自动报警和处置、动态监测和记录等功能，规范数据接口，建设虚拟养老院。

第二节　推动养老机构提质增效

加快公办养老机构改革。加快推进具备向社会提供养老服务条件的公办养老机构转制为企业或开展公建民营。实行老年人入住评估制度，优先保障特困供养人员集中供养需求和其他经济困难的孤寡、失能、高龄等老年人的服务需求。完善公建民营养老机构管理办法，鼓励社会力量通过独资、合资、合作、联营、参股、租赁等方式参与公办养老机构改革。政府投资建设和购置的养老设施、新建居住（小）区按规定配建并移交给民政部门的养老设施、党政机关和国有企事业单位培训疗养机构等改建的养老设施，均可实施公建民营。

支持社会力量兴办养老机构。贯彻全面放开养老服务市场、提升养老服务质量的有关政策要求，加快推进养老服务业“放管服”改革。对民间资本和社会力量申请兴办养老机构进一步放宽准入条件，加强开办支持和服务指导。落实好对民办养老机构的投融资、税费、土地、人才等扶持政策。鼓励采取特许经营、政府购买服务、政府和社会资本合作等方式支持社会力量举办养老机构。允许养老机构依法依规设立多个服务网点，实现规模化、连锁化、品牌化运营。鼓励整合改造企业厂房、商业设施、存量商品房等用于养老服务。

全面提升养老机构服务质量。加快建立全国统一的服务质量标准和评价体系，完善安全、服务、管理、设施等标准，加强养老机构服务质量监管。建立健全养老机构分类管理和养老服务评估制度，引入第三方评估，实行评估结果报告和社会公示。加强养老服务行业自律和信用体系建设。支持发展养老机构责任保险，提高养老机构抵御风险能力。

第三节　加强农村养老服务

推动农村特困人员供养服务机构服务设施和服务质量达标，在保障农村特困人员集中供养需求的前提下，积极为低收入、高龄、独居、残疾、失能农村老年人提供养老服务。通过邻里互助、亲友相助、志愿服务等模式和举办农村幸福院、养老大院等方式，大力发展农村互助养老服务。发挥农村基层党组织、村委会、老年协会等作用，积极培育为老服务社会组织，依托农村社区综合服务中心（站）、综合性文化服务中心、村卫生室、农家书屋、全民健身等设施，为留守、孤寡、独居、贫困、残疾等老年人提供丰富多彩的关爱服务。

第五章　健全健康支持体系

第一节　推进医养结合

完善医养结合机制。统筹落实好医养结合优惠扶持政策，深入开展医养结合试点，建立健全医疗卫生机构与养老机构合作机制，建立养老机构内设医疗机构与合作医院间双向转诊绿色通道，为老年人提供治疗期住院、康复期护理、稳定期生活照料以及临终关怀一体化服务。大力开发中医药与养老服务相结合的系列服务产品，鼓励社会力量举办以中医药健康养老为主的护理院、疗养院，建设一批中医药特色医养结合示范基地。

支持养老机构开展医疗服务。支持养老机构按规定开办康复医院、护理院、临终关怀机构和医务室、护理站等。鼓励执业医师到养老机构设置的医疗机构多点执业，支持有相关专业特长的医师及专业人员在养老机构开展疾病预防、营养、中医养生等非诊疗性健康服务。对养老机构设置的医疗机构，符合条件的按规定纳入基本医疗保险定点范围。

第二节　加强老年人健康促进和疾病预防

开展老年人健康教育，促进健康老龄化理念和医疗保健知识宣传普及进社区、进家庭，增强老年人的自我保健意识和能力。加强对老年人健康生活方式和健身活动指导，提升老年人健康素养水平至10%。基层医疗卫生机构为辖区内65周岁以上老年人普遍建立健康档案，开展健康管理服务。加强对老年人心脑血管疾病、糖尿病、恶性肿瘤、呼吸系统疾病、口腔疾病等常见病、慢性病的健康指导、综合干预。指导老年人合理用药，减少不合理用药危害。研究推广老年病防治适宜技术，及时发现健康风险因素，促进老年病早发现、早诊断、早治疗。面向老年人开展中医药健康管理服务项目。加强老年严重精神障碍患者的社区管理和康复服务。

第三节　发展老年医疗与康复护理服务

加强老年康复医院、护理院、临终关怀机构和综合医院老年病科建设。有条件的地区可将部分公立医院转为康复、护理等机构。提高基层医疗卫生机构康复护理床位占比，积极开展家庭医生签约服务，为老年人提供连续的健康管理和医疗服务。到2020年，35%以上的二级以上综合医院设立老年病科。落实老年人医疗服务优待政策，为老年人特别是高龄、重病、残疾、失能老年人就医提供便利服务。鼓励各级医疗卫生机构和医务工作志愿者为老年人开展义诊。加强康复医师、康复治疗师、康复辅助器具配置人才培养，广泛开展偏瘫肢体综合训练、认知知觉功能康复训练等老年康复护理服务。

第四节　加强老年体育健身

结合贯彻落实全民健身计划，依托公园、广场、绿地等公共设施及旧厂房、仓库、老旧商业设施等城市空置场所，建设适合老年人体育健身的场地设施，广泛开展老年人康复健身体育活动。支持乡镇（街道）综合文化站建设体育健身场地，配备适合老年人的设施和器材。支持公共和民办体育设施向老年人免费或优惠开放。加强老年人体育健身方法和项目研究，分层分类引导老年运动项目发展。继续举办全国老年人体育健身大会。鼓励发展老年人体育组织，到2020年，90%的街道和乡镇建立老年人基层体育组织，城乡社区普遍建立老年人健身活动站点和体育团队。

第六章　繁荣老年消费市场

第一节　丰富养老服务业态

大力发展养老服务企业，鼓励连锁化经营、集团化发展，实施品牌战略，培育一批各具特色、管理规范、服务标准的龙头企业，加快形成产业链长、覆盖领域广、经济社会效益显著的养老服务产业集群。支持养老服务产业与健康、养生、旅游、文化、健身、休闲等产业融合发展，丰富养老服务产业新模式、新业态。鼓励金融、地产、互联网等企业进入养老服务产业。利用信息技术提升健康养老服务质量和效率。

第二节　繁荣老年用品市场

增加老年用品供给。引导支持相关行业、企业围绕健康促进、健康监测可穿戴设备、慢性病治疗、康复护理、辅助器具和智能看护、应急救援、通信服务、电子商务、旅游休闲等重点领域，推进老年人适用产品、技术的研发和应用。支持老年用品制造业创新发展，采用新工艺、新材料、新技术，促进产品升级换代。丰富适合老年人的食品、药品、服装等供给；加强老年用品测试和质量监管，鼓励开辟老年用品展示、体验场所，发展老年用品租赁市场，支持办好老龄产业博览会。

提升老年用品科技含量。加强对老年用品产业共性技术的研发和创新。支持推动老年用品产业领域大众创业、万众创新。支持符合条件的老年用品企业牵头承担各类科技计划（专项、基金等）科研项目。支持技术密集型企业、科研院所、高校及老龄科研机构加强适老科技研发和成果转化应用。落实相关税收优惠政策，支持老年用品产业领域科技创新与应用项目。

第七章　推进老年宜居环境建设

第一节　推动设施无障碍建设和改造

严格执行无障碍环境建设相关法律法规，完善涉老工程建设标准规范体系，在规划、设计、施工、监理、验收、运行、维护、管理等环节加强相关标准的实施与监督。加强与老年人自主安全地通行道路、出入相关建筑物、搭乘公共交通工具、交流信息、获得社区服务密切相关的公共设施的无障碍设计与改造。加强居住区公共设施无障碍改造，重点对坡道、楼梯、电梯、扶手等公共建筑节点进行改造。探索鼓励市场主体参与无障碍设施建设和改造的政策措施。

第二节　营造安全绿色便利生活环境

在推进老旧居住（小）区改造、棚户区改造、农村危房改造等工程中优先满足符合住房救助条件的老年人的基本住房安全需求。加强对养老服务设施的安全隐患排查和监管。加强养老服务设施节能宜居改造，将各类养老机构和城乡社区养老服务设施纳入绿色建筑行动重点扶持范围。推动老年人共建共享绿色社区、传统村落、美丽宜居村庄和生态文明建设成果。支持多层老旧住宅加装电梯。引导、支持开发老年宜居住宅和代际亲情住宅。继续推进街道、社区“老年人生活圈”配套设施建设，为老年人提供一站式便捷服务。

专栏4 老年宜居环境建设示范行动
完善老年宜居环境建设评价标准体系，开展“老年友好型城市”和“老年宜居社区”建设示范行动，继续开展全国无障碍建设城市创建工作。到2020年，60%以上城市社区达到老年宜居社区基本条件，40%以上农村具备老年宜居社区基本条件，大部分老年人的基本公共服务需求能够在社区得到满足。

第三节 弘扬敬老养老助老的社会风尚

把敬老养老助老纳入社会公德、职业道德、家庭美德、个人品德建设，纳入文明城市、文明村镇、文明单位、文明校园、文明家庭考评。利用春节、清明节、中秋节、重阳节等传统节日，开展创意新、影响大、形式多的宣传教育活动，推动敬老养老助老教育进学校、进家庭、进机关、进社区。继续开展“敬老月”和全国敬老爱老助老评选表彰活动。推进非本地户籍常住老年人与本地户籍老年人同等享受优待。到2020年，老年人优待制度普遍建立完善。

第八章 丰富老年人精神文化生活

第一节 发展老年教育

落实老年教育发展规划，扩大老年教育资源供给，拓展老年教育发展路径，加强老年教育支持服务，创新老年教育发展机制，促进老年教育可持续发展，优先发展城乡社区老年教育，促进各级各类学校开展老年教育，部门、行业企业、高校举办的老年大学要进一步提高面向社会办学开放度，支持鼓励各类社会力量举办或参与老年教育。实施社会主义核心价值观培育、老年教育机构基础能力提升、学习资源建设整合、远程老年教育推进等计划。到2020年，基本形成覆盖广泛、灵活多样、特色鲜明、规范有序的老年教育新格局。全国县级以上城市至少应有一所老年大学。

专栏5 老年教育机构基础能力提升计划
改善现有老年大学（学校）办学条件。建设一批在本区域发挥示范作用的乡镇（街道）老年人学习场所。改善基层社区老年教育机构设施设备，建设好村、社区老年学习点。探索“养、医、体、文”等场所与老年人学习场所的结合。开展养教结合试点。编辑出版有时代特色、科学内涵、文化品位，适应社会需要的老年教育系列教材。

第二节　繁荣老年文化

完善覆盖城乡的公共文化设施网络，在基层公共文化设施内开辟适宜老年人的文化娱乐活动场所，增加适合老年人的特色文化服务项目。推动公共文化服务设施向老年人免费或优惠开放，为老年人开展文化活动提供便利。文化信息资源共享、农村电影放映、农家书屋等重大文化惠民工程增加面向老年人的服务内容和资源。广泛开展群众性老年文化活动，培育老年文化活动品牌。鼓励创作发行老年人喜闻乐见的图书、报刊以及影视剧、戏剧、广播剧等文艺作品。鼓励制作适合微博、微信、手机客户端等新媒体传播的优秀老年文化作品。加强数字图书馆建设，拓展面向老年人的数字资源服务。加强专业人才和业余爱好者相结合的老年文化队伍建设。

第三节　加强老年人精神关爱

健全老年人精神关爱、心理疏导、危机干预服务网络，督促家庭成员加强对老年人的情感关怀和心理沟通；依托专业精神卫生机构和社会工作服务机构、专业心理工作者和社会工作者开展老年心理健康服务试点，为老年人提供心理关怀和精神关爱；支持企事业单位、社会组织、志愿者等社会力量开展形式多样的老年人关爱活动。鼓励城乡社区为老年人精神关爱提供活动场地、工作条件等支持。

第九章　扩大老年人社会参与

第一节　培育积极老龄观

引导老年人树立终身发展理念，始终保持自尊自爱自信自强的精神状态，积极面对老年生活，参与社会发展，发挥正能量，作出新贡献。引导全社会正确认识、积极接纳、大力支持老年人参与社会发展。

第二节　加强老年人力资源开发

将老年人才开发利用纳入各级人才队伍建设总体规划，鼓励各地制定老年人才开发利用专项规划。鼓励专业技术领域人才延长工作年限。鼓励各有关方面建立老年人才信息库，实现互联互通、资源共享。支持老年人才自主创业，帮助有意愿且身体状况允许的贫困老年人和其他老年人接受岗位技能培训或农业实用技术培训，通过劳动脱贫或致富。推动用人单位与受聘老年人依法签订书面协议。依法保障老年人在生产劳动过程中的合法收入、安全和健康权益。对老有所为贡献突出的老年人和在老有所为工作中贡献突出的单位、个人，可按规定给予表彰或奖励。

第三节 发展老年志愿服务

支持老年人积极参与基层民主监督、社会治安、公益慈善、移风易俗、民事调解、文教卫生、全民健身等工作。发挥老年人优良品行传帮带作用，支持老党员、老专家、老军人、老劳模、老干部开展关心教育下一代活动。深入开展"银龄行动"，组织医疗卫生、文化教育、农业科技等老专家、老知识分子参与东部援助西部、发达地区援助落后地区等志愿服务。推行志愿服务记录制度，鼓励老年人参加志愿服务，到2020年老年志愿者注册人数达到老年人口总数的12%。

第四节 引导基层老年社会组织规范发展

坚持扶持发展和规范管理并重，加强老年社会组织的培育扶持和登记管理。采取政府购买服务等措施加大对公益性、互助性、服务性、专业性基层老年社会组织的支持力度。继续推动老年社会组织加强能力建设和规范化建设，提高专业素质、服务能力和社会公信力，促进老年人通过社会组织实现自我管理、自我教育、自我服务。支持老年社会组织参加或承办政府有关人才培养、项目开发、课题研究、咨询服务等活动。

专栏6 基层老年协会规范化建设工程
多渠道筹措资金支持基层老年协会建设，改善基层老年协会活动设施和条件，加强基层老年协会骨干培训和活动辅导，鼓励专业人士在基层老年协会能力建设中发挥骨干作用。积极推进基层老年协会党建工作，探索发挥基层老年协会在促进当地发展、调解涉老纠纷、开展互助服务、活跃老年人精神文化生活等方面积极作用的有效方式和途径。城乡社区基层老年协会覆盖率达到90%以上。

第十章 保障老年人合法权益

第一节 完善老龄事业法规政策体系

完善老年人权益保障配套法规，积极听取老年人的意见建议，研究建立老年人监护制度，加快老年人社会服务、社会优待、社会参与等制度建设。健全优待老年人的财政投入、服务评价、检查监督、奖励表彰等政策。

第二节　健全老年人权益保障机制

健全贯彻老年人权益保障法律法规的联合执法、执法检查、综合评估等制度。充分发挥基层党组织、基层群众性自治组织、老年社会组织作用,完善维护老年人合法权益社会监督、矛盾纠纷排查调解、多部门快速反应联合查处综合治理等机制。做好老年人来信来访工作。建立老年人法律维权热线,加强老年人法律服务和法律援助,针对老年群体特点开展适应老年人特殊需求的专项法律服务活动。扩大老年人法律援助范围,拓展基层服务网络,推进法律援助工作站点向城市社区和农村延伸,方便老年人及时就近寻求法律帮助。重点做好农村和贫困、高龄、空巢、失能等特殊困难老年群体的法律服务、法律援助和司法救助。

第三节　加大普法宣传教育力度

落实国家"七五"普法规划要求,加强老年人权益保障法律法规普法宣传教育,深入结合"法律六进"活动,推动普法宣传教育规范化、常态化,强化全社会维护老年人合法权益的法治观念。开展更多适合老年人的法治宣传活动,帮助老年人学法、懂法、用法,提高守法意识和依法维权意识。

第十一章　强化工作基础和规划实施保障

第一节　强化工作基础保障

推进信息化建设。落实促进大数据发展行动纲要,在切实保障数据安全的前提下,着力推动各有关部门涉及老年人的人口、保障、服务、信用、财产等基础信息分类分级互联共享,消除信息孤岛。在此基础上推动搭建全国互联、上下贯通的老龄工作信息化平台,加强涉老数据、信息的汇集整合和发掘运用,建立基于大数据的可信统计分析决策机制。支持各地积极推进为老服务综合信息平台在城市社区全覆盖、在农村地区扩大覆盖,推进信息惠民服务向老年人覆盖、数据资源向社会开放,更好地服务于保障改善老年人民生和大众创业、万众创新。

完善投入机制。各级政府要根据经济社会发展状况和老年人口增长情况,建立稳定的老龄事业经费投入保障机制。民政部本级彩票公益金和地方各级政府用于社会福利事业的彩票公益金,50%以上要用于支持发展养老服务业,并随老年人口的增加逐步提高投入比例。落实和完善鼓励政策,引导各类社会资本投入老龄事业,倡导社会各界对老龄事业进行慈善捐赠,形成财政资金、社会资本、慈善基金等多元结合的投入机制。

壮大人才队伍。推进涉老相关专业教育体系建设，加快培养老年医学、康复、护理、营养、心理和社会工作、经营管理、康复辅具配置等人才。建立以品德、能力和业绩为导向的职称评价和技能等级评价制度，拓宽养老服务专业人员职业发展空间。推动各地保障和逐步提高养老服务从业人员薪酬待遇。

专栏7　人才培养工程
在养老服务、医养结合、科技助老等重点领域，每年培养造就一批高层次人才，符合条件的享受人才引进政策，示范带动养老服务业发展。在全国各类养老服务机构中，培养选拔优秀护理员，提供居住落户、住房保障、子女就学等方面的政策扶持。 实施养老护理人员培养培训计划，"十三五"时期力争使全国养老机构护理人员都得到至少一次专业培训。 对各级老龄工作机构的人员定期开展老龄政策和相关知识培训。

加强基层工作。进一步完善老龄工作机制，保证城乡社区老龄工作有人抓、老年人事情有人管、老年人困难有人帮。建立基层老龄工作先进典型激励机制。继续推进离退休人员管理服务社会化，建立健全老年人原工作单位、居住社区、老年社会组织和基层党组织齐抓共管的工作机制。总结创建离退休干部基层服务型党组织的好经验好做法，积极探索老年社会组织党建工作的新途径新办法。探索建立工会、共青团、妇联、残联等群团组织参与老年人管理服务的常态化机制和制度化渠道。

加强科学研究和调查统计。按照深化中央财政科技计划（专项、基金等）管理改革的总体部署，通过优化整合后的国家科技计划（专项、基金等）、社会科学基金等支持老龄事业领域的科技创新、基础理论研究和政策应用研究。完善老龄科学学科体系，加快老龄科学人才培养。在高校、研究机构、企业和地方，设立一批老龄科学理论研究基地、老龄产业实践研究基地、老龄政策创制试点基地。组建高层次老龄问题智库，健全重大决策专家咨询制度。加强国家人口老龄化中长期应对策略研究。完善老龄事业统计指标体系，建立老龄事业统计公报定期发布制度。推动城乡老年人生活状况抽样调查制度化、常态化、规范化。

加强宣传和国际合作。坚持正确舆论导向，充分发挥各类媒体作用，加大对人口老龄化国情、老龄政策法规、老龄事业发展重大主题以及老龄工作典型人物、事迹、经验等的宣传报道力度，提升舆情研判引导能力，营造全社会关注老龄问题、关心老龄事业、支持老龄工作的良好氛围。加强对外宣传，适时向国际社会推介老龄事业发展中国模式，进一步提升我国在国际老龄领域影响力。

积极参与全球及地区老龄问题治理，加强与联合国有关机构、国际涉老组织和有关国家的交流与合作。研究筹办应对人口老龄化相关国际会议。推动中国老龄事业发展与落实2030年可持续发展议程相关目标有机对接。

第二节　强化规划实施保障

加强组织领导。坚持党对老龄工作的统一领导，发挥各级党委总揽全局、协调各方的领导核心作用，为规划实施提供坚强保证；强化各级政府落实规划的主体责任，将本规划主要任务指标纳入当地经济社会发展规划，纳入为民办实事项目，纳入政府工作议事日程和目标责任考核内容。健全老龄工作体制机制，形成推进规划实施的合力。加强专家支持系统建设，建立由多学科、多领域专家参与的专家顾问制度，为规划实施提供技术咨询、评估和指导。

加强督促检查。全国老龄办、民政部、国家发展改革委会同有关部门，加强对各地的指导、督促，及时检查并向国务院报告工作进展情况。搭建社会监督平台，健全第三方评估机制，适时对规划执行情况进行评估，向社会公布评估结果。县级以上地方政府要结合实际制定本规划实施方案，细化相关指标，确保责任到位、工作到位、投入到位、见到实效。鼓励各地积极探索，勇于创新，创造性地实施规划。

国务院办公厅关于进一步激发社会领域投资活力的意见

（2017年3月7日　国办发〔2017〕21号）

党的十八大以来，我国社会领域新兴业态不断涌现，投资总量不断扩大，服务能力不断提升，但也仍然存在放宽准入不彻底、扶持政策不到位、监管体系不健全等问题。面对社会领域需求倒逼扩大有效供给的新形势，深化社会领域供给侧结构性改革，进一步激发医疗、养老、教育、文化、体育等社会领域投资活力，着力增加产品和服务供给，不断优化质量水平，对于提升人民群众获得感、挖掘社会领域投资潜力、保持投资稳定增长、培育经济发展新动能、促进经济转型升级、实现经济社会协调发展具有重要意义。要按照党中央、国务院决策部署，坚持稳中求进工作总基调，牢固树立和贯彻落实新发展理念，以供给侧结构性改革为主线，坚持社会效益和经济效益相统一，不断增进人民福祉；坚持营利和非营利分类管理，深化事业单位改革，在政府切实履行好基本公共服务职责的同时，把非基本公共服务更多地交给市场；坚持“放管服”改革方向，注重调动社会力量，降低制度性交易成本，吸引各类投资进入社会领域，更好满足多层次多样化需求。经国务院同意，现提出以下意见：

一、扎实有效放宽行业准入

1. 制定社会力量进入医疗、养老、教育、文化、体育等领域的具体方案，明确工作目标和评估办法，新增服务和产品鼓励社会力量提供。（教育部、民政部、文化部、国家卫生计生委、新闻出版广电总局、体育总局、国家文物局、国家中医药局按职责分工负责）在社会需求大、供给不足、群众呼声高的医疗、养老领域尽快有突破，重点解决医师多点执业难、纳入医保定点难、养老机构融资难等问题。（国家卫生计生委、人力资源社会保障部、民政部、银监会等部门按职责分工负责）

2. 分别制定医疗、养老、教育、文化、体育等机构设置的跨部门全流程综合审批指引，推进一站受理、窗口服务、并联审批，加强协作配合，并联范围内的审批事项不得互为前置。（教育部、民政部、文化部、国家卫生计生委、新闻出版广电总局、体育总局、国家文物局、国家中医药局分别牵头会同公安部、国土资源部、环境保护部、住房城乡建设部等部门负责）各地出台实施细则，进一步细化各项审批的条件、程序和时限，提高部门内各环节审批效率，推广网上并联审批，实现审批进程可查询。（各省级人民政府负责）

3. 完善医疗机构管理规定，优化和调整医疗机构类别、设置医疗机构的申请人、建筑设计审查、执业许可证制作等规定，推进电子证照制度。（国家卫生计生委、国家中医药局按职责分工负责）

4. 按照保障安全、方便合理的原则，修订完善养老设施相关设计规范、建筑设计防火规范等标准。（住房城乡建设部、公安部、民政部等部门按职责分工负责）

5. 制定整合改造闲置资源发展养老服务工作办法。推动公办养老机构改革试点，鼓励采取公建民营等方式，将产权归政府所有的养老服务设施委托企业或社会组织运营。（各省级人民政府负责）

6. 指导和鼓励文化文物单位与社会力量深度合作，推动文化创意产品开发，通过知识产权入股等方式投资设立企业，总结推广经验，适时扩大试点。制定准入意见，支持社会资本对文物保护单位和传统村落的保护利用。探索大遗址保护单位控制地带开发利用政策。（文化部、国家文物局按职责分工负责）

7. 总结图书制作与出版分开的改革试点经验，制定扩大试点地区的方案。推动取消电影制片单位设立、变更、终止审批等行政审批。（新闻出版广电总局牵头负责）

8. 制定体育赛事举办流程指引，明确体育赛事开展的基本条件、标准、规则、程序和各环节责任部门，打通赛事服务渠道，强化对口衔接，有关信息向社

会公开。（体育总局牵头负责）

9. 规范体育比赛、演唱会等大型群众性活动的各项安保费用，提高安保公司和场馆的市场化运营服务水平。（公安部牵头会同文化部、新闻出版广电总局、体育总局负责）

10. 改革医师执业注册办法，实行医师按行政区划区域注册，促进医师有序流动和多点执业。建立医师电子注册制度，简化审批流程，缩短办理时限，方便医师注册。（国家卫生计生委、国家中医药局牵头负责）医疗、教育、文化等领域民办机构与公立机构专业技术人才在职称评审等方面享有平等待遇。（人力资源社会保障部牵头负责）

二、进一步扩大投融资渠道

11. 研究出台医疗、养老、教育、文化、体育等社会领域产业专项债券发行指引，结合其平均收益低、回报周期长等特点，制定有利于相关产业发展的鼓励条款。（国家发展改革委牵头负责）积极支持相关领域符合条件的企业发行公司债券、非金融企业债务融资工具和资产证券化产品，并探索发行股债结合型产品进行融资，满足日常运营资金需求。（证监会、人民银行按职责分工牵头负责）引导社会资本以政府和社会资本合作（PPP）模式参与医疗机构、养老服务机构、教育机构、文化设施、体育设施建设运营，开展PPP项目示范。（各省级人民政府负责）

12. 发挥政府资金引导作用，有条件的地方可结合实际情况设立以社会资本为主体、市场化运作的社会领域相关产业投资基金。（各省级人民政府负责）

13. 推进银行业金融机构在依法合规、风险可控、商业可持续的前提下，创新开发有利于社会领域企业发展的金融产品，合理确定还贷周期和贷款利率。（人民银行、银监会等部门按职责分工负责）

14. 出台实施商业银行押品管理指引，明确抵押品类别、管理、估值、抵质押率等政策。（银监会牵头负责）

15. 加强知识产权评估、价值分析以及质押登记服务，建立健全风险分担及补偿机制，探索推进投贷联动，加大对社会领域中小企业的服务力度。（国家知识产权局、财政部、人民银行、工商总局、银监会等部门按职责分工负责）有效利用既有平台，加强信息对接和数据共享，形成以互联网为基础、全国统一的商标权、专利权、版权等知识产权质押登记信息汇总公示系统，推动社会领域企业以知识产权为基础开展股权融资。（国家发展改革委、国家知识产权局牵头会同人民银行、工商总局、新闻出版广电总局等部门负责）

16. 支持社会领域企业用股权进行质押贷款，推动社会领域企业用收益权、应收账款以及法律和行政法规规定可以质押的其他财产权利进行质押贷

款。鼓励各地通过设立行业风险补偿金等市场化增信机制，推动金融机构扩大社会领域相关产业信贷规模。（各省级人民政府负责）

17. 鼓励搭建社会领域相关产业融资、担保、信息综合服务平台，完善金融中介服务体系，利用财政性资金提供贴息、补助或奖励。（各省级人民政府负责）

18. 探索允许营利性的养老、教育等社会领域机构以有偿取得的土地、设施等财产进行抵押融资。（各省级人民政府负责）

19. 发挥行业协会、开发区、孵化器的沟通桥梁作用，加强与资本市场对接，引导企业有效利用主板、中小板、创业板、新三板、区域性股权交易市场等多层次资本市场。（科技部、民政部、文化部、国家卫生计生委、新闻出版广电总局、证监会、体育总局等部门以及各省级人民政府按职责分工负责）

三、认真落实土地税费政策

20. 将医疗、养老、教育、文化、体育等领域用地纳入土地利用总体规划、城乡规划和年度用地计划，农用地转用指标、新增用地指标分配要适当向上述领域倾斜，有序适度扩大用地供给。（国土资源部、住房城乡建设部以及各省级人民政府按职责分工负责）

21. 医疗、养老、教育、文化、体育等领域新供土地符合划拨用地目录的，依法可按划拨方式供应。对可以使用划拨用地的项目，在用地者自愿的前提下，鼓励以出让、租赁方式供应土地，支持市、县政府以国有建设用地使用权作价出资或者入股的方式提供土地，与社会资本共同投资建设。应有偿使用的，依法可以招拍挂或协议方式供应，土地出让价款可在规定期限内按合同约定分期缴纳。支持实行长期租赁、先租后让、租让结合的土地供应方式。（国土资源部牵头会同财政部等部门负责）

22. 市、县级人民政府应依据当地土地取得成本、市场供需、产业政策和其他用途基准地价等，制定公共服务项目基准地价，依法评估并合理确定医疗、养老、教育、文化、体育等领域公共服务项目的出让底价。（国土资源部牵头负责）

23. 企业将旧厂房、仓库改造成文化创意、健身休闲场所的，可实行在五年内继续按原用途和土地权利类型使用土地的过渡期政策。（国土资源部牵头会同住房城乡建设部、环境保护部、文化部、体育总局等部门负责）

24. 制定闲置校园校舍综合利用方案，优先用于教育、养老、医疗、文化、体育等社会领域。（教育部牵头会同民政部、国家卫生计生委、文化部、体育总局等部门负责）

25. 落实医疗、养老、教育、文化、体育等领域税收政策，明确界定享受各类税收政策的条件。（税务总局牵头负责）

26. 加大监督检查力度，落实非公立医疗、教育等机构享有与公立医院、学校用水电气热等同价政策，落实民办的公共文化服务机构、文化创意和设计服务企业用水电气热与工业同价政策，落实大众健身休闲企业用水电气热价格不高于一般工业标准政策，落实社会领域各项收费优惠政策。（各省级人民政府负责）

四、大力促进融合创新发展

27. 各地根据资源条件和产业优势，科学规划建设社会领域相关产业创新发展试验区，在准入、人才、土地、金融等方面先行先试。积极鼓励各类投资投入社会领域相关产业，推动产业间合作，促进产业融合、全产业链发展。（各省级人民政府以及国家发展改革委、教育部、民政部、文化部、国家卫生计生委、新闻出版广电总局、体育总局、国家文物局、国家中医药局等部门按职责分工负责）

28. 制定医养结合管理和服务规范、城市马拉松办赛指南、汽车露营活动指南、户外徒步组织规范、文化自然遗产保护和利用指南。实施文化旅游精品示范工程、体育医疗康复产业发展行动计划。（国家卫生计生委、民政部、国家中医药局、体育总局、住房城乡建设部、文化部、国家文物局、国家旅游局等部门按职责分工负责）

29. 支持社会力量举办规范的中医养生保健机构，培育一批技术成熟、信誉良好的知名中医养生保健服务集团或连锁机构。鼓励中医医疗机构发挥自身技术人才等资源优势，为中医养生保健机构规范发展提供支持。开展中医特色健康管理。（国家中医药局牵头负责）

30. 推进"互联网+"益民服务，完善行业管理规范，发展壮大在线教育、在线健身休闲等平台，加快推行面向养老机构的远程医疗服务试点，推广大数据应用，引导整合线上线下企业的资源要素，推动业态创新、模式变革和效能提高。（国家发展改革委牵头会同教育部、工业和信息化部、民政部、文化部、国家卫生计生委、体育总局等部门负责）

31. 鼓励各地扶持医疗器械、药品、康复辅助器具、体育运动装备、文化装备、教学装备等制造业发展，强化产需对接、加强产品研发、打造产业集群，更好支撑社会领域相关产业发展。（各省级人民政府负责）

五、加强监管优化服务

32. 完善协同监管机制，探索建立服务市场监管体系。相关行业部门要统筹事业产业发展，强化全行业监管服务，把引导社会力量进入本领域作为重要职能工作，着力加强事中事后监管，总结成功经验和案例，制定推广方案。（教育部、民政部、文化部、国家卫生计生委、新闻出版广电总局、体育总局按职责分工负责）工商、食品药品监管、质检、价格等相关监管部门要加强对社会领域服务市场监管，切实维护消费者权益，强化相关产品质量监督，严厉打击虚假广告、价格违法行为等。（工商总局、食品药品监管总局、质检总局、国家发展改革

委按职责分工负责）

33. 建立医疗、养老、教育、文化、体育等机构及从业人员黑名单制度和退出机制，以违规违法行为、消防不良行为、信用状况、服务质量检查结果、顾客投诉处理结果等信息为重点，实施监管信息常态化披露，年内取得重点突破。（教育部、公安部、民政部、文化部、国家卫生计生委、工商总局、新闻出版广电总局、体育总局、国家文物局、国家中医药局按职责分工负责）

34. 将医疗、养老、教育、文化、体育等机构及从业人员信用记录纳入全国信用信息共享平台，其中涉及企业的相关记录同步纳入国家企业信用信息公示系统，对严重违规失信者依法采取限期行业禁入等惩戒措施，建立健全跨地区跨行业信用奖惩联动机制。（国家发展改革委、人民银行牵头会同教育部、民政部、文化部、国家卫生计生委、工商总局、新闻出版广电总局、体育总局、国家中医药局等相关部门负责）

35. 积极培育和发展医疗、养老、教育、文化、体育等领域的行业协会商会，鼓励行业协会商会主动完善和提升行业服务标准，发布高标准的服务信息指引，开展行业服务承诺活动，组织有资质的信用评级机构开展第三方服务信用评级。（教育部、民政部、文化部、国家卫生计生委、人民银行、工商总局、新闻出版广电总局、体育总局按职责分工负责）

36. 建立完善社会领域产业统计监测制度，在文化、体育、旅游及相关产业分类基础上，加强产业融合发展统计、核算和分析。（国家统计局牵头负责）

37. 充分利用广播电视、平面媒体及互联网等新兴媒体，积极宣传社会资本投入相关产业、履行社会责任的先进典型，提升社会认可度。（教育部、民政部、文化部、国家卫生计生委、新闻出版广电总局、体育总局、国家文物局、国家中医药局按职责分工负责）

各地区、各有关部门要充分认识进一步激发社会领域投资活力的重要意义，把思想认识和行动统一到党中央、国务院重要决策部署上来，切实加强组织领导，落实责任分工，强化监管服务，合理引导预期，着力营造良好市场环境。

国务院办公厅关于印发东北地区与东部地区部分省市对口合作工作方案的通知

（2017 年 3 月 7 日　国办发〔2017〕22 号）

《东北地区与东部地区部分省市对口合作工作方案》已经国务院同意，现印发给你们，请认真贯彻执行。

东北地区与东部地区部分省市对口合作工作方案

组织东北地区与东部地区部分省市建立对口合作机制，是《国务院关于深入推进实施新一轮东北振兴战略加快推动东北地区经济企稳向好若干重要举措的意见》(国发〔2016〕62号)中的明确要求，是实施新一轮东北地区等老工业基地振兴战略的重要举措，是推进东北振兴与“三大战略”对接融合的有效途径，也是发挥我国制度优势促进跨区域合作的创新举措，对于充分发挥中央和地方两个积极性，形成共同推进东北地区实现全面振兴的合力具有重要意义。为稳步推进东北地区与东部地区部分省市对口合作，制定以下工作方案。

一、总体要求

(一)指导思想。全面贯彻党的十八大和十八届三中、四中、五中、六中全会精神，深入学习贯彻习近平总书记系列重要讲话精神和治国理政新理念新思想新战略，统筹推进“五位一体”总体布局和协调推进“四个全面”战略布局，牢固树立和贯彻落实新发展理念，按照党中央、国务院关于推进实施新一轮东北地区等老工业基地振兴战略的总体部署，组织东北地区与东部地区部分省市建立对口合作机制，通过市场化合作促进要素合理流动、资源共享、园区共建，开展干部交流培训，支持东北地区进一步转变观念，增强市场意识和竞争意识，激发内生活力和动力，促进东部地区与东北地区在合作中相互借鉴、优势互补、互利共赢、共谋发展。

(二)基本原则。

——政府引导、市场运作。积极发挥政府在对口合作中的引导带动作用，加强统筹谋划，强化组织协调，优化政策环境，搭建合作平台，促进人员交流。充分发挥市场在资源配置中的决定性作用，促进资本、人才、技术等要素合理流动，通过市场化运作促进产业转移，吸引项目、投资在东北地区落地。

——地方主体、国家支持。明确地方政府在对口合作中的主体责任，相关省市政府要将对口合作工作纳入重要议事日程，精心组织、主动作为，积极探索、力求实效。国务院有关部门要强化协调指导，加大政策支持，为对口合作创造有利条件。

——互利共赢、突出特色。注重发挥对口合作省市的比较优势，扬长避短、扬长克短、扬长补短，实现南北联动、协同发展。充分考虑资源禀赋、基础条件等因素，因地制宜、分省(市)施策，结合各地实际，拓展合作领域、丰富合作形式、创新合作方式。

——重点突破、示范带动。针对东北地区改革发展中面临的突出矛盾和问题，重点推动学习借鉴东部地区市场观念、管理理念、政策环境。鼓励对口合作省市通过多种方式，打造一批合作样板，力争取得早期收获，发挥示范带动效应，推动对口合作工作不断深入。

（三）主要目标。到2020年，东北地区与东部地区部分省市对口合作取得重要实质性成果，建立起横向联动、纵向衔接、定期会商、运转高效的工作机制，构建政府、企业、研究机构和其他社会力量广泛参与的多层次、宽范围、广领域的合作体系，形成常态化干部交流和人才培训机制，在东北地区加快复制推广一批东部地区行之有效的改革创新举措，共建一批产业合作园区等重大合作平台，实施一批标志性跨区域合作项目，形成一套相对完整的对口合作政策体系和保障措施。

二、对口合作关系

在鼓励支持东北地区与东部地区开展全方位合作基础上，综合考虑相关省市资源禀赋、产业基础、发展水平以及合作现状等因素，明确以下对口合作关系：

——东北三省与东部三省：辽宁省与江苏省，吉林省与浙江省，黑龙江省与广东省。

——东北四市与东部四市：沈阳市与北京市，大连市与上海市，长春市与天津市，哈尔滨市与深圳市。

支持内蒙古自治区主动对接东部省市，探索建立相应合作机制。鼓励中西部老工业城市和资源型城市主动学习东部地区先进经验做法。

三、重点任务

（一）对标先进经验做法，推进体制机制创新。

1. 行政管理体制改革。推动东北地区借鉴东部地区先进经验，进一步深化简政放权、放管结合、优化服务改革，全面优化投资营商环境，加快推进东北地区企业投资项目承诺制、市场准入负面清单制度等试点。支持将东部地区成熟的改革试点经验加快在东北地区复制推广，鼓励东北地区与东部地区合作承担国家改革试点任务。

2. 国有企业改革。推动东北地区学习东部地区深化国有企业改革的成功经验做法，加快国资国企改革。支持东部地区企业通过多种方式参与东北地区国有企业改革、改造和重组，鼓励共建国有资本投资运营公司和国有资产市场化运作平台。引导东部地区有实力的企业参与东北地区国有企业混合所有制改革试点。

3. 民营经济发展。支持东北地区积极借鉴东部地区民营经济发展经验，完善民营经济发展的政策环境、市场环境、金融环境、创新环境、人才环境和法治环境等，加快构建“亲”、“清”新型政商关系。在东北地区遴选一批收益可预期的优质项目，通过政府和社会资本合作（PPP）等模式吸引东部地区社会资本投资运营。允许具备条件的东部地区民间资本在东北地区依法发起设立中小型银行等金融机构。

4. 对内对外开放。协同推进“一带一路”建设，支持东部地区和东北地区共同推进中蒙俄经济走廊建设，推动共建港口、铁路、公路等重大基础设施，联合开展面向东北亚的开放合作，共同开拓周边市场，共建对外开放平台。鼓励吸引东部地区企业、机构参加中国—东北亚博览会、中俄博览会和中国国际装备制造业博览会等展会，支持东北地区企业、机构参加东部地区展会。推动东北地区与京津冀地区融合发展，加强基础设施联通、产业转移承接、科技研发与成果转化等重点领域合作。支持东北地区与长江经济带、珠三角地区加强经贸投资合作。

5. 发展理念共享。东北地区要定期组织相关城市、园区、企业赴东部地区学习转型发展成功经验。继续组织好系列“东北行”活动，邀请东部地区标杆企业、先进园区、金融机构、科研单位等赴东北地区开展学习交流活动。

（二）开展产业务实合作，加快结构调整步伐。

1. 装备制造业等优势产业。支持东北地区电力装备、高档数控机床、石化和冶金装备、重型矿山和工程机械、农业机械装备、先进轨道交通设备、海洋工程装备、船舶制造等装备制造能力与东部地区经济社会发展需求有效对接，推进产用结合、产需对接和产业链上下游整合，推进东北地区优势装备制造业企业及其产品、技术与东部地区优势资源有机结合，支持东北装备“装备中国”、走向世界。鼓励引导东部地区大型装备制造业企业在东北地区设立研发制造基地。推进双方企业、研发机构在钢铁、有色、化工、建材、国防科技工业等领域开展合作。支持东部工业设计企业与东北地区制造企业合作，提升东北制造的设计水平和品牌形象。

2. 新兴产业。促进东北地区机器人与智能装备、生物医药、新材料等新兴产业与东部地区战略性新兴产业对接，形成协同放大效应。支持东部地区新一代信息技术、高端装备、新能源等行业企业对接东北地区培育和发展新兴产业三年行动计划，在东北地区培育形成一批新兴产业集群。充分利用东部地区互联网平台优势，加快东北地区“互联网＋”发展。

3. 农业和绿色食品产业。鼓励东北地区与东部地区建立农业和绿色食品长期产销对接关系。支持东部地区农业龙头企业在东北地区建设一批特色农产品加工基地，共同推进水稻、玉米、大豆等重点农产品精深加工。东北地区要加大绿色有机农产品品牌建设和推介力度，开展特色农产品展销活动；东部地区要发挥电子商务、营销网络和商业模式等方面的优势,支持东北地区特色农副产品进入东部地区市场。

4. 生产性服务业。推动东部地区银行、证券、保险、基金公司和证券交易所、期货交易所等金融机构在东北地区依法合规开展业务。鼓励东北地区与东部地区通过市场化方式发展创业投资基金、天使基金、股权投资基金。加强跨区域物流业合作,开辟更多物流通道,改善东北地区航空、港口物流设施,提高物流社会化、标准化、信息化、专业化水平,鼓励引导东部地区大型物流企业参与东北地区港航物流业发展和区域性物流中心、地区分拨中心建设,有效降低东北地区物流成本。

5. 文化、旅游和健康产业。开拓东北地区与东部地区文化交流新渠道,研究互设城市主题日、举办文化推介会等活动。支持对口合作城市、对口合作省份重点城市间加密航线和高铁班次。支持东北地区与东部地区充分挖掘东北地区冰雪、森林、草原等生态旅游资源,共同发展旅游、文体、休闲等产业,通过共同开发景区、共同宣传推介等多种方式打造特色旅游品牌和线路,鼓励和倡导互为旅游客源地和目的地。支持有实力的旅游企业跨区域开发东北地区优势旅游资源,合作建设一批特色旅游小镇。依托东北地区良好资源优势和产业基础,共同发展养老、医疗等健康产业,支持东北地区与东部地区医疗机构间开展合作。

(三)共促科技成果转化,提升创业创新水平。

1. 科技研发与转化。鼓励对口合作省市建立科技创新合作机制,加强产学研用合作,促进跨区域科研合作和成果转化,定期组织开展科技对接交流等活动。鼓励东北地区复制东部地区在科技成果处置权、收益权、股权激励等方面的经验做法,推动科技成果在本地产业化。

2. 高校院所交流合作。积极引导东北地区与东部地区高校和科研院所间开展交流合作,鼓励学科共建和学生联合培养,定期组织师资交流和学生互访,研究开展课程互选、学分互认、资源互通。鼓励东北地区与东部地区高校合作办学,共建大学科技园和创业创新平台。支持东北地区与东部地区开展职业教育合作,培养专业技能人才。

3. 创业创新合作。推进东北地区与东部地区开放共享"双创"资源,支持东部地区向东北地区推广培育"双创"企业、"双创"平台和创客的经验做法,推介优秀的创业投资企业和创业投资管理团队参与东北地区创业投资发展。东北地区要加快推进双创示范基地建设,与东部地区共建一批双创平台,营造良好创业创新氛围。

4. 高端人才交流。加强东北地区与东部地区人力资源服务合作,鼓励对口合作省市搭建人才信息共享交流平台,按照"不求所有,但求所用"的理念,引导东部地区人才积极参与东北地区创业创新。组织东部地区院士、专家等高层次人才对口支持东北地区科技创新和企业发展。

(四)搭建合作平台载体,探索共赢发展新路。

1. 功能区对接。加强东北地区与东部地区自由贸易试验区、国家级新区、国家自主创新示范区、全面创新改革试验区域、产业转型升级示范区、综合保税区、国家级经济技术开发区、国家高新技术产业开发区、新型工业化产业示范基地等重点开发开放平台间的交流对接,积极推广东部地区各类功能区建设的成功经验和做法。

2. 合作园区共建。支持在东北地区建设对口合作示范园区,引进东部地区的先进经验、管理团队,创新管理体制和运行机制,吸引优势产业集聚。支持东部地区重点园区在东北地区设立分园区,鼓励东北地区与东部地区合作发展"飞地经济",探索跨地区利益分享机制。

3. 重点城市合作。鼓励东北地区与东部地区在对口合作框架下,加强重点城市间合作,在推进新型城镇化和城市群协调发展,解决"大城市病",建设宜居、智慧、低碳城市,以及加强城市规划建设管理等方面学习互鉴,引导东北地区学习东部地区在老工业基地调整改造、资源型城市转型、棚户区改造、产城融合发展和特色小镇建设、城镇行政区划优化设置等方面的先进经验做法。

4. 多层次合作体系建设。研究建立对口合作产业联盟及产教联盟,引导东北地区与东部地区行业协会商会等对接合作,促进理念互融、信息互通、资源互享。支持东部地区通过联合组织招商、联建招商网站、委托招商等方式,协助东北地区开展招商引资。建立东北地区与东部地区专家智库间常态化交流机制,鼓励举办东北地区与东部地区对口合作论坛。支持建设跨区域公共资源交易平台。鼓励和支持相关省市结合实际,在基础设施、生态环境、扶贫开发、劳务协作和社会事业等方面,创造性地开展形式多样的合作交流。

四、保障措施

(一)完善工作机制。在国务院振兴东北地区等老工业基地领导小组(以下简称领导小组)领导下,国家发展改革委、中央组织部要会同领导小组其他成员单位及相关省市政府,共同推进对口合作相关工作。国家发展改革委要加强领导小组办公室的工作力量,切实承担好对口合作综合衔接和相关日常工作。相关省市政府要建立健全对口合作工作的领导、协调和推进机制,明确机构和人员负责工作推进落实,将对口合作任务落到实处。支持对口合作省市政府主要负责同志定期开展互访或座谈交流,共同研究推动重点工作。地方开展对口合作所需经费纳入同级预算管理。

(二)科学编制实施方案。对口合作省市要按照本方案要求共同编制对口合作阶段性实施方案，根据需要编制重点合作领域专项实施方案，进一步明确和细化对口合作工作目标、范围领域、重点任务、重大项目、建设时序和保障措施。要根据阶段性实施方案和专项实施方案，制定对口合作年度工作计划，开展年度工作总结评估，并及时将年度工作计划和工作总结报送国家发展改革委和中央组织部。

（三）推进干部人才交流培训。对口合作省市要组织开展互派干部挂职交流，促进观念互通、思路互动、作风互鉴、办法互学。依托东部地区相关省市各类干部培训机构，定期安排对东北三省地方政府负责人、企事业单位管理人员、专业技术人员进行培训。中央组织部要加强对相关工作的指导和协调。

（四）加大政策支持力度。有关部门要加强对东北地区与东部地区部分省市对口合作工作的指导，在规划编制、政策实施、项目安排、改革创新先行先试等方面给予倾斜支持，并按照职能分工指导重点领域合作。中央预算内投资设立专项资金支持对口合作重点园区和重大项目建设。银行业金融机构要加大对对口合作重点园区和重大项目的融资支持力度。鼓励社会资本通过市场化方式设立对口合作产业投资基金，支持对口合作重大项目建设。在严格程序、规范运作的前提下，支持在对口合作省市先行试点开展跨地区耕地占补平衡。推进对口合作省市产业、金融、开放等方面政策经验交流和复制推广。

（五）创造良好合作环境。东北三省四市要积极主动做好对口合作各项工作对接，对相关重点项目和重点园区要开辟绿色通道，明确专人负责，积极协调推进。相关省市要在用地、用能、融资等方面给予重点支持。

（六）加强督查评估。国家发展改革委要定期组织开展对口合作工作成效评估。对于积极主动开展工作并取得明显成效的省市，给予通报表扬并加大支持力度，对于合作进展缓慢的省市，要提出整改要求并督促落实整改措施。对口合作省市也要相应建立督查评估机制，确保东北地区与东部地区部分省市对口合作的各项措施任务落实到位。

国务院关于新形势下加强打击侵犯知识产权和制售假冒伪劣商品工作的意见

（2017 年 3 月 9 日　国发〔2017〕14 号）

为进一步加强打击侵犯知识产权和制售假冒伪劣商品（以下简称侵权假冒）工作，保障国家知识产权战略深入实施，维护公平竞争的市场秩序，完善法治化、国际化、便利化的营商环境，现提出以下意见：

一、总体要求

(一)指导思想。全面贯彻党的十八大和十八届三中、四中、五中、六中全会精神,深入贯彻习近平总书记系列重要讲话精神和治国理政新理念新思想新战略,认真落实党中央、国务院决策部署,统筹推进“五位一体”总体布局和协调推进“四个全面”战略布局,牢固树立和贯彻落实创新、协调、绿色、开放、共享的发展理念,大力弘扬和践行社会主义核心价值观,着力推进市场监管体系和监管能力现代化,修订完善相关法规和标准,改革创新监管制度和机制,加强信息技术等新技术新手段运用,强化事中事后监管,全面提高打击侵权假冒工作水平,加快建设知识产权强国,为实现全面建成小康社会奋斗目标提供有力支撑。

(二)基本原则。

依法治理。加强打击侵权假冒法规制度建设,严格规范公正文明执法,推进公正司法和全民守法,保障打击侵权假冒工作始终沿着法治轨道前进。

打建结合。创新监管方式和手段,针对影响人民群众生命财产安全的突出问题开展集中整治,坚决遏制侵权假冒高发多发势头;加强机制建设,提高综合治理能力,努力铲除侵权假冒滋生的土壤。

统筹协作。加强对打击侵权假冒工作的统筹协调,密切部门间、区域间协作配合,由区域内、单个环节监管向跨区域、跨部门和全链条监管转变。

社会共治。发挥行业组织的行业自律和协调管理作用,鼓励媒体和公众参与监督,充分调动各方面积极性,形成政府、企业、社会组织和公众共同参与的工作局面。

(三)工作目标。到2020年,侵权假冒高发多发的势头得到有效遏制,市场监管体系和监管能力现代化水平明显提升,法规体系更加健全,工作机制更加完善,营商环境更加规范,行政执法、刑事执法、司法审判、快速维权、仲裁调解、行业自律、社会监督协调运作的打击侵权假冒工作体系基本形成。

二、推进跨部门跨区域综合治理

(四)强化重点领域集中整治。坚持专项整治与日常监管相结合,以关系生命健康、财产安全和环境保护的商品以及知识产权领域的突出问题为重点,定期组织开展专项整治,严厉打击侵权假冒违法犯罪行为。完善以随机抽查为重点的日常监督检查制度,强化对互联网、农村市场和城乡结合部等侵权假冒高发多发领域和地区的监管,坚持线上线下治理相结合,深挖违法犯罪活动的组织者、策划者、实施者,清理生产源头,铲除销售网络,依法取缔无证照生产经营的“黑作坊”、“黑窝点”,维护公平竞争的市场秩序。

(五)加强部门间执法协作。执法监管部门、行业主管部门等要充分发挥各自优势,加强打击侵权假冒执法协作,促进执法监管和行业管理等信息共享,在执法检查、检验检测、鉴定认定等方面互相提供支持。执法监管部门发现违法行为涉及其他部门职责的，要及时通报相关部门采取措施，对于重大案件线索，必要时要共同研究案情，开展联合执法。加强对基层综合执法部门的指导，厘清监管职责，明确权力清单，堵塞监管漏洞，确保综合执法机构权威高效、运转协调，提高执法效能。

（六）推进区域间执法协调联动。针对侵权假冒行为跨区域、链条化的特点，加强区域间执法协作，探索建立跨区域联席会议、线索通报、证据移转、案件协查、联合办案以及检验鉴定结果互认等制度，完善线索发现、源头追溯、属地查处机制，推动执法程序和标准统一化，加强交界区域基层执法协作，消除监管空白地带，对侵权假冒商品的生产、流通、销售形成全链条打击。结合实施国家区域发展战略，在京津冀、长江经济带、泛珠三角区域等深入开展打击侵权假冒区域合作，总结经验，适时向全国推广。

（七）健全行政执法与刑事司法衔接机制。建立健全行政执法部门与司法机关信息共享、案情通报、案件移送制度，完善案件移送标准和程序，坚决克服有案不移、有案难移、以罚代刑现象。完善行政执法部门与司法机关间有关案件咨询、督查督办等工作机制，规范行政执法证据的固定和移送，实现行政执法与刑事司法无缝衔接。完善涉嫌犯罪案件移送中有关涉案物品处置制度，探索建立涉案物品保管"公物仓"和有毒有害物品统一销毁处理制度。建成中央、省、市、县四级联网的行政执法与刑事司法衔接信息共享系统，提高衔接工作效率和规范化水平。

三、提高市场监管和预警防范能力

（八）加强执法监管信息化建设。加强大数据、云计算、物联网、移动互联网等新技术在执法监管中的研发运用，强化对违法犯罪线索的发现、收集、甄别、挖掘、预警，做到事前防范、精准打击。大力推进不同部门间执法监管平台的开放共享，打破"信息孤岛"，加强对相关数据信息的整合、分析和研判，形成执法监管合力。建立电子商务平台企业向执法监管部门提供执法办案相关数据信息的制度，加强政企协作，用好用活数据信息资源，为开展执法工作提供支撑。

（九）加快推进信用体系建设。全面实施统一社会信用代码制度，完善全国信用信息共享平台，构建覆盖全部信用主体、所有信用信息类别、全国所有区域的一体化信用信息体系，推动信用信息跨部门交换共享。加强信用信息的征集、存储和应用，健全守信联合激励和失信联合惩戒机制，提高违法失信成本。进一步推进行政处罚案件信息公开和应用，健全信息公开的内部审核、档案管理、抽查考评等制度。建立完善生产经营主体诚信档案和"黑名单"制度，相关信息纳入全国信用信息共享平台和企业信用信息公示系统，实施市场主体信用分类监管。积极推进企业信用信息公示系统信息化工程建设，实现统一归集、依法公示、联合惩戒、社会监督。依法规范信用服务市场，培育和发展社会信用服务机构，鼓励第三方利用信用信息为社会公众提供增值服务。

四、推动完善法规标准和司法保护体系

（十）加快法规和标准制修订。推动制修订著作权法、专利法、反不正当竞争法以及电子商务、商业秘密保护等方面的法律法规，研究修订知识产权海关保护条例、植物新品种保护条例，增强法律法规的适用性和统一性。推动修订完善刑法或相关司法解释有关知识产权犯罪的条款，加大处罚力度，完善定罪量刑标准，加强刑法与其他法律之间的有效衔接。制定防止滥用知识产权的反垄断执法指南。完善电子商务产品监督抽查管理办法，制订电子商务领域相关标准。完善执法工作的程序规范，细化、量化行政裁量标准，规范裁量范围、种类、幅度，严格限定和规范行使裁量权。

（十一）充分发挥司法保护的作用。支持法院、检察院依法独立公正行使职权，构建权威高效的知识产权司法保护体系。加强刑事司法保护，严厉打击侵权假冒犯罪，增强刑罚的威慑力。强化民事司法保护，完善技术专家咨询机制，依法减轻权利人举证负担，有效执行惩罚性赔偿制度，提高侵犯知识产权违法成本。推进民事、刑事、行政案件审判“三合一”改革，完善知识产权审判体系，提升审判效率和专业水平。研究建立知识产权纠纷人民调解协议司法确认制度。

五、构建多方参与的共治格局

（十二）强化社会组织的自治功能。建立健全社会组织参与政府打击侵权假冒政策研究、维护企业和公众合法权益、预防侵权假冒违法犯罪的工作机制，探索建立社会组织调解处理知识产权纠纷制度。支持行业协会商会类组织强化行业自律和专业服务功能，发挥其对成员的行为导引、规则约束、权益维护作用，加强行业数据统计、促进行业自律、开展自主维权，引导行业健康发展。培育发展知识产权服务业，支持知识产权信息咨询、培训、法律代理等新业态发展。

（十三）落实企业的主体责任。指导生产经营企业加强产品质量控制和知识产权管理，自觉守法诚信经营，建立完善权利人企业参与涉案物品鉴定的制度。督促电子商务平台企业加强对网络经营者的资格审查，建立健全对网络交易、广告推广等业务和网络经营者信用评级的内部监控制度。坚持堵疏结合、打扶并举，结合推进供给侧结构性改革和发展“互联网+”，引导和帮助企业利用电子商务拓展营销渠道、培育自主品牌。深入开展优质产品生产企业质量承诺活动，鼓励企业承诺采用严于国家标准、行业标准的企业产品质量标准。对企业履行承诺情况开展“双随机”执法检查，通过网络平台向社会公开承诺企业、产品及检查信息，培育“重质量、守承诺”企业，促进“中国制造”技术进步和转型升级。

（十四）加强舆论监督和宣传教育。发挥新闻媒体的正面引导和舆论监督作用，积极运用传统媒体和新兴媒体解读政策措施、宣传先进典型、曝光反面案例。组织开展宣传教育活动，普及知识产权和识假辨假知识，鼓励企业和公众举报投诉侵权假冒违法行为，营造抵制侵权假冒的良好社会氛围。创新知识产权人才培养机制，将保护知识产权等内容纳入中小学有关课程和高等院校就业创业指导课程，培养尊重创造、崇尚创新的意识。

六、提升国际交流合作水平

（十五）完善知识产权国际战略。把握国际知识产权制度演进趋势，结合我国国情完善知识产权保护制度，提高知识产权保护的国际化水平。深化与经贸相关的多双边知识产权谈判与磋商，加强部门间信息沟通和协调配合。加强传统知识、遗传资源、民间艺术等领域知识产权保护。依据相关法律法规，研究构建我国与对外贸易有关的知识产权保护制度，防范和查处进出口环节侵犯知识产权、危害对外贸易秩序等违法行为，积极开展知识产权海外维权。

（十六）深化和拓展国际交流合作。强化中美、中欧、中日等知识产权工作组对话机制，妥善处理好各方关切问题。加快实施自由贸易区战略，协调推进经贸领域知识产权合作，为企业“走出去”营造更加公平的知识产权保护环境。加强与“一带一路”沿线国家和地区的知识产权保护交流合作，优化贸易和投资环境。拓宽与发展中国家打击侵权假冒合作领域，发挥好驻外经商机构和中资商会的作用，利用对外援助、培训等方式，支持受援方打击侵权假冒工作能力建设。加强和扩大公安、海关、质检等部门执法办案的国际交流协作，联合打击跨境制售侵权假冒商品行为。

七、加强组织领导

（十七）加强统筹协调工作。全国打击侵犯知识产权和制售假冒伪劣商品工作领导小组要加强组织领导，切实抓好政策制定、执法协调、宣传教育、涉外交流等工作，统筹协调各成员单位形成更加有效的治理模式。积极发挥国务院知识产权战略实施工作部际联席会议制度的作用，加强机制间的沟通协调，调动各方积极性，形成工作合力。

（十八）落实地方政府责任。地方各级人民政府要落实打击侵权假冒属地责任，健全打击侵权假冒工作统筹协调机制，落实人员和工作经费，推动打击侵权假冒工作有效开展。要将打击侵权假冒工作纳入地方政府绩效考核体系，科学设定考核指标，完善考核评价机制，定期开展评估，确保各项任务落实到位。

（十九）加强执法能力建设。严格实行行政执法人员资格管理和持证上岗制度，依法确定不同岗位执法人员执法责任，全面落实执法责任制，完善激励约束制度。调整充实基层执法力量,加强业务培训,提高办案技能和依法行政水平。加强对打击侵权假冒执法经费和涉案物品环境无害化处理经费的财政保障,改善执法装备和检验检测技术条件,提高执法监管能力。

国务院办公厅关于印发 2017年政务公开工作要点的通知

(2017年3月9日　国办发〔2017〕24号)

《2017年政务公开工作要点》已经国务院同意,现印发给你们,请结合实际认真贯彻落实。

2017年政务公开工作要点

2017年政务公开工作的总体要求是:全面贯彻党的十八大和十八届三中、四中、五中、六中全会精神,深入贯彻习近平总书记系列重要讲话精神和治国理政新理念新思想新战略,认真落实《政府工作报告》有关部署,坚持稳中求进工作总基调,以供给侧结构性改革为主线,按照中共中央办公厅、国务院办公厅《关于全面推进政务公开工作的意见》及其实施细则(以下简称《意见》及实施细则)要求,全面推进决策、执行、管理、服务、结果公开(以下统称"五公开"),加强解读回应,扩大公众参与,增强公开实效,助力稳增长、促改革、调结构、惠民生、防风险,以优异成绩迎接党的十九大胜利召开。

一、以政务公开助力稳增长

(一)加强预期引导。围绕积极的财政政策、稳健的货币政策和更加积极的就业政策,国务院有关部门负责同志要通过参加国务院政策例行吹风会、新闻发布会等方式,深入解读政策背景、依据、目标任务、涉及范围,以及经济转型发展中的亮点等,及时准确将政策意图传递给市场和企业,以政策解读的"透"赢得市场预期的"稳"。加强国内外舆情收集研判,针对涉及我国经济发展的误导和不实信息,客观及时、有说服力地发声,澄清事实,解疑释惑,增强各方对我国经济稳中向好的信心。按月公开全国财政收支情况,解读财政收支增减变化情况及原因、预判财政收入走势,主动解释说明收支运行中可能引发社会关注的热点问题。(国家发展改革委、人力资源社会保障部、财政部、人民银行按职责分工分别牵头落实）组织召开月度、季度国民经济运行情况新闻发布会，及时发布解读社会关注的重要指标数据，增加反映质量、效益、结构以及供给侧结构性改革推进情况等方面的内容，引导社会各界正确认识经济形势。（国家统计局牵头落实）做好党中央、国务院重大政策措施落实情况跟踪审计结果公开，尤其要加大问题典型和整改典型公开力度，促进政策落地生根。（审计署牵头落实）

（二）推进减税、降费、降低要素成本信息公开。围绕新出台的减税降费政策措施，以及促进创业创新、保障和改善民生等税收优惠政策，做好在政府网站集中发布、利用新媒体主动推送、加强政策宣讲等工作，帮助市场主体将政策用好用足。在财政部网站集中展示、实时更新中央及各省（区、市）人民政府行政事业性收费和政府性基金目录清单，让政府收费项目一目了然。及时公开清理规范涉企收费、降低物流成本、降低企业用电用地用矿等要素成本各项政策措施以及执行落实情况，扩大传播范围，让更多市场主体知晓政策、享受实惠。适时公布阶段性降低社会保险费率的执行情况和实际效果，定期公布参加社会保险情况和社保基金运行情况。（国家发展改革委、工业和信息化部、人力资源社会保障部、财政部、国土资源部、税务总局按职责分工分别牵头落实）

（三）推进重大建设项目和公共资源配置信息公开。出台关于重大建设项目批准和实施、公共资源配置领域信息公开的指导意见，明确公开的主体、范围、程序等。围绕易地扶贫搬迁、重大水利工程、现代农业、生态环保等重大建设项目，做好审批、核准、备案等结果公开，落实责任，着力推进实施过程信息公开。将碳排放权、排污权、公立医院药品、林权等纳入全国公共资源交易平台，依法应当公开的公共资源交易公告、资格审查信息、交易过程信息、成交信息以及履约信息都要统一在平台上发布，推进公共资源配置全流程透明化运行。（国家发展改革委牵头落实）

（四）推进政府和社会资本合作（PPP）项目信息公开。全面公开PPP相关法律法规、政策文件、项目进展、专家库等信息，做好项目准备、实施等阶段信息公开工作，加大对社会资本参与方式、项目合同和回报机制等内容的公开力度，着力提高公开的及时性、准确性和完整性，激发社会资本的参与热情。（国家发展改革委、财政部按职责分工分别牵头落实）

二、以政务公开助力促改革

（一）推进"放管服"改革信息公开。以清单管理推动减权放权，各类清单都要及时向社会公开。深化地方各级政府及其部门权责清单公开工作，根据权责事项取消、下放、承接情况进行动态调整，并通过在政府网站集中发布、开设反馈意见信箱、增加在线提交意见建议功能等方式，让公众了解放权情况、监督放权进程、评价放权效果。国务院试点部门的权责清单，除涉密事项外，要按照统一部署及时向社会公开。投资核准事项清单、国家职业资格目录清单、政府定价或指导价经营服务性收费清单、中介服务事项清单、工商登记前置审批事项目录和企业设立后的经营许可清单等，都要集中发布，接受群众监督，推动政府更好依法规范履职。要及时公开政策性文件的废止、失效等情况，并在政府网站已发布的原文件上作出明确标注。围绕年内实现“双随机、一公开”监管全覆盖目标，地方各级政府要汇总形成并统一公布本级随机抽查事项清单，明确抽查依据、主体、内容、方式等，及时通过国家企业信用信息公示系统及其他平台公开抽查结果和查处情况。大力推进“互联网+政务服务”，年内完成政务服务事项目录编制工作，通过本级政府门户网站集中全面公开；省级政府要建成一体化网上政务服务平台，优先推动企业注册登记、项目投资、创业创新以及与群众生活密切相关的服务事项上网，加快实体政务大厅与网上服务平台融合发展，让企业和群众办事更加便捷。（各地区、国务院有关部门负责落实）

（二）推进国资国企信息公开。做好国有产权交易、增资扩股项目的信息披露和结果公示工作，推动产权交易机构与公共资源交易平台实现信息共享。按月公开全国国有及国有控股企业主要经济效益指标、主要行业盈利、重大变化事项等情况。依法依规公开中央企业生产经营、业绩考核总体情况，国有资产保值增值情况，中央企业改革重组结果，中央企业负责人重大变动、年度薪酬，以及中央企业履行社会责任重点工作情况。指导中央企业做好信息公开试点工作。（财政部、国务院国资委按职责分工分别牵头落实）

（三）推进农业供给侧结构性改革信息公开。做好农产品价格信息公开工作，每周发布国内批发市场价格信息、国际农产品价格信息以及全国小麦、稻谷、玉米、大豆收购价格信息，收购旺季时每五日发布主产区收购进度信息，每月发布中国玉米、大豆、棉花、食用植物油、食糖等农产品供需平衡表，反映市场供求关系。加大强农惠农政策公开力度，深入解读承包土地“三权分置”、农村产权制度改革、农村集体资产清产核资、农业补贴、农村劳动力转移就业、农民工返乡创业等政策措施，通过编印操作手册、组织专题培训、驻村干部讲解等方式，真正让农民群众看得到、听得懂。推动地方政府及时公开农村土地承包经营权确权登记颁证等工作进展情况，方便农民群众知情、参与和监督。（农业部、国家粮食局按职责分工分别牵头落实）

（四）推进财税体制改革信息公开。加大营改增相关政策措施、操作办法、改革进展及成效公开力度，密切跟踪企业对全面推开营改增政策的舆情反映，及时回应社会各界关心的问题。完善地方政府债务领域信息公开相关规定，指导督促地方财政部门公开本地区政府债务种类、规模、结构和使用、偿还等情况，强化对地方政府债务的监督。深入推进预决算公开，各级政府特别是市县级政府各部门要按照规定做好部门预决算公开工作，在本级政府或财政部门网站设立预决算公开统一平台(或专栏),集中公开政府预决算、部门预决算,对公开内容进行分级分类,方便公众查阅和监督。(财政部、税务总局按职责分工分别牵头落实)

三、以政务公开助力调结构

(一)推进发展新产业、培育新动能工作信息公开。围绕推进制造强国建设、支持创业创新、推动新产业健康发展、改造提升传统产业等,加大政策及其执行情况公开力度,及时发布推广典型经验做法,调动企业和科研人员参与新旧发展动能接续转换的积极性。在制定新产业、新业态、新模式等方面监管政策时,要通过征求意见、听证座谈、咨询协商等方式,扩大相关市场主体的参与度。注重收集公众对发展新产业、培育新动能政策的反映,主动及时做好解疑释惑和舆论引导工作。(各地区、国务院有关部门负责落实)

(二)推进化解过剩产能工作信息公开。健全去产能公示公告制度,实行“事前公示、事后公告”。根据年度目标任务要求,分批次向社会公示承担化解过剩产能任务的企业名单、已完成化解过剩产能任务的企业名单,公布企业产能、奖补资金分配、违法违规建设生产和不达标情况。化解过剩产能验收合格后,及时向社会公开上一年度化解过剩产能情况。各省(区、市)人民政府要利用本级政府门户网站,集中发布化解过剩产能相关信息,并提供给“信用中国”网站同步发布。督促指导中央企业做好去产能公示公告工作。(各地区、国家发展改革委、工业和信息化部、财政部、国务院国资委按职责分工分别牵头落实)

(三)推进消费升级和产品质量提升工作信息公开。定期发布消费市场运行情况分析报告,重点公开与群众密切相关的消费品和全域旅游、体育健身、医养结合、健康管理、文化创意等新兴服务业的消费情况,引导消费升级。推进产品质量监管政策法规、标准、程序和结果公开。推动推荐性国家标准全文公开。做好质量提升行动、执法专项行动信息公开,发布中国品牌价值评价结果,公开质量违法行为记录、缺陷产品名单及后续处理情况,促进中高端产品供给。及时公布流通领域商品质量抽检结果。加快推进全国12315互联网平台建设,做好消费者诉求数据分析结果公开工作。加大对查处假冒伪劣、虚假广告、价格欺诈等行为的公开力度。(商务部、质检总局、工商总局按职责分工分别牵头落实)

四、以政务公开助力惠民生

(一)推进扶贫脱贫和社会救助信息公开。围绕实施精准扶贫、精准脱贫,加大扶贫政策、扶贫对象、帮扶措施、扶贫成效、贫困退出、扶贫资金项目安排等信息公开力度。贫困县要公开统筹整合使用的涉农资金来源、用途和项目建设等情况;乡镇政府和行政村要公示建档立卡贫困人口和脱贫人口名单、扶贫项目实施情况。高度重视困难群众救助信息公开,进一步做好城乡低保、特困人员救助供养、医疗救助、临时救助等信息公开工作,切实增强公开的针对性和有效性,让困难群众知晓政策、得到保障。(国务院扶贫办、民政部按职责分工分别牵头落实)

(二)推进环境保护信息公开。实行环境保护例行新闻发布会制度,及时公开环境政策措施、环境治理工作进展等信息,特别是要加大重污染天气等治理措施、进展、成效方面的信息公开力度,主动回应社会关注的热点问题。开展城市水环境质量排名工作,每年公布水质最好和最差的城市名单。持续推进集中式生活饮用水水源水质监测信息公开。建立企业环境信息公开统一平台,集中发布重点排污单位环境信息。依法公开重特大或敏感突发环境事件调查结论、环境影响和损失的评估结果等信息。(环境保护部牵头落实)及时公开全面推行"河长制"工作实施方案、管理保护目标以及河湖保护情况。(水利部、环境保护部按职责分工分别牵头落实)

(三)推进教育卫生领域信息公开。进一步做好教育监管信息公开,继续推进高校本科教学质量报告、毕业生就业质量年度报告和高校信息公开年度报告公开,加大国家教育督导评估监测报告发布力度。有序公开全面改善贫困地区义务教育薄弱学校基本办学条件、农村义务教育学生营养改善计划、县域义务教育均衡发展督导评估认定、加快中西部教育发展等重点工作进展情况。推进义务教育招生入学政策公开,县级政府要公开义务教育招生范围、招生条件、学校情况、招生结果等信息。针对部分适龄儿童或少年延缓入学、休学或自行实施义务教育等特殊需求,做好政策解读工作。(教育部牵头落实)推行卫生计生重大民生决策事项民意调查制度。做好医疗机构院务公开和改善医疗服务行动计划落实情况公开工作,以设区的市为单位指导辖区内医疗机构公开常规医疗服务价格、常用药品和主要医用耗材价格信息。推进医德医风建设,建立违规违纪问题处理结果公开机制,改善群众就医感受。(国家卫生计生委牵头落实)

(四)推进食品药品安全领域信息公开。加大食品药品监管信息公开力度,公开食品药品安全违法行为处罚信息。定期公布全国食品抽检总体情况、发现的主要问题和核查处置情况。建设新媒体发布平台,强化食品安全定期常态性抽检信息公开机制,增强公众获取抽检结果、了解食品知识的便利度。进一步做好药品上市审批和监督检查信息公开,及时公布批准上市药品的受理、审评、审批等相关信息,以及召回产品、停产整顿、收回或撤销证书等情况。做好医药代表登记备案信息公开工作。(食品药品监管总局牵头落实)

五、以政务公开助力防风险

(一)围绕防范金融风险推进公开。制定金融领域特别是金融市场相关政策时，在征求意见、对外发布等环节要高度重视政策解读和舆论引导，做到同步联动，防止脱节。密切关注政府债务、银行信贷、企业投资负债、金融市场运行、互联网金融、人民币汇率等方面的国内外舆情，针对误读、曲解、不实等情况，注重通过主要新闻媒体及时开展有理有据的回应，防止风险预期自我实现。及时发布资本市场违法违规案件查处情况和稽查执法工作动态，做好行政处罚决定、市场禁入决定和行政许可决定公开工作，不断提高执法公信力和透明度。（人民银行、财政部、国务院国资委、银监会、证监会、保监会、国家外汇局按职责分工分别牵头落实）

（二）围绕促进房地产市场平稳健康发展推进公开。加快建立统一规范、准确及时的房地产市场信息定期发布机制，做好对差别化信贷、因地制宜调控等房地产政策的解读工作，正确引导舆论，稳定市场预期和信心。加强房地产市场监管信息公开，严格规范房地产开发和中介市场秩序，防止虚假宣传、恶意炒作等加剧市场波动。深化棚户区改造及配套基础设施建设、农村危房改造相关政策措施执行情况公开工作，进一步做好保障性安居工程相关任务完成情况等方面的公开。指导、督促各地及时规范发布土地供应计划、出让公告、成交公示和供应结果信息，按季度公布房地产用地供应数据、城市地价动态监测数据等。加快建成省级征地信息公开平台，统一发布征地信息。（住房城乡建设部、国土资源部、人民银行、银监会按职责分工分别牵头落实）

（三）围绕防范遏制重特大生产安全事故推进公开。及时发布重特大事故预警信息和安全提示，做好重大风险隐患排查信息公开工作。加大安全生产监管监察信息公开力度，公开常规检查执法、暗查暗访、突击检查、随机抽查等执法信息。落实好安全生产不良记录“黑名单”制度，并向社会公布。（安全监管总局牵头落实）

六、增强政务公开实效

（一）全面落实“五公开”工作机制。认真落实《意见》及实施细则的相关要求，年内要完成“五公开”纳入办文办会程序、建立公开内容动态扩展机制等工作，加快制定主动公开基本目录，稳步有序拓展公开范围。各地区要按照统一部署，组织开展好基层政务公开标准化规范化试点，选好试点单位，做细试点方案，确保取得实效。对涉及公众利益、需要社会广泛知晓的电视电话会议，除涉及国家秘密的外，要积极通过网络、新媒体直播等向社会公开。进一步做好全国人大代表建议和全国政协委员提案办理结果公开工作，对涉及公共利益、社会广泛关注的建议提案，原则上都要公开答复全文，及时回应关切，接受群众监督。

（二）进一步健全解读回应机制。切实落实《意见》及实施细则关于做好政策解读回应的相关规定。国务院有关部门主要负责人要履行好“第一解读人和责任人”的职责，充分利用新闻发布会、政策吹风会等方式，主动回应重大舆论关切，释放信号，引导预期。各地区各部门要按照“谁起草、谁解读”的原则，做到政策性文件与解读方案、解读材料同步组织、同步审签、同步部署。严格执行特别重大、重大突发事件最迟5小时内发布权威信息、24小时内举行新闻发布会的时限要求，落实通报批评和约谈制度，确保回应不超时、内容不敷衍。

（三）加强政务公开平台建设。各地区各部门办公厅（室）要切实履行对政府网站的监管责任，进一步加强和改进政府网站内容建设，做好日常监测和季度抽查，及时公开抽查情况；推进政府网站集约化，对保障不力的要关停上移，切实提高管理水平。按照全国政务服务体系普查要求，全面梳理进驻政务大厅服务事项、服务信息公开情况、系统建设情况等，认真组织填报，确保数据信息真实、准确、完整。要用好管好政务新媒体，明确开办主体责任，健全内容发布审核机制，强化互动和服务功能，切实解决更新慢、“雷人雷语”、无序发声、敷衍了事等问题。鼓励国务院各部门入驻国务院客户端。适应互联网发展要求，积极推进政府公报同步上网，加快历史公报数字化工作。

（四）依法规范依申请公开工作。加快推进政府信息公开条例修订工作。畅通依申请公开受理渠道，依法保障公众合理的信息需求。进一步规范依申请公开答复工作，严格按照法定时限答复，增强答复内容针对性并明示救济渠道，答复形式要严谨规范。对依申请公开工作中发现的依法行政方面问题，要及时向相关单位提出工作建议。对公众申请较为集中的政府信息，可以转为主动公开的，应当主动公开。

各地区各部门要结合实际，制定具体实施方案或工作安排，并在本要点公布后30个工作日内在本地区本部门政府网站公开。加强督查评估，将政务公开纳入绩效考核体系，无绩效考核体系的国务院部门，年内要建立政务公开专项考核机制。国务院办公厅适时对落实情况进行督查，组织开展第三方评估。

国务院办公厅关于转发文化部等部门中国传统工艺振兴计划的通知

（2017年3月12日　国办发〔2017〕25号）

文化部、工业和信息化部、财政部《中国传统工艺振兴计划》已经国务院同意，现转发给你们，请结合实际，认真贯彻执行。

中国传统工艺振兴计划

为落实党的十八届五中全会关于“构建中华优秀传统文化传承体系，加强文化遗产保护，振兴传统工艺”和《中华人民共和国国民经济和社会发展第十三个五年规划纲要》关于“制定实施中国传统工艺振兴计划”的要求，促进中国传统工艺的传承与振兴，特制定本计划。

本计划所称传统工艺，是指具有历史传承和民族或地域特色、与日常生活联系紧密、主要使用手工劳动的制作工艺及相关产品，是创造性的手工劳动和因材施艺的个性化制作，具有工业化生产不能替代的特性。

一、重要意义

中国各族人民在长期社会生活实践中共同创造的传统工艺，蕴含着中华民族的文化价值观念、思想智慧和实践经验，是非物质文化遗产的重要组成部分。我国传统工艺门类众多，涵盖衣食住行，遍布各族各地。振兴传统工艺，有助于传承与发展中华优秀传统文化，涵养文化生态，丰富文化资源，增强文化自信；有助于更好地发挥手工劳动的创造力，发现手工劳动的创造性价值，在全社会培育和弘扬精益求精的工匠精神；有助于促进就业，实现精准扶贫，提高城乡居民收入，增强传统街区和村落活力。

二、总体要求

（一）总体目标。立足中华民族优秀传统文化，学习借鉴人类文明优秀成果，发掘和运用传统工艺所包含的文化元素和工艺理念，丰富传统工艺的题材和产品品种，提升设计与制作水平，提高产品品质，培育中国工匠和知名品牌，使传统工艺在现代生活中得到新的广泛应用，更好满足人民群众消费升级的需要。到2020年，传统工艺的传承和再创造能力、行业管理水平和市场竞争力、从业者收入以及对城乡就业的促进作用得到明显提升。

（二）基本原则。

尊重优秀传统文化。尊重地域文化特点、尊重民族传统，保护文化多样性，维护和弘扬传统工艺所蕴含的文化精髓和价值。

坚守工匠精神。厚植工匠文化，倡导专注坚守、追求卓越，树立质量第一意识，推动品质革命，加强品牌建设，多出精品、多出人才。

激发创造活力。保护广大手工艺者个性，挖掘创造性手工的价值，激发因材施艺灵感和精心手作潜能，恢复和发展濒危或退化的优秀工艺和元素。

促进就业增收。发挥传统工艺覆盖面广、兼顾农工、适合家庭生产的优势，扩大就业创业，促进精准扶贫，增加城乡居民收入。

坚持绿色发展。增强生态保护意识，合理利用天然材料，反对滥用不可再生的天然原材料资源，禁止使用非法获取的珍稀动植物资源。

三、主要任务

（一）建立国家传统工艺振兴目录。以国家级非物质文化遗产代表性项目名录为基础，对具备一定传承基础和生产规模、有发展前景、有助于带动就业的传统工艺项目，建立国家传统工艺振兴目录。实施动态管理，鼓励地方参照建立本级的传统工艺振兴目录。对列入振兴目录的项目，予以重点支持。

（二）扩大非物质文化遗产传承人队伍。鼓励技艺精湛、符合条件的中青年传承人申报并进入各级非物质文化遗产代表性项目代表性传承人队伍，形成合理梯队，调动年轻一代从事传统工艺的积极性，培养高水平大国工匠队伍。各地要通过多种方式，为收徒授艺等传统工艺传习活动提供支持。引导返乡下乡人员结合自身优势和特长，发展传统工艺、文化创意等产业。

（三）将传统工艺作为中国非物质文化遗产传承人群研修研习培训计划实施重点。依托相关高校、企业、机构，组织传统工艺持有者、从业者等传承人群参加研修、研习和培训，提高传承能力，增强传承后劲。组织优秀传承人、工艺师及设计、管理人员，到传统工艺项目所在地开展巡回讲习，扩大传承人群培训面。倡导传承人群主动学习，鼓励同行之间或跨行业切磋互鉴，提高技艺水平，提升再创造能力。

（四）加强传统工艺相关学科专业建设和理论、技术研究。支持具备条件的高校开设传统工艺的相关专业和课程，培养传统工艺专业技术人才和理论研究人才。支持具备条件的职业院校加强传统工艺专业建设，培养具有较好文化艺术素质的技术技能人才。积极推行现代学徒制，建设一批技能大师工作室，鼓励代表性传承人参与职业教育教学和开展研究。支持有条件的学校帮助传统工艺传承人群提升学历水平。鼓励高校、研究机构、企业等设立传统工艺的研究基地、重点实验室等，在保持优秀传统的基础上，探索手工技艺与现代科技、工艺装备的有机融合，提高材料处理水平，切实加强成果转化。加强传统工艺的挖掘、记录和整理。对具有独特历史意义的濒危传统工艺项目，加快实施抢救性记录，落实保护与传承措施。鼓励出版有关传统工艺的专著、译著、图册等研究和实践成果。

（五）提高传统工艺产品的设计、制作水平和整体品质。强化质量意识、精品意识、品牌意识和市场意识，结合现代生活需求，改进设计，改善材料，改良制作，并引入现代管理制度，广泛开展质量提升行动，加强全面质量管理，提高传统工艺产品的整体品质和市场竞争力。鼓励传统工艺从业者在自己的作品或产品上署名或使用手作标识，支持发展基于手工劳动、富有文化内涵的现代手工艺。鼓励传统工艺企业和从业者合理运用知识产权制度，注册产品商标，保护商业秘密和创新成果。支持有条件的地方注册地理标志证明商标或集体商标,培育有民族特色的传统工艺知名品牌。鼓励拥有较强设计能力的企业、高校和相关单位到传统工艺项目集中地设立工作站,帮助当地传统工艺企业和从业者解决工艺难题,提高产品品质,培育品牌,拓展市场。依托乡村旅游创客示范基地和返乡下乡人员创业创新培训园区(基地),推动传统工艺品的生产、设计等和发展乡村旅游有机结合。开展多种形式的传统工艺大赛、技能大赛,发现、扶持传统工艺创意人才。

(六)拓宽传统工艺产品的推介、展示、销售渠道。鼓励在传统工艺集中的历史文化街区和村镇、自然和人文景区、传统工艺项目集中地,设立传统工艺产品的展示展销场所,集中展示、宣传和推介具有民族或地域特色的传统工艺产品,推动传统工艺与旅游市场的结合。在非物质文化遗产、旅游等相关节会上设立传统工艺专区。举办多种传统工艺博览会和传统工艺大展,为传统工艺搭建更多展示交易平台。鼓励商业网站与相关专业网站设立网络销售平台,帮助推介传统工艺产品。

(七)加强行业组织建设。鼓励地方成立传统工艺行业组织。行业组织要制定产品质量行业标准,组织或支持开展面向本地区或本行业传承人群的培训和交流等活动,并提供信息发布、权益维护等服务。

(八)加强文化生态环境的整体保护。鼓励各地对传统工艺集中的乡镇、街道和村落实施整体性保护。结合传统村落、少数民族特色村镇和历史文化街区保护,注意保护传统工艺相关的文化空间和特定的自然人文环境。鼓励研发绿色环保材料,改进有污染的工艺流程,加强生态环境保护。整合现有资源开展非商业性象牙雕刻技艺研究和传承,引导和支持使用替代材料传承以象牙等珍稀动植物资源为原材料的相关技艺。

(九)促进社会普及教育。继续开展非物质文化遗产进校园等活动。支持各地将传统工艺纳入高校人文素质课程和中小学相关教育教学活动;支持大中小学校组织开展体现地域特色、民族特色的传统工艺体验和比赛,提高青少年的动手能力和创造能力,加深对传统文化的认知。鼓励电视、网络媒体等推出丰富多彩的传统工艺类节目。拍摄和译制传统工艺纪录片、教学片和宣传片,弘扬工匠精神,促进知识传播、普及和技艺交流,方便大众学习传统工艺知识。鼓励有关部门和社会组织积极参与或组织传统工艺相关活动,充分发挥各级公共文化机构的作用,依托公共文化服务场所积极开展面向社区的传统工艺展演、体验、传习、讲座、培训等各类活动,使各级公共文化机构成为普及推广传统工艺的重要阵地,丰富民众文化生活,增强传统工艺的社会认同。

(十)开展国际交流与合作。通过双边、多边渠道,组织传统工艺传承人、企业和行业组织代表开展国际交流和研修培训，以及技术领域的研究与合作，开拓视野，借鉴经验。

四、保障措施

（一）加强统筹协调。各级人民政府有关部门要结合发展繁荣文化事业和文化产业、精准扶贫、新农村建设、少数民族传统手工艺及特色村镇保护与发展、传统村落保护、美丽乡村建设、乡村旅游发展等工作，积极探索振兴传统工艺的有效途径。广泛开展面向农村剩余劳动力、城市下岗职工、城乡残疾人、返乡下乡创业创新人员、民族地区群众的手工艺技能培训，鼓励其从事传统工艺生产。引导非物质文化遗产生产性保护示范基地发挥示范引领作用。

（二）落实支持政策。利用现有资金渠道，对符合规定的传统工艺相关项目以及特色文化产业传统工艺发展予以适当支持。将传统工艺展示、传习基础设施建设纳入“十三五”时期文化旅游提升工程。传统工艺企业符合现行小微企业和高新技术企业等税收优惠政策条件的，可按规定享受税收优惠政策。

（三）加强金融服务。探索建立传统工艺企业无形资产评估准则体系，支持符合条件的传统工艺企业融资发展。鼓励金融机构开发适合传统工艺企业特点的金融产品和服务，加强对传统工艺企业的投融资支持与服务。

（四）鼓励社会参与。鼓励社会力量兴办传统工艺企业，建设传统工艺展示、传习场所和公共服务平台，举办传统工艺的宣传、培训、研讨和交流合作等。

国务院关于落实《政府工作报告》重点工作部门分工的意见

（2017年3月22日　国发〔2017〕22号）

为全面贯彻党的十八大和十八届三中、四中、五中、六中全会精神，深入落实中央经济工作会议精神和十二届全国人大五次会议通过的《政府工作报告》部署，做好今年政府工作，实现经济社会发展目标任务，现就《政府工作报告》确定的重点工作提出部门分工意见如下：

一、落实2017年工作总体部署

（一）总的要求和主要预期目标。坚持稳中求进工作总基调，牢固树立和贯彻落实新发展理念，适应把握引领经济发展新常态，坚持以提高发展质量和效益为中心，坚持宏观政策要稳、产业政策要准、微观政策要活、改革政策要实、社会政策要托底的政策思路，坚持以推进供给侧结构性改革为主线，适度扩大总需求，加强预期引导，深化创新驱动，全面做好稳增长、促改革、调结构、惠民生、防风险各项工作，保持经济平稳健康发展和社会和谐稳定，以优异成绩迎接党的十九大胜利召开。国内生产总值增长6.5%左右，在实际工作中争取更好结果；居民消费价格涨幅3%左右；城镇新增就业1100万人以上，城镇登记失业率4.5%以内；进出口回稳向好，国际收支基本平衡；居民收入和经济增长基本同步；单位国内生产总值能耗下降3.4%以上，主要污染物排放量继续下降。坚持就业优先战略，实施更加积极的就业政策。继续实施积极的财政政策和稳健的货币政策，在区间调控基础上加强定向调控、相机调控，提高预见性、精准性和有效性，注重消费、投资、区域、产业、环保等政策的协调配合，确保经济运行在合理区间。（国家发展改革委牵头，工业和信息化部、民政部、财政部、人力资源社会保障部、国土资源部、环境保护部、商务部、人民银行等按职责分工负责）

（二）财政政策要更加积极有效。赤字率拟按3%安排，财政赤字2.38万亿元，比去年增加2000亿元。其中，中央财政赤字1.55万亿元，地方财政赤字8300亿元。安排地方专项债券8000亿元，继续发行地方政府置换债券。全年再减少企业税负3500亿元左右、涉企收费约2000亿元，一定要让市场主体有切身感受。财政预算安排要突出重点、有保有压，加大力度补短板、惠民生。对地方一般性转移支付规模增长9.5%，重点增加均衡性转移支付和困难地区财力补助。压缩非重点支出，减少对绩效不高项目的预算安排。各级政府要坚持过紧日子，中央部门要带头，一律按不低于5%的幅度压减一般性支出，决不允许增加“三公”经费，挤出更多资金用于减税降费，坚守节用裕民的正道。（财政部牵头，国家发展改革委、人民银行、税务总局等按职责分工负责）

（三）货币政策要保持稳健中性。广义货币 M_2 和社会融资规模余额预期增长均为12%左右。综合运用货币政策工具，维护流动性基本稳定，合理引导市场利率水平，疏通传导机制，促进金融资源更多流向实体经济，特别是支持“三农”和小微企业。坚持汇率市场化改革方向，保持人民币在全球货币体系中的稳定地位。（人民银行、国家发展改革委、财政部、银监会、证监会、保监会、国家外汇局等按职责分工负责）

二、用改革的办法深入推进“三去一降一补”

（四）扎实有效去产能。今年再压减钢铁产能5000万吨左右，退出煤炭产能1.5亿吨以上。淘汰、停建、缓建煤电产能5000万千瓦以上，以防范化解煤电产能过剩风险，提高煤电行业效率，优化能源结构，为清洁能源发展腾空间。严格执行环保、能耗、质量、安全等相关法律法规和标准，更多运用市场化法治化手段，有效处置“僵尸企业”，推动企业兼并重组、破产清算，坚决淘汰不达标的落后产能，加强事中事后监管，严控过剩行业新上产能。去产能必须安置好职工，中央财政专项奖补资金要及时拨付，地方和企业要落实相关资金与措施，确保分流职工就业有出路、生活有保障。（国家发展改革委、工业和信息化部牵头，财政部、人力资源社会保障部、国土资源部、环境保护部、水利部、人民银行、国务院国资委、工商总局、质检总局、安全监管总局、国家能源局、国家煤矿安监局等按职责分工负责）

（五）因城施策去库存。支持居民自住和进城人员购房需求。坚持住房的居住属性，落实地方政府主体责任，加快建立和完善促进房地产市场平稳健康发展的长效机制，健全购租并举的住房制度，以市场为主满足多层次需求，以政府为主提供基本保障。加强房地产市场分类调控，房价上涨压力大的城市要合理增加住宅用地，规范开发、销售、中介等行为，遏制热点城市房价过快上涨。今年再完成棚户区住房改造600万套，继续发展公租房等保障性住房，因地制宜、多种方式提高货币化安置比例，加强配套设施建设和公共服务，让更多住房困难家庭告别棚户区，让广大人民群众在住有所居中创造新生活。（住房城乡建设部牵头，国家发展改革委、财政部、国土资源部、农业部、人民银行、国务院国资委、税务总局、工商总局、国家林业局、银监会、证监会、保监会、开发银行、农业发展银行等按职责分工负责）

（六）积极稳妥去杠杆。在控制总杠杆率的前提下，把降低企业杠杆率作为重中之重。促进企业盘活存量资产，推进资产证券化，支持市场化法治化债转股，发展多层次资本市场，加大股权融资力度，强化企业特别是国有企业财务杠杆约束，逐步将企业负债降到合理水平。（国家发展改革委、财政部、人民银行、国务院国资委、银监会、证监会等按职责分工负责）

（七）多措并举降成本。扩大小微企业享受减半征收所得税优惠的范围，年应纳税所得额上限由30万元提高到50万元；科技型中小企业研发费用加计扣除比例由50%提高到75%，千方百计使结构性减税力度和效应进一步显现。（财政部、税务总局、科技部等按职责分工负责）

名目繁多的收费使许多企业不堪重负，要大幅降低非税负担。一是全面清理规范政府性基金，取消城市公用事业附加等基金，授权地方政府自主减免部分基金。二是取消或停征中央涉企行政事业性收费35项，收费项目再减少一半以上，保留的项目要尽可能降低收费标准。各地也要削减涉企行政事业性收费。三是减少政府定价的涉企经营性收费，清理取消行政审批中介服务违规收费，推动降低金融、铁路货运等领域涉企经营性收费，加强对市场调节类经营服务性收费的监管。四是继续适当降低“五险一金”有关缴费比例。（财政部、国家发展改革委、工业和信息化部、人力资源社会保障部、住房城乡建设部、交通运输部、人民银行、银监会、证监会、保监会、中国铁路总公司等按职责分工负责）五是通过深化改革、完善政策，降低企业制度性交易成本，降低用能、物流等成本。（国家发展改革委牵头，工业和信息化部、财政部、交通运输部、商务部、国家能源局、中国民航局、中国铁路总公司等按职责分工负责）

（八）精准加力补短板。针对严重制约经济社会发展和民生改善的突出问题，结合实施"十三五"规划确定的重大项目，加大补短板力度，加快提升公共服务、基础设施、创新发展、资源环境等支撑能力。（国家发展改革委牵头，财政部、科技部、环境保护部、交通运输部等按职责分工负责）

（九）深入实施精准扶贫精准脱贫。今年再减少农村贫困人口1000万以上，完成易地扶贫搬迁340万人。中央财政专项扶贫资金增长30%以上。加强集中连片特困地区、革命老区、边疆和民族地区开发，改善基础设施和公共服务，推动特色产业发展、劳务输出、教育和健康扶贫，做好因病等致贫返贫群众帮扶，实施贫困村整体提升工程，增强贫困地区和贫困群众自我发展能力。推进贫困县涉农资金整合，强化资金和项目监管。创新扶贫协作机制，支持和引导社会力量参与扶贫。切实落实脱贫攻坚责任制，实施最严格的评估考核，严肃查处假脱贫、"被脱贫"、数字脱贫，确保脱贫得到群众认可、经得起历史检验。（国务院扶贫办牵头，国家发展改革委、教育部、财政部、国土资源部、住房城乡建设部、交通运输部、水利部、农业部、国家卫生计生委、人民银行、审计署、国家林业局等按职责分工负责）

三、深化重要领域和关键环节改革

（十）持续推进政府职能转变。使市场在资源配置中起决定性作用和更好发挥政府作用，必须深化简政放权、放管结合、优化服务改革。全面实行清单管理制度，制定国务院部门权力和责任清单，加快扩大市场准入负面清单试点，减少政府的自由裁量权，增加市场的自主选择权。清理取消一批生产和服务许可证。深化商事制度改革，实行多证合一，扩大"证照分离"改革试点。完善事中事后监管制度，实现"双随机、一公开"监管全覆盖，推进综合行政执法。加快国务院部门和地方政府信息系统互联互通，形成全国统一政务服务平台。（中央编办、国家发展改革委、财政部、人力资源社会保障部、商务部、工商总局、海关总署、质检总局、食品药品监管总局、国务院法制办、国家网信办、国家海洋局等按职责分工负责）

（十一）继续推进财税体制改革。落实和完善全面推开营改增政策。简化增值税税率结构，今年由四档税率简并至三档，营造简洁透明、更加公平的税收环境，进一步减轻企业税收负担。加快推进中央与地方财政事权和支出责任划分改革，制定收入划分总体方案，健全地方税体系，规范地方政府举债行为。深入推进政府预决算公开，倒逼沉淀资金盘活，提高资金使用效率，每一笔钱都要花在明处、用出实效。（财政部牵头，税务总局等按职责分工负责）

（十二）抓好金融体制改革。促进金融机构突出主业、下沉重心，增强服务实体经济能力，坚决防止脱实向虚。鼓励大中型商业银行设立普惠金融事业部，国有大型银行要率先做到，实行差别化考核评价办法和支持政策，有效缓解中小微企业融资难、融资贵问题。发挥好政策性开发性金融作用。推进农村信用社改革,强化服务"三农"功能。深化多层次资本市场改革,完善主板市场基础性制度,积极发展创业板、新三板,规范发展区域性股权市场。做好今年在香港和内地实施"债券通"相关工作。拓宽保险资金支持实体经济渠道。大力发展绿色金融。推动融资租赁业健康发展。高度警惕不良资产、债券违约、影子银行、互联网金融等累积风险。积极稳妥推进金融监管体制改革,有序化解处置突出风险点,整顿规范金融秩序,筑牢金融风险"防火墙",守住不发生系统性金融风险的底线。(人民银行、中央编办、国家发展改革委、公安部、财政部、商务部、国务院国资委、国务院港澳办、银监会、证监会、保监会、国家外汇局、开发银行、农业发展银行等按职责分工负责)

(十三)深入推进国企国资改革。以提高核心竞争力和资源配置效率为目标,形成有效制衡的公司法人治理结构、灵活高效的市场化经营机制。今年要基本完成公司制改革。深化混合所有制改革,在电力、石油、天然气、铁路、民航、电信、军工等领域迈出实质性步伐。抓好电力和石油天然气体制改革,开放竞争性业务。持续推进国有企业瘦身健体、提质增效,抓紧剥离办社会职能,解决历史遗留问题。推进国有资本投资、运营公司改革试点。改善和加强国有资产监管,确保资产保值增值,把人民的共同财富切实守护好、发展好。(国务院国资委、国家发展改革委、财政部牵头,工业和信息化部、人力资源社会保障部、人民银行、审计署、工商总局、国家统计局、银监会、证监会、国家能源局、全国总工会、中国铁路总公司等按职责分工负责)

(十四)更好激发非公有制经济活力。深入落实支持非公有制经济发展的政策措施。积极构建新型政商关系。鼓励非公有制企业参与国有企业改革。坚持权利平等、机会平等、规则平等,进一步放宽非公有制经济市场准入。凡法律法规未明确禁入的行业和领域,都要允许各类市场主体平等进入;凡向外资开放的行业和领域,都要向民间资本开放;凡影响市场公平竞争的不合理行为,都要坚决制止。(国家发展改革委、工业和信息化部、财政部、国务院国资委、工商总局、全国工商联等按职责分工负责)

(十五)加强产权保护制度建设。加快完善产权保护制度,依法保障各种所有制经济组织和公民财产权,激励人们创业创新创富,激发和保护企业家精神,使企业家安心经营、放心投资。对于侵害企业和公民产权的行为,必须严肃查处、有错必纠。(国家发展改革委牵头,全国打击侵犯知识产权和制售假冒伪劣商品工作领导小组办公室、工业和信息化部、公安部、司法部、财政部、国土资源部、农业部、商务部、人民银行、国务院国资委、工商总局、国家林业局、国家知识产权局、国务院法制办、全国工商联等按职责分工负责)研究住宅土地使用权到期续期问题,积极配合有关方面提出相关法律修改议案。(国土资源部、国务

院法制办牵头，财政部、住房城乡建设部等按职责分工负责）

（十六）大力推进社会体制改革。深化收入分配制度配套改革。稳步推动养老保险制度改革，划转部分国有资本充实社保基金。（国家发展改革委、财政部、人力资源社会保障部、国务院国资委、证监会、社保基金会、全国总工会等按职责分工负责）深化医疗、医保、医药联动改革。全面推开公立医院综合改革，全部取消药品加成，协调推进医疗价格、人事薪酬、药品流通、医保支付方式等改革。深入推进教育、文化和事业单位等改革，把社会领域的巨大发展潜力充分释放出来。（国家卫生计生委、中央编办、财政部、国家发展改革委、人力资源社会保障部、食品药品监管总局、国务院医改办、教育部、商务部、文化部、国务院国资委、国家中医药局等按职责分工负责）

（十七）深化生态文明体制改革。完善主体功能区制度和生态补偿机制，建立资源环境监测预警机制，开展健全国家自然资源资产管理体制试点，出台国家公园体制总体方案，为生态文明建设提供有力制度保障。（国家发展改革委、中央编办、财政部、国土资源部、环境保护部、住房城乡建设部、水利部、农业部、国家林业局、国家海洋局等按职责分工负责）

四、进一步释放国内需求潜力

（十八）促进消费稳定增长。适应消费需求变化，完善政策措施，改善消费环境。加快发展服务消费。开展新一轮服务业综合改革试点，支持社会力量提供教育、文化、养老、医疗等服务。推动服务业模式创新和跨界融合，发展医养结合、文化创意等新兴消费。落实带薪休假制度，完善旅游设施和服务，大力发展乡村、休闲、全域旅游。扩大数字家庭、在线教育等信息消费。促进电商、快递进社区进农村，推动实体店销售和网购融合发展。（国家发展改革委、教育部、工业和信息化部、民政部、财政部、人力资源社会保障部、住房城乡建设部、交通运输部、农业部、商务部、文化部、国家卫生计生委、国家林业局、国家网信办、国家旅游局、国家邮政局、供销合作总社等按职责分工负责）增加高品质产品消费。引导企业增品种、提品质、创品牌，扩大内外销产品“同线同标同质”实施范围，更好满足消费升级需求。（工业和信息化部、质检总局、国家发展改革委等按职责分工负责）整顿和规范市场秩序。严肃查处假冒伪劣、虚假广告、价格欺诈等行为，加强消费者权益保护，让群众花钱消费少烦心、多舒心。（全国打击侵犯知识产权和制售假冒伪劣商品工作领导小组办公室、商务部牵头，国家发展改革委、工商总局、质检总局、食品药品监管总局、国家知识产权局等按职责分工负责）

（十九）积极扩大有效投资。引导资金更多投向补短板、调结构、促创新、惠民生的领域。今年要完成铁路建设投资 8000 亿元、公路水运投资 1.8 万亿元，再开工 15 项重大水利工程，继续加强轨道交通、民用和通用航空、电信基础设施等重大项目建设。中央预算内投资安排 5076 亿元。落实和完善促进民间投资的政策措施。深化政府和社会资本合作，完善相关价格、税费等优惠政策，政府要带头讲诚信，决不能随意改变约定，决不能“新官不理旧账”。（国家发展改革委、财政部、工业和信息化部、国土资源部、环境保护部、住房城乡建设部、交通运输部、水利部、国务院国资委、国家铁路局、中国民航局、中国铁路总公司等按职责分工负责）

（二十）优化区域发展格局。统筹推进三大战略和“四大板块”发展，实施好相关规划，研究制定新举措。（国家发展改革委牵头，有关部门按职责分工负责）推动国家级新区、开发区、产业园区等创新发展。支持资源枯竭、生态严重退化等地区经济转型发展。优化空域资源配置。推进海洋经济示范区建设，加快建设海洋强国，坚决维护国家海洋权益。（国家发展改革委、外交部、科技部、工业和信息化部、财政部、国土资源部、环境保护部、住房城乡建设部、交通运输部、农业部、商务部、海关总署、国家海洋局、中国民航局、国家空管委办公室等按职责分工负责）

（二十一）扎实推进新型城镇化。深化户籍制度改革，今年实现进城落户1300万人以上，加快居住证制度全覆盖。支持中小城市和特色小城镇发展，推动一批具备条件的县和特大镇有序设市，发挥城市群辐射带动作用。促进“多规合一”，提升城市规划设计水平。（国家发展改革委、公安部、民政部、国土资源部、住房城乡建设部等按职责分工负责）推进建筑业改革发展，提高工程质量。统筹城市地上地下建设，加强城市地质调查，再开工建设城市地下综合管廊2000公里以上，启动消除城区重点易涝区段三年行动，推进海绵城市建设，有效治理交通拥堵等“城市病”，使城市既有“面子”、更有“里子”。（住房城乡建设部牵头，国家发展改革委、工业和信息化部、财政部、国土资源部、交通运输部、水利部等按职责分工负责）

五、以创新引领实体经济转型升级

（二十二）提升科技创新能力。完善对基础研究和原创性研究的长期稳定支持机制，建设国家重大科技基础设施和技术创新中心，打造科技资源开放共享平台。推进全面创新改革试验。（科技部、国家发展改革委牵头，有关部门按职责分工负责）改革科技评价制度。切实落实高校和科研院所自主权，落实股权期权和分红等激励政策，落实科研经费和项目管理制度改革，让科研人员不再为杂事琐事分心劳神。（科技部牵头，国家发展改革委、教育部、财政部、国务院国资委、中科院、工程院、自然科学基金会、中国科协等按职责分工负责）

开展知识产权综合管理改革试点。（国家知识产权局牵头，中央编办、工商总局、国家版权局等按职责分工负责）完善知识产权创造、保护和运用体系。（全国打击侵犯知识产权和制售假冒伪劣商品工作领导小组办公室、工商总局、国家版权局、国家知识产权局等按职责分工负责）深化人才发展体制改革，充分激发科研人员积极性，成就创新大业。（人力资源社会保障部、国家外专局等按职责分工负责）实施更加有效的人才引进政策，广聚天下英才。（国家外专局牵头，有关部门按职责分工负责）

（二十三）加快培育壮大新兴产业。全面实施战略性新兴产业发展规划，加快新材料、新能源、人工智能、集成电路、生物制药、第五代移动通信等技术研发和转化，做大做强产业集群。支持和引导分享经济发展，提高社会资源利用效率，便利人民群众生活。本着鼓励创新、包容审慎原则，制定新兴产业监管规则，引导和促进新兴产业健康发展。（国家发展改革委、工业和信息化部牵头，科技部、财政部、交通运输部、国家卫生计生委、质检总局等按职责分工负责）深化统计管理体制改革，健全新兴产业统计。（国家统计局牵头，有关部门按职责分工负责）今年网络提速降费要迈出更大步伐，年内全部取消手机国内长途和漫游费，大幅降低中小企业互联网专线接入资费，降低国际长途电话费，推动“互联网+”深入发展、促进数字经济加快成长，让企业广泛受益、群众普遍受惠。（工业和信息化部、国家发展改革委、科技部、财政部、国务院国资委、国家网信办等按职责分工负责）

（二十四）大力改造提升传统产业。深入实施《中国制造2025》，加快大数据、云计算、物联网应用，以新技术新业态新模式，推动传统产业生产、管理和营销模式变革。把发展智能制造作为主攻方向，推进国家智能制造示范区、制造业创新中心建设，深入实施工业强基、重大装备专项工程，大力发展先进制造业，推动中国制造向中高端迈进。完善制造强国建设政策体系，以多种方式支持技术改造，促进传统产业焕发新的蓬勃生机。（工业和信息化部、国家发展改革委、科技部、财政部、人民银行、国务院国资委等按职责分工负责）

（二十五）持续推进大众创业、万众创新。新建一批“双创”示范基地，鼓励大企业和科研院所、高校设立专业化众创空间，加强对创新型中小微企业支持，打造面向大众的“双创”全程服务体系，使各类主体各展其长、线上线下良性互动，使小企业铺天盖地、大企业顶天立地，市场活力和社会创造力竞相迸发。（国家发展改革委牵头，科技部、教育部、工业和信息化部、财政部、人力资源社会保障部、商务部、国务院国资委、工商总局、共青团中央等按职责分工负责）

（二十六）全面提升质量水平。广泛开展质量提升行动，加强全面质量管理，夯实质量技术基础，强化质量监督，健全优胜劣汰质量竞争机制。大力弘扬工匠精神，厚植工匠文化，恪尽职业操守，崇尚精益求精，完善激励机制，培育众多“中国工匠”，打造更多享誉世界的“中国品牌”，推动中国经济发展进入质量时代。（质检总局牵头，国家发展改革委、工业和信息化部、商务部、国家卫生计生委、国务院国资委、工商总局、食品药品监管总局、国家旅游局、全国总工会、共青团中央等按职责分工负责）

六、促进农业稳定发展和农民持续增收

（二十七）推进农业结构调整。引导农民根据市场需求发展生产，增加优质绿色农产品供给，扩大优质水稻、小麦生产，适度调减玉米种植面积，粮改饲试点面积扩大到1000万亩以上。鼓励多渠道消化玉米库存。支持主产区发展农产品精深加工，发展观光农业、休闲农业，拓展产业链价值链，打造农村一二三产业融合发展新格局。（农业部、国家发展改革委、财政部牵头，国土资源部、水利部、质检总局、国家林业局、国家旅游局、国家粮食局、供销合作总社、农业发展银行、中储粮总公司等按职责分工负责）

（二十八）加强现代农业建设。加快推进农产品标准化生产、品牌创建和保护，打造粮食生产功能区、重要农产品生产保护区、特色农产品优势区和现代农业产业园。（农业部牵头，国家发展改革委、科技部、财政部、国土资源部、水利部、质检总局、国家林业局等按职责分工负责）推进土地整治，大力改造中低产田，推广旱作技术，新增高效节水灌溉面积2000万亩。加强耕地保护，改进占补平衡。（国家发展改革委、财政部、国土资源部、水利部、农业部等按职责分工负责）今年在13个粮食主产省选择部分县市，对适度规模经营农户实施大灾保险，调整部分财政救灾资金予以支持，提高保险覆盖面和理赔标准，完善农业再保险体系，以持续稳健的农业保险助力现代农业发展。（财政部、农业部、保监会牵头，国家发展改革委、国家林业局等按职责分工负责）

（二十九）深化农村改革。稳步推进农村集体产权制度改革，深化农村土地制度改革试点，赋予农民更多财产权利。完善粮食等重要农产品价格形成机制和收储制度，推进农业水价综合改革。深化集体林权、国有林区林场、农垦、供销社等改革。（农业部、国家发展改革委、财政部牵头，国土资源部、水利部、国家林业局、国家粮食局、供销合作总社、全国妇联等按职责分工负责）加强农村基层组织建设。健全农村“双创”促进机制，培养更多新型职业农民，支持农民工返乡创业，进一步采取措施鼓励高校毕业生、退役军人、科技人员到农村施展才华。（农业部、人力资源社会保障部、国家发展改革委、教育部、科技部、民政部等按职责分工负责）

（三十）加强农村公共设施建设。新建改建农村公路20万公里。实现农村稳定可靠供电服务和平原地区机井通电全覆盖。完成3万个行政村通光纤。提高农村饮水安全供水保证率。加大农村危房改造力度。深入推进农村人居环境整治，建设既有现代文明、又具田园风光的美丽乡村。（国家发展改革委、工业和信息化部、财政部、环境保护部、住房城乡建设部、交通运输部、水利部、农业部、国家林业局、国家能源局等按职责分工负责）

七、积极主动扩大对外开放

（三十一）扎实推进“一带一路”建设。坚持共商共建共享，加快陆上经济

走廊和海上合作支点建设，构建沿线大通关合作机制。深化国际产能合作，带动我国装备、技术、标准、服务走出去，实现优势互补。加强教育、科技、文化、卫生、旅游等人文交流合作。高质量办好“一带一路”国际合作高峰论坛，同奏合作共赢新乐章。（国家发展改革委、外交部、商务部牵头，教育部、科技部、工业和信息化部、公安部、财政部、交通运输部、文化部、国家卫生计生委、人民银行、国务院国资委、海关总署、质检总局、国家旅游局、国家海洋局等按职责分工负责）

（三十二）促进外贸继续回稳向好。落实和完善进出口政策，推动优进优出。扩大出口信用保险覆盖面，对成套设备出口融资应保尽保。推进服务贸易创新发展试点，设立服务贸易创新发展引导基金。支持市场采购贸易、外贸综合服务企业发展。加快外贸转型升级示范基地建设。促进加工贸易向产业链中高端延伸、向中西部地区梯度转移。推广国际贸易“单一窗口”，实现全国通关一体化。增加先进技术、设备和关键零部件进口，促进贸易平衡发展和国内产业加快升级。（商务部牵头，国家发展改革委、工业和信息化部、财政部、人民银行、海关总署、税务总局、工商总局、质检总局、银监会、国家外汇局、进出口银行等按职责分工负责）

（三十三）大力优化外商投资环境。修订外商投资产业指导目录，进一步放宽服务业、制造业、采矿业外资准入。支持外商投资企业在国内上市、发债，允许参与国家科技计划项目。在资质许可、标准制定、政府采购、享受《中国制造2025》政策等方面，对内外资企业一视同仁。地方政府可在法定权限范围内，制定出台招商引资优惠政策。高标准高水平建设11个自贸试验区，全面推广成熟经验。引导对外投资健康规范发展，提升风险防范能力。（国家发展改革委、科技部、工业和信息化部、财政部、商务部、海关总署、工商总局、质检总局、证监会等按职责分工负责）

（三十四）推进国际贸易和投资自由化便利化。坚定不移推动全球经济合作，维护多边贸易体制主渠道地位，积极参与多边贸易谈判。与有关国家一道，推动中国—东盟自贸区升级议定书全面生效实施，早日结束区域全面经济伙伴关系协定谈判，推进亚太自贸区建设。继续与有关国家和地区商谈投资贸易协定。中国是负责任的国家，作出的承诺一直认真履行，应有的权益将坚决捍卫。（商务部牵头，外交部、国家发展改革委、工业和信息化部、财政部、海关总署、质检总局等按职责分工负责）

八、加大生态环境保护治理力度

（三十五）坚决打好蓝天保卫战。今年二氧化硫、氮氧化物排放量要分别下降3%，重点地区细颗粒物（$PM_{2.5}$）浓度明显下降。（环境保护部牵头，有关部门按职责分工负责）一要加快解决燃煤污染问题。全面实施散煤综合治理，推进北方地区冬季清洁取暖，完成以电代煤、以气代煤300万户以上，全部淘汰地级以上城市建成区燃煤小锅炉。加大燃煤电厂超低排放和节能改造力度，东中部地区要分别于今明两年完成，西部地区于2020年完成。抓紧解决机制和技术问题，优先保障清洁能源发电上网，有效缓解弃水、弃风、弃光状况。安全高效发展核电。加快秸秆综合利用。（环境保护部、国家能源局、国家发展改革委、科技部、工业和信息化部、公安部、财政部、住房城乡建设部、交通运输部、农业部、工商总局、质检总局等按职责分工负责）二要全面推进污染源治理。开展重点行业污染治理专项行动。对所有重点工业污染源实行24小时在线监控，确保监控质量。明确排放不达标企业最后达标时限，到期不达标的坚决依法关停。三要强化机动车尾气治理。基本淘汰黄标车，加快淘汰老旧机动车，对高排放机动车进行专项整治，鼓励使用清洁能源汽车。提高燃油品质，在重点区域加快推广使用国六标准燃油。四要有效应对重污染天气。加强对大气污染的源解析和雾霾形成机理研究，提高应对的科学性和精准性。扩大重点区域联防联控范围，强化预警和应急措施。安排专项资金，跨部门组织相关学科优秀科学家集中攻关，深入研究雾霾形成机理和治理问题。五要严格环境执法和督查问责。对偷排、造假的，必须依法惩治；对执法不力、姑息纵容的，必须严肃追究；对空气质量恶化、应对不力的，必须严格问责。（环境保护部牵头，国家发展改革委、科技部、工业和信息化部、公安部、监察部、财政部、交通运输部、商务部、国家卫生计生委、工商总局、质检总局、中国气象局、国家能源局等按职责分工负责）

（三十六）强化水、土壤污染防治。今年化学需氧量、氨氮排放量要分别下降2%。抓好重点流域、区域、海域水污染和农业面源污染防治。开展土壤污染详查，分类制定实施治理措施。加强城乡环境综合整治，倡导绿色生活方式，普遍推行垃圾分类制度。培育壮大节能环保产业，发展绿色再制造和资源循环利用产业，使环境改善与经济发展实现双赢。（环境保护部、国家发展改革委、住房城乡建设部、工业和信息化部、财政部、国土资源部、水利部、农业部、国家卫生计生委、国家海洋局等按职责分工负责）

（三十七）推进生态保护和建设。抓紧划定并严守生态保护红线。积极应对气候变化。启动森林质量提升、长江经济带重大生态修复、第二批山水林田湖生态保护工程试点，完成退耕还林还草1200万亩以上，加强荒漠化、石漠化治理，积累更多生态财富，构筑可持续发展的绿色长城。（国家发展改革委、财政部、国土资源部、环境保护部、住房城乡建设部、水利部、农业部、国家林业局、国家海洋局等按职责分工负责）

九、推进以保障和改善民生为重点的社会建设

（三十八）大力促进就业创业。完善就业政策，加大就业培训力度，加强对灵活就业、新就业形态的支持。今年高校毕业生795万人，再创历史新高，要实施好就业促进、创业引领、基层成长等计划，促进多渠道就业创业。落实和完善政策，切实做好退役军人安置工作。加大就业援助力度，扶持城镇困难人员、残疾人就业，确保零就业家庭至少有一人稳定就业。（人力资源社会保障部牵头，国家发展改革委、教育部、科技部、工业和信息化部、民政部、财政部、农业部、人民银行、国务院国资委、税务总局、工商总局、国家统计局、全国总工会、共青团中央、中国残联等按职责分工负责）

（三十九）办好公平优质教育。统一城乡义务教育学生"两免一补"政策，加快实现城镇义务教育公共服务常住人口全覆盖，持续改善薄弱学校办学条件，扩大优质教育资源覆盖面，不断缩小城乡、区域、校际办学差距。继续扩大重点高校面向贫困地区农村招生规模。提高博士研究生国家助学金补助标准。推进世界一流大学和一流学科建设。继续推动部分本科高校向应用型转变。深化高考综合改革试点。加快发展现代职业教育。加强民族教育，办好特殊教育、继续教育、学前教育和老年教育。支持和规范民办教育发展。加强教师队伍建设。制定实施《中国教育现代化2030》。发展人民满意的教育，以教育现代化支撑国家现代化。（教育部牵头，国家发展改革委、财政部、国家民委、人力资源社会保障部、文化部、国家卫生计生委、国务院扶贫办、全国老龄办、中国残联等按职责分工负责）

（四十）推进健康中国建设。城乡居民医保财政补助由每人每年420元提高到450元，同步提高个人缴费标准，扩大用药保障范围。在全国推进医保信息联网，实现异地就医住院费用直接结算。完善大病保险制度，提高保障水平。（财政部、人力资源社会保障部、国家卫生计生委、国务院医改办等按职责分工负责）全面启动多种形式的医疗联合体建设试点，三级公立医院要全部参与并发挥引领作用，建立促进优质医疗资源上下贯通的考核和激励机制，增强基层服务能力，方便群众就近就医。分级诊疗试点和家庭签约服务扩大到85%以上地市。做好健康促进，继续提高基本公共卫生服务经费补助标准，加强疾病预防体系和慢性病防控体系建设。及时公开透明有效应对公共卫生事件。保护和调动医务人员积极性。构建和谐医患关系。适应实施全面两孩政策，加强生育医疗保健服务。依法支持中医药事业发展。（国家卫生计生委牵头，国家发展改革委、财政部、人力资源社会保障部、国务院医改办、教育部、商务部、国务院国资委、质检总局、食品药品监管总局、国务院新闻办、国家网信办、保监会、国家中医药局、国务院扶贫办等按职责分工负责）食品药品安全事关人民健康，必须管得严而又严。要完善监管体制机制，充实基层监管力量，夯实各方责任，坚持源头控制、产管并重、重典治乱，坚决把好人民群众饮食用药安全的每一道关口。（国务院食品安全办、食品药品监管总局牵头，中央编办、国家发展改革委、公安部、财政部、农业部、国家卫生计生委、质检总局等按职责分工负责）

（四十一）织密扎牢民生保障网。继续提高退休人员基本养老金，确保按时足额发放。稳步提高优抚、社会救助标准，实施好临时救助制度。调整完善自然灾害生活补助机制，全部完成去年洪涝灾害中倒损民房的恢复重建。加强农村留守儿童关爱保护和城乡困境儿童保障。关心帮助军烈属和孤寡老人。全面落实残疾人"两项补贴"制度。县级政府要建立基本生活保障协调机制，切实做好托底工作，使困难群众心里有温暖、生活有奔头。综合运用法律、行政、经济等手段，锲而不舍解决好农民工工资拖欠问题，决不允许他们的辛勤付出得不到应有回报。（民政部、国家发展改革委、教育部、司法部、财政部、人力资源社会保障部、住房城乡建设部、国家卫生计生委、国务院扶贫办、国务院妇儿工委办公室、全国老龄办、全国总工会、共青团中央、全国妇联、中国残联等按职责分工负责）

（四十二）发展文化事业和文化产业。加强社会主义精神文明建设，坚持用中国梦和社会主义核心价值观凝聚共识、汇聚力量，坚定文化自信。繁荣发展哲学社会科学和文学艺术创作，发展新闻出版、广播影视、档案等事业。建设中国特色新型智库。实施中华优秀传统文化传承发展工程，加强文物和非物质文化遗产保护利用。大力推动全民阅读，加强科学普及。提高基本公共文化服务均等化水平。加快培育文化产业，加强文化市场监管，净化网络环境。深化中外人文交流，推动中华文化走出去。做好冬奥会、冬残奥会筹办工作，统筹群众体育、竞技体育、体育产业发展，广泛开展全民健身，使更多人享受运动快乐、拥有健康体魄。（文化部、教育部、科技部、商务部、新闻出版广电总局、体育总局、国家网信办、中科院、社科院、国务院发展研究中心、国家行政学院、国家文物局、国家档案局、中国科协、中国残联等按职责分工负责）

（四十三）推动社会治理创新。健全基层群众自治制度，加强城乡社区治理。充分发挥工会、共青团、妇联等群团组织作用。改革完善社会组织管理制度，依法推进公益和慈善事业健康发展，促进专业社会工作、志愿服务发展。切实保障妇女、儿童、老人、残疾人合法权益。（民政部、中央编办、国家发展改革委、教育部、公安部、司法部、财政部、人力资源社会保障部、住房城乡建设部、文化部、国家卫生计生委、国务院法制办、国务院妇儿工委办公室、全国老龄办、全国总工会、共青团中央、全国妇联、中国残联等按职责分工负责）加快社会信用体系建设。（国家发展改革委、人民银行牵头，有关部门按职责分工负责）加强法治宣传教育和法律服务。深化平安中国建设，健全立体化信息化社会治安防控体系，严厉打击暴力恐怖活动，依法惩治黑恶势力犯罪、毒品犯罪和盗窃、抢劫、电信网络诈骗、侵犯个人信息等多发性犯罪，维护国家安全和社会稳定。严格规范公正文明执法，大力整治社会治安突出问题，全方位提高人民群众安全感。（公安部、安全部、司法部、工业和信息化部、国家信访局等按职责分工负责）

（四十四）落实信访工作责任制。认真执行《信访工作责任制实施办法》，层层落实信访工作责任，严肃责任追究，做到失责必问、问责必严；深化领导干部接访下访，着力化解信访积案，妥善处理重点领域和重点群体涉众型矛盾纠纷，依法及时就地解决群众合理诉求。（国家信访局牵头，教育部、公安部、监察部、民政部、人力资源社会保障部、国土资源部、环境保护部、住房城乡建设部、交通运输部、国家卫生计生委、银监会等按职责分工负责）

（四十五）抓好安全生产。加强安全基础设施建设，做好地震、气象、测绘、地质等工作。严格安全生产责任制，全面落实企业主体责任、地方属地管理责任、部门监管责任，坚决遏制重特大事故发生，切实保障人民群众生命财产安全。（安全监管总局牵头，公安部、国土资源部、中国地震局、中国气象局、国家测绘地信局、国家煤矿安监局等按职责分工负责）

（四十六）健全应急管理机制。实施突发事件应急体系建设"十三五"规划。完善预警信息发布机制，推进国家预警信息发布系统建设。完善应急预案体系。加快应急产业发展。加强载体建设和资源共享，深入开展应急管理科普宣教，全面提升应急管理水平。（国务院办公厅、国家发展改革委、科技部、工业和信息化部、安全监管总局、国家行政学院、中国地震局、中国气象局等按职责分工负责）

十、全面加强政府自身建设

（四十七）坚持依法全面履职。各级政府及其工作人员要深入贯彻全面依法治国要求，严格遵守宪法，尊崇法治、敬畏法律、依法行政，建设法治政府。加大政务公开力度。加强政策发布解读，强化政务舆情监测处置，及时回应重大关切，切实增强政府公信力执行力。制定公共资源配置、重大建设项目批准和实施、社会公益事业建设等重点领域信息公开的意见。开展基层政务公开标准化规范化试点。修订出台《中华人民共和国政府信息公开条例》。（国务院办公厅、国家发展改革委、民政部、国务院法制办、国务院新闻办、国家网信办等按职责分工负责）

（四十八）始终保持廉洁本色。认真落实全面从严治党要求，把党风廉政建设和反腐败工作不断引向深入。坚决贯彻落实党中央八项规定精神，一以贯之纠正"四风"。加强行政监察和审计监督。保持惩治腐败高压态势，聚焦重点领域，严肃查处侵害群众利益的不正之风和腐败问题。广大公务员要持廉守正，干干净净为人民做事。（监察部、审计署等按职责分工负责）

（四十九）勤勉尽责干事创业。各级政府及其工作人员要干字当头，真抓实干、埋头苦干、结合实际创造性地干，不能简单以会议贯彻会议、以文件落实文件，不能纸上谈兵、光说不练。强化督查问责，严厉整肃庸政懒政怠政行为，坚决治理政务失信。健全激励机制和容错纠错机制，给干事者鼓劲，为担当者

撑腰。（国务院办公厅、监察部、人力资源社会保障部、审计署、国务院法制办、国家公务员局等按职责分工负责）

十一、做好民族、宗教、侨务、国防港澳台、外交工作

（五十）认真贯彻党的民族政策。坚持和完善民族区域自治制度，深入开展民族团结进步创建活动，促进各民族和睦相处、和衷共济、和谐发展。组织好内蒙古自治区成立70周年庆祝活动。加大对民族地区发展支持力度，深入实施兴边富民行动，保护和发展少数民族优秀传统文化，扶持人口较少民族发展，推动各族人民在全面建成小康社会进程中实现共同发展繁荣。（国家民委牵头，国家发展改革委、教育部、民政部、财政部、文化部、国务院扶贫办等按职责分工负责）

（五十一）全面贯彻党的宗教工作基本方针。依法管理宗教事务，促进宗教关系和谐，发挥宗教界人士和信教群众在促进经济社会发展中的积极作用。（国家宗教局牵头，财政部、人力资源社会保障部、国务院法制办等按职责分工负责）

（五十二）认真落实侨务政策。保障海外侨胞和归侨侨眷合法权益，充分发挥他们的独特优势和重要作用，不断增强海内外中华儿女的凝聚力和向心力。（国务院侨办、外交部等按职责分工负责）

（五十三）持续深化国防和军队改革。强化海空边防管控，周密组织反恐维稳、国际维和、远海护航等重要行动。提高国防科技自主创新能力，加快现代后勤建设和装备发展。加强全民国防教育、国防动员和后备力量建设。促进经济建设和国防建设协调、平衡、兼容发展，深化国防科技工业体制改革，推动军民融合深度发展。各级政府要以更加扎实有力的举措，支持国防和军队改革建设，让军政军民团结之树根深、枝繁、叶茂。（国家发展改革委、外交部、教育部、科技部、工业和信息化部、公安部、民政部、财政部、人力资源社会保障部、交通运输部、质检总局、国家国防科工局、国家海洋局、全国拥军优属拥政爱民工作领导小组等按职责分工负责）

（五十四）支持香港、澳门繁荣、稳定和发展。继续全面准确贯彻“一国两制”、“港人治港”、“澳人治澳”、高度自治的方针，严格依照宪法和基本法办事，确保“一国两制”在香港、澳门实践不动摇、不走样、不变形。全力支持香港、澳门特别行政区行政长官和政府依法施政，发展经济、改善民生、推进民主、促进和谐。推动内地与港澳深化合作，研究制定粤港澳大湾区城市群发展规划，发挥港澳独特优势，提升在国家经济发展和对外开放中的地位与功能。（国务院港澳办、外交部、国家发展改革委、司法部、住房城乡建设部、商务部、人民银行、海关总署等按职责分工负责）

（五十五）维护两岸关系和平发展。深入贯彻对台工作大政方针，坚持一个中国原则，维护“九二共识”共同政治基础，维护国家主权和领土完整，维护两岸关系和平发展和台海和平稳定。坚决反对和遏制“台独”分裂活动，绝不允许任何人以任何形式、任何名义把台湾从祖国分裂出去。要持续推进两岸经济社会融合发展，为台湾同胞尤其是青年在大陆学习、就业、创业、生活提供更多便利。两岸同胞要共担民族大义，坚定不移推动祖国和平统一进程，共同创造所有中国人的幸福生活和美好明天。（国务院台办牵头，国家发展改革委、教育部、科技部、商务部、文化部、海关总署、质检总局等按职责分工负责）

（五十六）务实开放做好外交工作。坚定不移走和平发展道路，坚决维护多边体制的权威性和有效性，反对各种形式的保护主义，深入参与全球治理进程，引导经济全球化朝着更加包容互惠、公正合理的方向发展。推动构筑总体稳定、均衡发展的大国关系框架，着力营造睦邻互信、共同发展的周边环境，全面提升同发展中国家合作水平，积极提供解决全球性和地区热点问题的建设性方案。加快完善海外权益保护机制和能力建设。与国际社会一道，致力构建以合作共赢为核心的新型国际关系，为打造人类命运共同体作出新的贡献。（外交部牵头，国家发展改革委、财政部、商务部、人民银行等按职责分工负责）

今年是实施“十三五”规划的重要一年，也是供给侧结构性改革的深化之年，按照分工落实好《政府工作报告》确定的重点工作，意义十分重大。各部门、各单位要在以习近平同志为核心的党中央领导下，高举中国特色社会主义伟大旗帜，全面贯彻党的十八大和十八届三中、四中、五中、六中全会精神，以邓小平理论、“三个代表”重要思想、科学发展观为指导，深入贯彻习近平总书记系列重要讲话精神和治国理政新理念新思想新战略，统筹推进“五位一体”总体布局和协调推进“四个全面”战略布局，认真组织学习、全面落实《政府工作报告》部署和国务院常务会议要求，切实增强责任感和紧迫感，尽职尽责勤政有为，加强舆论引导和政策解读，不折不扣抓好落实，确保兑现政府对人民的承诺，向人民交出一份满意的答卷。一是强化组织领导。各部门、各单位要充分发挥积极性、主动性，按照分工要求，严格执行工作责任制，抓紧制定落实重点工作的实施方案，区分轻重缓急，逐项倒排工作时间表，明确时间节点和具体责任人，并于4月15日前报国务院。二是密切协作配合。各部门、各单位要立足全局，加强协作，密切配合，切实提高工作效率。涉及多部门参与的工作，牵头部门要发挥主导作用，协办部门要积极配合，形成工作合力。三是做好常态化督查。各部门、各单位对各项任务的落实，要有布置、有督促、有检查，做好日常跟踪督办、年中重点抽查、年底总结考核，不断加强对新情况、新问题的研判，推动解决突出问题，确保重点工作按时完成。国务院办公厅要加强对各部门、各单位督查工作的督查，围绕重点工作加强跟踪督办，适时启动专项督查，对积极作为的要强化激励表扬，对消极怠工的要严查问责。

（本文有删减）

国务院部门规章

《中华人民共和国海关稽查条例》实施办法

（2016年9月26日海关总署令第230号公布　自2016年11月1日起施行　国法备字[2017000426]）

第一章　总　　则

第一条　为有效实施《中华人民共和国海关稽查条例》(以下简称《稽查条例》),根据《中华人民共和国海关法》以及相关法律、行政法规,制定本办法。

第二条　《稽查条例》第三条所规定的与进出口货物直接有关的企业、单位包括:

(一)从事对外贸易的企业、单位;

(二)从事对外加工贸易的企业;

(三)经营保税业务的企业;

(四)使用或者经营减免税进口货物的企业、单位;

(五)从事报关业务的企业;

(六)进出口货物的实际收发货人;

(七)其他与进出口货物直接有关的企业、单位。

第三条　海关对与进出口货物直接有关的企业、单位(以下统称进出口企业、单位)的下列进出口活动实施稽查:

(一)进出口申报;

(二)进出口关税和其他税、费的缴纳;

(三)进出口许可证件和有关单证的交验;

(四)与进出口货物有关的资料记载、保管;

(五)保税货物的进口、使用、储存、维修、加工、销售、运输、展示和复出口;

(六)减免税进口货物的使用、管理;

(七)其他进出口活动。

第四条　海关根据稽查工作需要,可以通过实地查看、走访咨询、书面函

询、网络调查和委托调查等方式向有关行业协会、政府部门和相关企业等开展贸易调查,收集下列信息:

(一)政府部门监督管理信息;

(二)特定行业、企业的主要状况、贸易惯例、生产经营、市场结构等信息;

(三)特定商品的结构、成份、等级、功能、用途、工艺流程、工作原理等技术指标或者技术参数以及价格等信息;

(四)其他与进出口活动有关的信息。

有关政府部门、金融机构、行业协会和相关企业等应当配合海关贸易调查,提供有关信息。

第二章 账簿、单证等资料的管理

第五条 进出口企业、单位应当依据《中华人民共和国会计法》以及其他有关法律、行政法规的规定设置、编制和保管会计账簿、会计凭证、会计报表和其他会计资料,建立内部管理制度,真实、准确、完整地记录和反映进出口活动。

进出口企业、单位应当编制和保管能够反映真实进出口活动的原始单证和记录等资料。

第六条 进出口企业、单位应当在《稽查条例》第二条规定的期限内,保管报关单证、进出口单证、合同以及与进出口业务直接有关的其他资料或者电子数据。

第三章 海关稽查的实施

第七条 海关稽查由被稽查人注册地海关实施。被稽查人注册地与货物报关地或者进出口地不一致的,也可以由报关地或者进出口地海关实施。

海关总署可以指定或者组织下级海关实施跨关区稽查。直属海关可以指定或者组织下级海关在本关区范围内实施稽查。

第八条 海关稽查应当由具备稽查执法资格的人员实施,实施稽查时应当向被稽查人出示海关稽查证。

第九条 海关实施稽查3日前,应当向被稽查人制发《海关稽查通知书》。

海关不经事先通知实施稽查的,应当在开始实施稽查时向被稽查人制发《海关稽查通知书》。

第十条 海关稽查人员实施稽查时,有下列情形之一的,应当回避:

(一)海关稽查人员与被稽查人的法定代表人或者主要负责人有近亲属关系的;

（二）海关稽查人员或者其近亲属与被稽查人有利害关系的；

（三）海关稽查人员或者其近亲属与被稽查人有其他关系，可能影响海关稽查工作正常进行的。

被稽查人有正当理由，可以对海关稽查人员提出回避申请。但在海关作出回避决定前，有关海关稽查人员不停止执行稽查任务。

第十一条 海关稽查人员查阅、复制被稽查人的会计账簿、会计凭证、报关单证以及其他有关资料（以下统称账簿、单证等有关资料）时，被稽查人的法定代表人或者主要负责人或者其指定的代表（以下统称被稽查人代表）应当到场，按照海关要求如实提供并协助海关工作。

对被稽查人的账簿、单证等有关资料进行复制的，被稽查人代表应当在确认复制资料与原件无误后，在复制资料上注明出处、页数、复制时间以及"本件与原件一致，核对无误"，并签章。

被稽查人以外文记录账簿、单证等有关资料的，应当提供符合海关要求的中文译本。

第十二条 被稽查人利用计算机、网络通信等现代信息技术手段进行经营管理的，应当向海关提供账簿、单证等有关资料的电子数据，并根据海关要求开放相关系统、提供使用说明及其他有关资料。对被稽查人的电子数据进行复制的，应当注明制作方法、制作时间、制作人、数据内容以及原始载体存放处等，并由制作人和被稽查人代表签章。

第十三条 被稽查人所在场所不具备查阅、复制工作条件的，经被稽查人同意，海关可以在其他场所查阅、复制。

海关需要在其他场所查阅、复制的，应当填写《海关稽查调审单》，经双方清点、核对后，由海关稽查人员签名和被稽查人代表在《海关稽查调审单》上签章。

第十四条 海关稽查人员进入被稽查人的生产经营场所、货物存放场所，检查与进出口活动有关的生产经营情况和货物时，被稽查人代表应当到场，按照海关的要求开启场所、搬移货物，开启、重封货物的包装等。

检查结果应当由海关稽查人员填写《检查记录》，由海关稽查人员签名和被稽查人代表在《检查记录》上签章。

第十五条 海关稽查人员询问被稽查人的法定代表人、主要负责人和其他有关人员时，应当制作《询问笔录》，并由询问人、记录人和被询问人签名确认。

第十六条 海关实施稽查时，可以向与被稽查人有财务往来或者其他商务往来的企业、单位收集与进出口活动有关的资料和证明材料，有关企业、单位应当配合海关工作。

第十七条 经直属海关关长或者其授权的隶属海关关长批准，海关可以凭《协助查询通知书》向商业银行或者其他金融机构查询被稽查人的存款账户。

第十八条 海关实施稽查时，发现被稽查人有可能转移、隐匿、篡改、毁弃账簿、单证等有关资料的，经直属海关关长或者其授权的隶属海关关长批准，可以查封、扣押其账簿、单证等有关资料及相关电子数据存储介质。

海关实施稽查时，发现被稽查人的进出口货物有违反海关法或者其他有关法律、行政法规嫌疑的，经直属海关关长或者其授权的隶属海关关长批准，可以查封、扣押有关进出口货物。

海关实施查封、扣押应当依据《中华人民共和国行政强制法》以及其他有关法律、行政法规。

第十九条 被稽查人有《稽查条例》第三十条、第三十一条所列行为之一的，海关应当制发《海关限期改正通知书》，告知被稽查人改正的内容和期限，并对改正情况进行检查。

被稽查人逾期不改正的，海关可以依据海关相关规定调整其信用等级。

第二十条 稽查组发现被稽查人涉嫌违法或者少征、漏征税款的，应当书面征求被稽查人意见，被稽查人应当自收到相关材料之日起7日内提出书面意见送交稽查组。

第二十一条 稽查组实施稽查后，应当向海关报送稽查报告。海关应当在收到稽查报告之日起30日内作出《海关稽查结论》，并送达被稽查人。

第二十二条 有下列情形之一的，经直属海关关长或者其授权的隶属海关关长批准，海关可以终结稽查：

(一)被稽查人下落不明的；

(二)被稽查人终止，无权利义务承受人的。

第二十三条 海关发现被稽查人未按照规定设置或者编制账簿，或者转移、隐匿、篡改、毁弃账簿的，应当将有关情况通报被稽查人所在地的县级以上人民政府财政部门。

第二十四条 海关实施稽查时，可以委托会计师事务所、税务师事务所或者其他具备会计、税务等相关资质和能力的专业机构，就相关问题作出专业结论，经海关认可后可以作为稽查认定事实的证据材料。被稽查人委托专业机构作出的专业结论，可以作为海关稽查的参考依据。

海关委托专业机构的，双方应当签订委托协议，明确委托事项和权利义务等。

专业机构有弄虚作假、隐瞒事实、违反保密约定等情形的，海关应当如实记录，作出相应处置，并可以通报有关主管部门或者行业协会。

第四章 主动披露

第二十五条 进出口企业、单位主动向海关书面报告其违反海关监管规定的行为并接受海关处理的，海关可以认定有关企业、单位主动披露。但有下列情形之一的除外：

（一）报告前海关已经掌握违法线索的；

（二）报告前海关已经通知被稽查人实施稽查的；

（三）报告内容严重失实或者隐瞒其他违法行为的。

第二十六条 进出口企业、单位主动披露应当向海关提交账簿、单证等有关证明材料，并对所提交材料的真实性、准确性、完整性负责。

海关应当核实主动披露的进出口企业、单位的报告，可以要求其补充有关材料。

第二十七条 对主动披露的进出口企业、单位，违反海关监管规定的，海关应当从轻或者减轻行政处罚；违法行为轻微并及时纠正，没有造成危害后果的，不予行政处罚。

对主动披露并补缴税款的进出口企业、单位，海关可以减免滞纳金。

第五章 附 则

第二十八条 本办法所规定的"日"均为自然日。文书送达或者期间开始当日，不计算在期间内。期间届满的最后一日遇休息日或者法定节假日的，应当顺延至休息日或者法定节假日之后的第一个工作日。

第二十九条 被稽查人拒绝签收稽查文书的，海关可以邀请见证人到场，说明情况，注明事由和日期，由见证人和至少两名海关稽查人员签名，把稽查文书留在被稽查人的生产经营场所。海关也可以把稽查文书留在被稽查人的生产经营场所，并采用拍照、录像等方式记录全过程，即视为被稽查人已经签收。

第三十条 被稽查人代表对相关证据材料不签章的，海关稽查人员应当在相关材料上予以注明，并由至少两名海关稽查人员签名。

海关实施查阅、复制、检查时，被稽查人代表不到场的，海关应当注明事由和日期，并由至少两名海关稽查人员签名。

第三十一条 本办法所规定的签章，是指被稽查人代表签名或者加盖被稽查人印章。

第三十二条 本办法所规定使用的稽查文书由海关总署另行公布。

第三十三条 本办法由海关总署负责解释。

第三十四条 本办法自2016年11月1日起实施。2000年1月11日海关总署令第79号公布的《〈中华人民共和国海关稽查条例〉实施办法》同时废止。

环境保护档案管理办法

（2016年12月27日环境保护部、国家档案局令第43号公布　自2017年3月1日起施行　国法备字[2017000365]）

第一章　总　则

第一条　为了加强环境保护档案的形成、管理和保护工作，开发利用环境保护档案信息资源，根据《中华人民共和国档案法》及其实施办法、《中华人民共和国环境保护法》等相关法律法规，结合环境保护工作实际，制定本办法。

第二条　本办法所称环境保护档案，是指各级环境保护主管部门及其派出机构、直属单位（以下简称环境保护部门），在环境保护各项工作和活动中形成的，对国家、社会和单位具有利用价值、应当归档保存的各种形式和载体的历史记录，主要包括文书档案、音像（照片、录音、录像）档案、科技档案、会计档案、人事档案、基建档案及电子档案等。

第三条　环境保护档案工作是环境保护部门的重要职责，实行统一领导、分级管理。

第四条　国务院环境保护主管部门对环境保护档案管理工作实行监督和指导，在业务上接受国家档案行政管理部门的监督和指导。

地方各级环境保护主管部门对本行政区域内环境保护档案管理工作实行监督和指导，在业务上接受同级档案行政管理部门和上级环境保护主管部门的监督和指导。

第二章　环境保护部门档案工作职责

第五条　环境保护部门应当加强对档案工作的领导，完善档案工作管理体制，建立档案管理机构，配备政治可靠、责任心强、具备档案管理及环境保护相关专业知识和业务技能的正式专职档案管理人员。环境保护部门办公厅（室）档案管理机构归口负责本部门档案管理工作。

第六条　环境保护部门应当将档案工作纳入本部门发展规划和年度工作计划，列入工作考核检查内容，及时研究并协调解决档案工作中的重大问题，确保档案工作与本部门整体工作同步协调发展。

第七条　环境保护部门应当按照部门预算编制和管理的有关规定，科学合理核定档案工作经费,并列入同级财政预算,加强对档案工作经费的审计和绩效考核,确保科学使用、专款专用。

第八条 环境保护部门应当按照国家有关档案管理的规定,确定文件材料的具体接收范围,包括本部门在各项工作和活动中形成的具有利用价值、应当归档保存的各种形式和载体的历史记录,以及与本部门有关的撤销或者合并部门的全部档案。

第九条 环境保护部门应当将档案信息化建设纳入本部门信息化建设同步实施,推进文档一体化管理,实现资源数字化、利用网络化、管理智能化。

第十条 环境保护部门应当为开展档案管理工作提供必要条件。档案管理人员办公室、档案库房、阅档室和档案整理间应当分开。

第十一条 环境保护部门应当加强档案基础设施建设,改善档案安全管理条件,提供符合设计规范的专用库房,配备防盗、防火、防潮、防水、防尘、防光、防鼠、防虫等安全设施,以及计算机、复印机、打印机、扫描仪、照相机、摄像机、防磁柜等工作设备。

第十二条 环境保护部门应当将档案管理人员培训、交流、使用列入干部培养和选拔任用统一规划,统筹安排,为档案管理人员学习培训、挂职锻炼、交流任职等创造条件。档案管理人员的职务晋升或者职称评定、业务能力考核,按照国家有关规定执行,并享有专业人员的同等待遇。

第十三条 环境保护部门应当按照《中华人民共和国保守国家秘密法》等有关法律法规,确保环境保护档案安全保密和有效利用。

第三章 档案管理机构、文件(项目)承办单位职责

第十四条 环境保护部门的档案管理机构应当履行下列职责:

(一)贯彻执行国家档案法律法规和工作方针、政策。经国家档案行政管理部门同意,国务院环境保护主管部门的档案管理机构负责研究制定环境保护档案管理规章制度、行业标准和技术规范并组织实施。地方各级环境保护主管部门的档案管理机构依据上级环境保护主管部门和档案行政管理部门的相关制度要求,制定本行政区域内环境保护档案管理工作制度并组织实施。

(二)负责本部门档案的统一管理,地方各级环境保护主管部门的档案管理机构对本行政区域内环境保护档案管理工作进行监督和指导。

(三)负责编制本部门档案管理经费年度预算,将档案资料收集整理、保管保护、开发利用,设备购置和运行维护,信息化建设,以及档案宣传培训等项目经费列入预算。

(四)负责本部门档案信息化工作,参与本部门电子文件全过程管理工作,

组织实施本部门档案数字化加工、电子文件归档和电子档案管理以及重要档案异地、异质备份工作。

（五）负责对本部门重点工作、重大会议和活动、重大建设项目、重大科研项目、重大生态保护项目等归档工作进行监督和指导，参与重大科研项目成果验收、重大建设项目工程竣工和重要设备仪器开箱的文件材料验收工作。

（六）负责制定本部门文件（项目）材料的归档范围和保管期限，指导本部门的文件收集、整理、归档工作，组织档案信息资源的编研，科学合理开发利用，安全保管档案并按照有关规定向档案馆移交档案。

（七）国务院环境保护主管部门的档案管理机构，负责汇总统计地方环境保护主管部门，本部门及其派出机构、直属单位档案工作基本情况的数据，并报送国家档案行政管理部门。地方各级环境保护主管部门的档案管理机构，负责汇总统计本行政区域内环境保护档案工作基本情况数据，并报送同级档案行政管理部门和上级环境保护主管部门。

（八）负责开展环境保护部门档案工作业务交流，组织档案管理人员专业培训。

（九）各级环境保护主管部门的档案管理机构负责组织实施同级档案行政管理部门布置的相关工作，并协调环境保护部门的档案管理机构与其他部门档案管理机构之间的档案工作。

第十五条 环境保护部门的文件（项目）承办单位在本部门档案管理机构的指导下，履行下列职责：

（一）负责本单位文件（项目）材料的收集、整理和归档。

（二）负责督促指导文件（项目）承办人分类整理文件材料，做到齐全完整、分类清楚、排列有序，并按照规定向本部门档案管理机构移交。

（三）重大建设项目、重大科研项目、重大生态保护项目承办单位负责制定专项档案管理规定、归档范围和保管期限，报环境保护部门的档案管理机构同意后，由项目承办单位组织实施。

第四章 文件材料的归档

第十六条 环境保护文件材料归档范围应当全面、系统地反映综合管理和政策法规、科学技术、环境影响评价、环境监测、污染防治、生态保护、核与辐射安全监管、环境监察执法等业务活动。

第十七条 环境保护部门在部署污染源普查、环境质量调查等专项工作时，应当明确文件材料的归档要求；在检查专项工作进度时，应当检查文件材料的收集、整理情况；重大建设项目、重大科研项目和重大生态保护项目文件材料不符合归档要求的，不得进行项目鉴定、验收和申报奖项。

第十八条 环境保护文件材料归档工作一般应于次年3月底前完成。文件（项目）承办单位根据下列情形，按要求将应归档文件及电子文件同步移交本部门档案管理机构进行归档，任何人不得据为己有或者拒绝归档：

（一）文书材料应当在文件办理完毕后及时归档；

（二）重大会议和活动等文件材料，应当在会议和活动结束后一个月内归档；

（三）科研项目、建设项目文件材料应当在成果鉴定和项目验收后两个月内归档，周期较长的科研项目、建设项目可以按完成阶段分期归档；

（四）一般仪器设备随机文件材料，应当在开箱验收或者安装调试后七日内归档，重要仪器设备开箱验收应当由档案管理人员现场监督随机文件材料归档。

第五章 档案的管理

第十九条 环境保护部门应当加强对不同门类、各种形式和载体档案的管理，确保环境保护档案真实、齐全、完整。

第二十条 环境保护档案的分类、著录、标引，依照《中国档案分类法 环境保护档案分类表》《环境保护档案著录细则》《环境保护档案管理规范》等文件的有关规定执行，其相应的电子文件材料应当按照有关要求同步归档。

文书材料的整理归档，依照《归档文件整理规则》（DA/T 22－2015）的有关规定执行。

照片资料的整理归档，依照《照片档案管理规范》（GB/T 11821－2002）的有关规定执行。

录音、录像资料的整理归档，依照录音、录像管理的有关规定执行。

科技文件的整理归档，依照《科学技术档案案卷构成的一般要求》（GB/T 11822－2008）的有关规定执行。

会计资料的整理归档，依照《会计档案管理办法》（财政部、国家档案局令第79号）的有关规定执行。

人事文件材料的整理归档，依照《干部档案工作条例》（组通字〔1991〕13号）、《干部档案整理工作细则》（组通字〔1991〕11号）、《干部人事档案材料收集归档规定》（中组发〔2009〕12号）等文件的有关规定执行。

电子文件的整理归档，依照《电子文件归档与电子档案管理规范》（GB/T 18894－2016）、《CAD电子文件光盘存储、归档与档案管理要求》（GB/T 17678.1－1999）等文件的有关规定执行。重要电子文件应当与纸质文件材料一并归档。

第二十一条 环境保护部门的档案管理机构应当定期检查档案保管状态，

调试库房温度、湿度，及时对破损或者变质的档案进行修复。

第二十二条 环境保护档案的鉴定应当定期进行。

环境保护部门成立环境保护档案鉴定小组进行鉴定工作，鉴定小组由环境保护部门分管档案工作的负责人、办公厅（室）负责人，以及档案管理机构、保密部门和文件（项目）承办单位有关人员组成。

对保管期限变动、密级调整和需要销毁的档案，应当提请本部门环境保护档案鉴定小组鉴定。鉴定工作结束后，环境保护档案鉴定小组应当形成鉴定报告，提出鉴定意见。

第二十三条 环境保护档案的销毁应当按照相关规定办理，并履行销毁批准手续。未经鉴定、未履行批准销毁手续的档案，严禁销毁。

对经过环境保护档案鉴定小组鉴定确认无保存价值需要销毁的档案，应当进行登记造册，报本部门分管档案工作负责人批准后销毁。档案销毁清册永久保存。

环境保护档案的销毁由档案管理机构组织实施。销毁档案时，档案管理机构与保密部门应当分别指派人员共同进行现场监督，并在销毁清册上签字确认。档案销毁后，应当及时调整档案柜（架），并在目录及检索工具中注明。

第二十四条 环境保护部门撤销或者变动时，应当妥善保管环境保护档案，向相关接收部门或者同级档案管理部门移交，并向上级环境保护主管部门报告。

第二十五条 文件（项目）承办单位的工作人员退休或者工作岗位变动时，应当及时对属于归档范围的文件材料进行整理、归档，并办理移交手续，不得带走或者毁弃。

第六章 档案的利用

第二十六条 环境保护部门的档案管理机构应当积极开发环境保护档案信息资源，并根据环境保护工作实际需要，对现有档案信息资源进行综合加工和深度开发，为环境保护工作提供服务。

第二十七条 环境保护部门应当积极开展环境保护档案的利用工作，建立健全档案利用制度，明确相应的利用范围和审批程序，确保档案合理利用。

第二十八条 环境保护档案一般以数字副本代替档案原件提供利用。档案原件原则上不得带出档案室。

利用环境保护档案的单位或者个人应当负责所利用档案的安全和保密，不得擅自转借，不得对档案原件进行折叠、剪贴、抽取、拆散，严禁在档案原件上勾画、涂抹、填注、加字、改字，或者以其他方式损毁档案。

第七章　奖励与处罚

第二十九条　有下列事迹之一的，依照国家有关规定给予表扬、表彰或者奖励：

（一）在环境保护档案的收集、整理或者开发利用等方面做出显著成绩的；

（二）对环境保护档案的保护和现代化管理做出显著成绩的；

（三）将个人所有的具有重要或者珍贵价值的环境保护档案捐赠给国家的；

（四）执行档案法律法规表现突出的。

第三十条　在环境保护档案工作中有违法违纪行为的，依法依规给予处分；情节严重，涉嫌构成犯罪的，依法移送司法机关追究刑事责任。

第八章　附　　则

第三十一条　地方各级环境保护主管部门可以根据本办法，结合本地实际情况，联合同级档案行政管理部门制定实施细则，并报上级档案行政管理部门和环境保护主管部门备案。

第三十二条　本办法自 2017 年 3 月 1 日起施行。1994 年 10 月 6 日公布的《环境保护档案管理办法》（原国家环境保护局 国家档案局令第 13 号）同时废止。

出版物进口备案管理办法

（2017 年 1 月 22 日国家新闻出版广电总局、海关总署令第 12 号公布　自 2017 年 3 月 1 日起施行　国法备字［2017000367］）

第一条　为规范出版物进口备案行为，加强出版物进口管理，根据《出版管理条例》《音像制品管理条例》等法规，制定本办法。

第二条　在中华人民共和国境内从事出版物进口活动，适用本办法。

本办法所称出版物，是指进口的图书、报纸、期刊、音像制品（成品）及电子出版物（成品）、数字文献数据库等。

本办法所称出版物进口经营单位，是指依照《出版管理条例》设立的从事出版物进口业务的单位。

第三条 出版物进口经营单位应当按照许可的业务范围从事出版物进口经营活动。

第四条 出版物进口经营单位应当按照《出版管理条例》及本办法的要求,向省级以上出版行政主管部门办理进口出版物备案手续。出版物进口经营单位提供备案材料不齐备或不真实的,不予备案。

负责备案的省、自治区、直辖市出版行政主管部门应将相关备案信息报国家新闻出版广电总局。国家新闻出版广电总局对省、自治区、直辖市出版行政主管部门的备案工作进行检查指导。

第五条 进口图书的,出版物进口经营单位应当于进口前向省级以上出版行政主管部门申请办理进口备案手续。申请备案时,需提交备案申请和出版物进口经营单位出具的审查意见,备案申请包括以下信息:

(一)图书名称;

(二)出版机构;

(三)进口来源国家(地区);

(四)作者;

(五)国际标准出版代码(ISBN);

(六)语种;

(七)数量;

(八)类别;

(九)进口口岸;

(十)订购方;

(十一)需要提交的其他材料。

第六条 省级以上出版行政主管部门在受理出版物进口经营单位进口图书备案申请材料之日起 20 个工作日内完成图书目录的备案手续。准予备案的,负责备案的出版行政主管部门为出版物进口经营单位出具通关函。出版物进口经营单位应当向海关交验通关函,海关按规定办理报关验放手续,没有通关函海关不予放行。

第七条 进口音像制品(成品)及电子出版物(成品)的,出版物进口经营单位应当按照《音像制品进口管理办法》《电子出版物出版管理规定》的要求,履行相应进口审批手续。出版物进口经营单位应当向海关交验批准文件,海关按规定办理报关验放手续,没有批准文件海关不予放行。

第八条 出版物进口经营单位进口音像制品(成品)及电子出版物(成品)后 15 个工作日内报国家新闻出版广电总局备案。报送备案时,需按音像制品(成品)及电子出版物(成品)的实际进口情况提交以下信息:

(一)名称;

(二)出版机构;
(三)进口来源国家(地区);
(四)国际标准音像制品编码(ISRC)或电子出版物编码等;
(五)语种;
(六)数量;
(七)类别;
(八)进口口岸;
(九)载体形式;
(十)进口通关放行日期;
(十一)进口批准文号;
(十二)订购方;
(十三)需要提交的其他材料。

第九条 进口后的音像制品(成品)及电子出版物(成品)的使用,应当符合其他法律法规等相关规定。

第十条 进口报纸、期刊的,出版物进口经营单位应当按照《订户订购进口出版物管理办法》的要求,履行相应进口审批手续。出版物进口经营单位应当向海关交验批准文件,海关按规定办理报关验放手续,没有批准文件海关不予放行。

第十一条 出版物进口经营单位进口报纸、期刊后,每季度报国家新闻出版广电总局备案,同时抄送所在地省、自治区、直辖市出版行政主管部门。报送备案时,需按照实际进口情况提交以下信息:
(一)报刊名称;
(二)出版机构;
(三)进口来源国家(地区);
(四)国际标准连续出版物号(ISSN);
(五)语种;
(六)数量;
(七)类别;
(八)进口口岸;
(九)刊期;
(十)进口通关放行日期;
(十一)订户;
(十二)需要提交的其他材料。

第十二条 通过信息网络进口到境内的境外数字文献数据库,必须由国务院出版行政主管部门批准的有境外数字文献数据库网络进口资质的出版物进口经营单位进口。出版物进口经营单位办理境外数字文献数据库进口时，应当严格按照《出版管理条例》《音像制品管理条例》《订户订购进口出版物管理办法》等法规规章及相关规定，对其进口的境外数字文献数据库进行内容审查（含进口前内容审查和进口后更新内容审查），分类办理数字文献数据库进口备案、审批手续。

第十三条 出版物进口经营单位进口境外数字文献数据库后，于每个自然年年末报国家新闻出版广电总局备案。报送备案时，需按境外数字文献数据库实际进口信息提供以下材料：

（一）名称；

（二）境外供应商；

（三）进口来源国家（地区）；

（四）语种；

（五）用户数量；

（六）类别；

（七）开通时间；

（八）当前合同起止年月；

（九）进口金额；

（十）国内订购单位；

（十一）动态监管人员；

（十二）监管设施的IP地址；

（十三）监管方式；

（十四）需要提交的其他材料。

第十四条 出版物进口经营单位应当对实际进口出版物进行内容审查并每月定期向国家新闻出版广电总局提交审读报告。

第十五条 出版物进口经营单位未按本办法要求履行备案手续的，根据《出版管理条例》第六十七条的规定，由省级以上出版行政主管部门责令改正，给予警告；情节严重的，责令限期停业整顿或者由原发证机关吊销许可证。

第十六条 出版物进口经营单位未履行审读责任，进口含有《出版管理条例》第二十五条、第二十六条禁止内容的，根据《出版管理条例》第六十二条的规定，由省级以上出版行政主管部门责令停止违法行为，没收出版物、违法所得，违法经营额1万元以上的，并处违法经营额5倍以上10倍以下的罚款；违法经营额不足1万元的，可以处5万元以下的罚款；情节严重的，责令限期停业整顿或者由原发证机关吊销许可证。

第十七条 出版物进口经营单位备案时提交的材料不齐备、不真实或违反本办法其他规定的，由省级以上出版行政主管部门责令停止进口行为，并给予警告;情节严重的,处3万元以下罚款。

第十八条 本办法由国家新闻出版广电总局会同海关总署负责解释。

第十九条 本办法自2017年3月1日起施行。

建筑工程设计招标投标管理办法

(2017年1月24日住房和城乡建设部令第33号发布 自2017年5月1日起施行 国法备字[2017000401])

第一条 为规范建筑工程设计市场,提高建筑工程设计水平,促进公平竞争,繁荣建筑创作,根据《中华人民共和国建筑法》、《中华人民共和国招标投标法》、《建设工程勘察设计管理条例》和《中华人民共和国招标投标法实施条例》等法律法规,制定本办法。

第二条 依法必须进行招标的各类房屋建筑工程,其设计招标投标活动,适用本办法。

第三条 国务院住房城乡建设主管部门依法对全国建筑工程设计招标投标活动实施监督。

县级以上地方人民政府住房城乡建设主管部门依法对本行政区域内建筑工程设计招标投标活动实施监督,依法查处招标投标活动中的违法违规行为。

第四条 建筑工程设计招标范围和规模标准按照国家有关规定执行,有下列情形之一的,可以不进行招标:

(一)采用不可替代的专利或者专有技术的;

(二)对建筑艺术造型有特殊要求,并经有关主管部门批准的;

(三)建设单位依法能够自行设计的;

(四)建筑工程项目的改建、扩建或者技术改造,需要由原设计单位设计,否则将影响功能配套要求的;

(五)国家规定的其他特殊情形。

第五条 建筑工程设计招标应当依法进行公开招标或者邀请招标。

第六条 建筑工程设计招标可以采用设计方案招标或者设计团队招标,招标人可以根据项目特点和实际需要选择。

设计方案招标,是指主要通过对投标人提交的设计方案进行评审确定中标人。

设计团队招标,是指主要通过对投标人拟派设计团队的综合能力进行评审确定中标人。

第七条 公开招标的，招标人应当发布招标公告。邀请招标的，招标人应当向3个以上潜在投标人发出投标邀请书。

招标公告或者投标邀请书应当载明招标人名称和地址、招标项目的基本要求、投标人的资质要求以及获取招标文件的办法等事项。

第八条 招标人一般应当将建筑工程的方案设计、初步设计和施工图设计一并招标。确需另行选择设计单位承担初步设计、施工图设计的，应当在招标公告或者投标邀请书中明确。

第九条 鼓励建筑工程实行设计总包。实行设计总包的，按照合同约定或者经招标人同意，设计单位可以不通过招标方式将建筑工程非主体部分的设计进行分包。

第十条 招标文件应当满足设计方案招标或者设计团队招标的不同需求，主要包括以下内容：

（一）项目基本情况；

（二）城乡规划和城市设计对项目的基本要求；

（三）项目工程经济技术要求；

（四）项目有关基础资料；

（五）招标内容；

（六）招标文件答疑、现场踏勘安排；

（七）投标文件编制要求；

（八）评标标准和方法；

（九）投标文件送达地点和截止时间；

（十）开标时间和地点；

（十一）拟签订合同的主要条款；

（十二）设计费或者计费方法；

（十三）未中标方案补偿办法。

第十一条 招标人应当在资格预审公告、招标公告或者投标邀请书中载明是否接受联合体投标。采用联合体形式投标的，联合体各方应当签订共同投标协议，明确约定各方承担的工作和责任，就中标项目向招标人承担连带责任。

第十二条 招标人可以对已发出的招标文件进行必要的澄清或者修改。澄清或者修改的内容可能影响投标文件编制的，招标人应当在投标截止时间至少15日前，以书面形式通知所有获取招标文件的潜在投标人，不足15日的，招标人应当顺延提交投标文件的截止时间。

潜在投标人或者其他利害关系人对招标文件有异议的，应当在投标截止时间10日前提出。招标人应当自收到异议之日起3日内作出答复；作出答复前，应当暂停招标投标活动。

第十三条 招标人应当确定投标人编制投标文件所需要的合理时间，自招标文件开始发出之日起至投标人提交投标文件截止之日止，时限最短不少于20日。

第十四条 投标人应当具有与招标项目相适应的工程设计资质。境外设计单位参加国内建筑工程设计投标的，按照国家有关规定执行。

第十五条 投标人应当按照招标文件的要求编制投标文件。投标文件应当对招标文件提出的实质性要求和条件作出响应。

第十六条 评标由评标委员会负责。

评标委员会由招标人代表和有关专家组成。评标委员会人数为5人以上单数，其中技术和经济方面的专家不得少于成员总数的2/3。建筑工程设计方案评标时，建筑专业专家不得少于技术和经济方面专家总数的2/3。

评标专家一般从专家库随机抽取，对于技术复杂、专业性强或者国家有特殊要求的项目，招标人也可以直接邀请相应专业的中国科学院院士、中国工程院院士、全国工程勘察设计大师以及境外具有相应资历的专家参加评标。

投标人或者与投标人有利害关系的人员不得参加评标委员会。

第十七条 有下列情形之一的，评标委员会应当否决其投标：

（一）投标文件未按招标文件要求经投标人盖章和单位负责人签字；

（二）投标联合体没有提交共同投标协议；

（三）投标人不符合国家或者招标文件规定的资格条件；

（四）同一投标人提交两个以上不同的投标文件或者投标报价，但招标文件要求提交备选投标的除外；

（五）投标文件没有对招标文件的实质性要求和条件作出响应；

（六）投标人有串通投标、弄虚作假、行贿等违法行为；

（七）法律法规规定的其他应当否决投标的情形。

第十八条 评标委员会应当按照招标文件确定的评标标准和方法，对投标文件进行评审。

采用设计方案招标的，评标委员会应当在符合城乡规划、城市设计以及安全、绿色、节能、环保要求的前提下，重点对功能、技术、经济和美观等进行评审。

采用设计团队招标的，评标委员会应当对投标人拟从事项目设计的人员构成、人员业绩、人员从业经历、项目解读、设计构思、投标人信用情况和业绩等进行评审。

第十九条 评标委员会应当在评标完成后，向招标人提出书面评标报告，推荐不超过3个中标候选人，并标明顺序。

第二十条 招标人应当公示中标候选人。采用设计团队招标的，招标人应当公示中标候选人投标文件中所列主要人员、业绩等内容。

第二十一条 招标人根据评标委员会的书面评标报告和推荐的中标候选人确定中标人。招标人也可以授权评标委员会直接确定中标人。

采用设计方案招标的,招标人认为评标委员会推荐的候选方案不能最大限度满足招标文件规定的要求的,应当依法重新招标。

第二十二条 招标人应当在确定中标人后及时向中标人发出中标通知书,并同时将中标结果通知所有未中标人。

第二十三条 招标人应当自确定中标人之日起15日内,向县级以上地方人民政府住房城乡建设主管部门提交招标投标情况的书面报告。

第二十四条 县级以上地方人民政府住房城乡建设主管部门应当自收到招标投标情况的书面报告之日起5个工作日内,公开专家评审意见等信息,涉及国家秘密、商业秘密的除外。

第二十五条 招标人和中标人应当自中标通知书发出之日起30日内,按照招标文件和中标人的投标文件订立书面合同。

第二十六条 招标人、中标人使用未中标方案的,应当征得提交方案的投标人同意并付给使用费。

第二十七条 国务院住房城乡建设主管部门,省、自治区、直辖市人民政府住房城乡建设主管部门应当加强建筑工程设计评标专家和专家库的管理。

建筑专业专家库应当按建筑工程类别细化分类。

第二十八条 住房城乡建设主管部门应当加快推进电子招标投标,完善招标投标信息平台建设,促进建筑工程设计招标投标信息化监管。

第二十九条 招标人以不合理的条件限制或者排斥潜在投标人的,对潜在投标人实行歧视待遇的,强制要求投标人组成联合体共同投标的,或者限制投标人之间竞争的,由县级以上地方人民政府住房城乡建设主管部门责令改正,可以处1万元以上5万元以下的罚款。

第三十条 招标人澄清、修改招标文件的时限,或者确定的提交投标文件的时限不符合本办法规定的,由县级以上地方人民政府住房城乡建设主管部门责令改正,可以处10万元以下的罚款。

第三十一条 招标人不按照规定组建评标委员会,或者评标委员会成员的确定违反本办法规定的,由县级以上地方人民政府住房城乡建设主管部门责令改正,可以处10万元以下的罚款,相应评审结论无效,依法重新进行评审。

第三十二条 招标人有下列情形之一的,由县级以上地方人民政府住房城乡建设主管部门责令改正,可以处中标项目金额10‰以下的罚款;给他人造成损失的,依法承担赔偿责任;对单位直接负责的主管人员和其他直接责任人员依法给予处分:

(一)无正当理由未按本办法规定发出中标通知书;

（二）不按照规定确定中标人；

（三）中标通知书发出后无正当理由改变中标结果；

（四）无正当理由未按本办法规定与中标人订立合同；

（五）在订立合同时向中标人提出附加条件。

第三十三条 投标人以他人名义投标或者以其他方式弄虚作假，骗取中标的，中标无效，给招标人造成损失的，依法承担赔偿责任；构成犯罪的，依法追究刑事责任。

投标人有前款所列行为尚未构成犯罪的，由县级以上地方人民政府住房城乡建设主管部门处中标项目金额5‰以上10‰以下的罚款，对单位直接负责的主管人员和其他直接责任人员处单位罚款数额5%以上10%以下的罚款；有违法所得的，并处没收违法所得；情节严重的，取消其1年至3年内参加依法必须进行招标的建筑工程设计招标的投标资格，并予以公告，直至由工商行政管理机关吊销营业执照。

第三十四条 评标委员会成员收受投标人的财物或者其他好处的，评标委员会成员或者参加评标的有关工作人员向他人透露对投标文件的评审和比较、中标候选人的推荐以及与评标有关的其他情况的，由县级以上地方人民政府住房城乡建设主管部门给予警告，没收收受的财物，可以并处3000元以上5万元以下的罚款。

评标委员会成员有前款所列行为的，由有关主管部门通报批评并取消担任评标委员会成员的资格，不得再参加任何依法必须进行招标的建筑工程设计招标投标的评标；构成犯罪的，依法追究刑事责任。

第三十五条 评标委员会成员违反本办法规定，对应当否决的投标不提出否决意见的，由县级以上地方人民政府住房城乡建设主管部门责令改正；情节严重的，禁止其在一定期限内参加依法必须进行招标的建筑工程设计招标投标的评标；情节特别严重的，由有关主管部门取消其担任评标委员会成员的资格。

第三十六条 住房城乡建设主管部门或者有关职能部门的工作人员徇私舞弊、滥用职权或者玩忽职守，构成犯罪的，依法追究刑事责任；不构成犯罪的，依法给予行政处分。

第三十七条 市政公用工程及园林工程设计招标投标参照本办法执行。

第三十八条 本办法自2017年5月1日起施行。2000年10月18日建设部颁布的《建筑工程设计招标投标管理办法》（建设部令第82号）同时废止。

普通高等学校学生管理规定

（2017 年 2 月 4 日教育部令第 41 号公布　自 2017 年 9 月 1 日起施行　国法备字[2017000366]）

第一章　总　则

第一条　为规范普通高等学校学生管理行为，维护普通高等学校正常的教育教学秩序和生活秩序，保障学生合法权益，培养德、智、体、美等方面全面发展的社会主义建设者和接班人，依据教育法、高等教育法以及有关法律、法规，制定本规定。

第二条　本规定适用于普通高等学校、承担研究生教育任务的科学研究机构（以下称学校）对接受普通高等学历教育的研究生和本科、专科（高职）学生（以下称学生）的管理。

第三条　学校要坚持社会主义办学方向，坚持马克思主义的指导地位，全面贯彻国家教育方针；要坚持以立德树人为根本，以理想信念教育为核心，培育和践行社会主义核心价值观，弘扬中华优秀传统文化和革命文化、社会主义先进文化，培养学生的社会责任感、创新精神和实践能力；要坚持依法治校，科学管理，健全和完善管理制度，规范管理行为，将管理与育人相结合，不断提高管理和服务水平。

第四条　学生应当拥护中国共产党领导，努力学习马克思列宁主义、毛泽东思想、中国特色社会主义理论体系，深入学习习近平总书记系列重要讲话精神和治国理政新理念新思想新战略，坚定中国特色社会主义道路自信、理论自信、制度自信、文化自信，树立中国特色社会主义共同理想；应当树立爱国主义思想，具有团结统一、爱好和平、勤劳勇敢、自强不息的精神；应当增强法治观念，遵守宪法、法律、法规，遵守公民道德规范，遵守学校管理制度，具有良好的道德品质和行为习惯；应当刻苦学习，勇于探索，积极实践，努力掌握现代科学文化知识和专业技能；应当积极锻炼身体，增进身心健康，提高个人修养，培养审美情趣。

第五条　实施学生管理，应当尊重和保护学生的合法权利，教育和引导学生承担应尽的义务与责任，鼓励和支持学生实行自我管理、自我服务、自我教育、自我监督。

第二章　学生的权利与义务

第六条　学生在校期间依法享有下列权利：

（一）参加学校教育教学计划安排的各项活动，使用学校提供的教育教学资源；

（二）参加社会实践、志愿服务、勤工助学、文娱体育及科技文化创新等活动，获得就业创业指导和服务；

（三）申请奖学金、助学金及助学贷款；

（四）在思想品德、学业成绩等方面获得科学、公正评价，完成学校规定学业后获得相应的学历证书、学位证书；

（五）在校内组织、参加学生团体，以适当方式参与学校管理，对学校与学生权益相关事务享有知情权、参与权、表达权和监督权；

（六）对学校给予的处理或者处分有异议，向学校、教育行政部门提出申诉，对学校、教职员工侵犯其人身权、财产权等合法权益的行为，提出申诉或者依法提起诉讼；

（七）法律、法规及学校章程规定的其他权利。

第七条　学生在校期间依法履行下列义务：

（一）遵守宪法和法律、法规；

（二）遵守学校章程和规章制度；

（三）恪守学术道德，完成规定学业；

（四）按规定缴纳学费及有关费用，履行获得贷学金及助学金的相应义务；

（五）遵守学生行为规范，尊敬师长，养成良好的思想品德和行为习惯；

（六）法律、法规及学校章程规定的其他义务。

第三章　学籍管理

第一节　入学与注册

第八条　按国家招生规定录取的新生，持录取通知书，按学校有关要求和规定的期限到校办理入学手续。因故不能按期入学的，应当向学校请假。未请假或者请假逾期的，除因不可抗力等正当事由以外，视为放弃入学资格。

第九条　学校应当在报到时对新生入学资格进行初步审查，审查合格的办理入学手续，予以注册学籍；审查发现新生的录取通知、考生信息等证明材料，与本人实际情况不符，或者有其他违反国家招生考试规定情形的，取消入学资格。

第十条 新生可以申请保留入学资格。保留入学资格期间不具有学籍。保留入学资格的条件、期限等由学校规定。

新生保留入学资格期满前应向学校申请入学,经学校审查合格后,办理入学手续。审查不合格的,取消入学资格;逾期不办理入学手续且未有因不可抗力延迟等正当理由的,视为放弃入学资格。

第十一条 学生入学后,学校应当在 3 个月内按照国家招生规定进行复查。复查内容主要包括以下方面:

(一)录取手续及程序等是否合乎国家招生规定;

(二)所获得的录取资格是否真实、合乎相关规定;

(三)本人及身份证明与录取通知、考生档案等是否一致;

(四)身心健康状况是否符合报考专业或者专业类别体检要求,能否保证在校正常学习、生活;

(五)艺术、体育等特殊类型录取学生的专业水平是否符合录取要求。

复查中发现学生存在弄虚作假、徇私舞弊等情形的,确定为复查不合格,应当取消学籍;情节严重的,学校应当移交有关部门调查处理。

复查中发现学生身心状况不适宜在校学习,经学校指定的二级甲等以上医院诊断,需要在家休养的,可以按照第十条的规定保留入学资格。

复查的程序和办法,由学校规定。

第十二条 每学期开学时,学生应当按学校规定办理注册手续。不能如期注册的,应当履行暂缓注册手续。未按学校规定缴纳学费或者有其他不符合注册条件的,不予注册。

家庭经济困难的学生可以申请助学贷款或者其他形式资助,办理有关手续后注册。

学校应当按照国家有关规定为家庭经济困难学生提供教育救助,完善学生资助体系,保证学生不因家庭经济困难而放弃学业。

第二节 考核与成绩记载

第十三条 学生应当参加学校教育教学计划规定的课程和各种教育教学环节(以下统称课程)的考核,考核成绩记入成绩册,并归入学籍档案。

考核分为考试和考查两种。考核和成绩评定方式,以及考核不合格的课程是否重修或者补考,由学校规定。

第十四条 学生思想品德的考核、鉴定,以本规定第四条为主要依据,采取个人小结、师生民主评议等形式进行。

学生体育成绩评定要突出过程管理,可以根据考勤、课内教学、课外锻炼活动和体质健康等情况综合评定。

第十五条 学生每学期或者每学年所修课程或者应修学分数以及升级、跳级、留级、降级等要求，由学校规定。

第十六条 学生根据学校有关规定，可以申请辅修校内其他专业或者选修其他专业课程；可以申请跨校辅修专业或者修读课程，参加学校认可的开放式网络课程学习。学生修读的课程成绩(学分)，学校审核同意后，予以承认。

第十七条 学生参加创新创业、社会实践等活动以及发表论文、获得专利授权等与专业学习、学业要求相关的经历、成果，可以折算为学分，计入学业成绩。具体办法由学校规定。

学校应当鼓励、支持和指导学生参加社会实践、创新创业活动，可以建立创新创业档案、设置创新创业学分。

第十八条 学校应当健全学生学业成绩和学籍档案管理制度，真实、完整地记载、出具学生学业成绩，对通过补考、重修获得的成绩，应当予以标注。

学生严重违反考核纪律或者作弊的，该课程考核成绩记为无效，并应视其违纪或者作弊情节，给予相应的纪律处分。给予警告、严重警告、记过及留校察看处分的，经教育表现较好，可以对该课程给予补考或者重修机会。

学生因退学等情况中止学业，其在校学习期间所修课程及已获得学分，应当予以记录。学生重新参加入学考试、符合录取条件，再次入学的，其已获得学分，经录取学校认定，可以予以承认。具体办法由学校规定。

第十九条 学生应当按时参加教育教学计划规定的活动。不能按时参加的，应当事先请假并获得批准。无故缺席的，根据学校有关规定给予批评教育，情节严重的，给予相应的纪律处分。

第二十条 学校应当开展学生诚信教育，以适当方式记录学生学业、学术、品行等方面的诚信信息，建立对失信行为的约束和惩戒机制；对有严重失信行为的，可以规定给予相应的纪律处分，对违背学术诚信的，可以对其获得学位及学术称号、荣誉等作出限制。

第三节 转专业与转学

第二十一条 学生在学习期间对其他专业有兴趣和专长的，可以申请转专业；以特殊招生形式录取的学生，国家有相关规定或者录取前与学校有明确约定的，不得转专业。

学校应当制定学生转专业的具体办法，建立公平、公正的标准和程序，健全公示制度。学校根据社会对人才需求情况的发展变化，需要适当调整专业的，应当允许在读学生转到其他相关专业就读。

休学创业或退役后复学的学生，因自身情况需要转专业的，学校应当优先考虑。

第二十二条 学生一般应当在被录取学校完成学业。因患病或者有特殊困难、特别需要,无法继续在本校学习或者不适应本校学习要求的,可以申请转学。有下列情形之一,不得转学:

(一)入学未满一学期或者毕业前一年的;

(二)高考成绩低于拟转入学校相关专业同一生源地相应年份录取成绩的;

(三)由低学历层次转为高学历层次的;

(四)以定向就业招生录取的;

(五)研究生拟转入学校、专业的录取控制标准高于其所在学校、专业的;

(六)无正当转学理由的。

学生因学校培养条件改变等非本人原因需要转学的,学校应当出具证明,由所在地省级教育行政部门协调转学到同层次学校。

第二十三条 学生转学由学生本人提出申请,说明理由,经所在学校和拟转入学校同意,由转入学校负责审核转学条件及相关证明,认为符合本校培养要求且学校有培养能力的,经学校校长办公会或者专题会议研究决定,可以转入。研究生转学还应当经拟转入专业导师同意。

跨省转学的,由转出地省级教育行政部门商转入地省级教育行政部门,按转学条件确认后办理转学手续。须转户口的由转入地省级教育行政部门将有关文件抄送转入学校所在地的公安机关。

第二十四条 学校应当按照国家有关规定,建立健全学生转学的具体办法;对转学情况应当及时进行公示,并在转学完成后3个月内,由转入学校报所在地省级教育行政部门备案。

省级教育行政部门应当加强对区域内学校转学行为的监督和管理,及时纠正违规转学行为。

第四节 休学与复学

第二十五条 学生可以分阶段完成学业,除另有规定外,应当在学校规定的最长学习年限(含休学和保留学籍)内完成学业。学生申请休学或者学校认为应当休学的,经学校批准,可以休学。休学次数和期限由学校规定。

第二十六条 学校可以根据情况建立并实行灵活的学习制度。对休学创业的学生,可以单独规定最长学习年限,并简化休学批准程序。

第二十七条 新生和在校学生应征参加中国人民解放军(含中国人民武装警察部队),学校应当保留其入学资格或者学籍至退役后2年。

学生参加学校组织的跨校联合培养项目,在联合培养学校学习期间,学校同时为其保留学籍。

学生保留学籍期间，与其实际所在的部队、学校等组织建立管理关系。

第二十八条 休学学生应当办理手续离校。学生休学期间，学校应为其保留学籍，但不享受在校学习学生待遇。因病休学学生的医疗费按国家及当地的有关规定处理。

第二十九条 学生休学期满前应当在学校规定的期限内提出复学申请，经学校复查合格，方可复学。

第五节 退 学

第三十条 学生有下列情形之一，学校可予退学处理：

（一）学业成绩未达到学校要求或者在学校规定的学习年限内未完成学业的；

（二）休学、保留学籍期满，在学校规定期限内未提出复学申请或者申请复学经复查不合格的；

（三）根据学校指定医院诊断，患有疾病或者意外伤残不能继续在校学习的；

（四）未经批准连续两周未参加学校规定的教学活动的；

（五）超过学校规定期限未注册而又未履行暂缓注册手续的；

（六）学校规定的不能完成学业、应予退学的其他情形。

学生本人申请退学的，经学校审核同意后，办理退学手续。

第三十一条 退学学生，应当按学校规定期限办理退学手续离校。退学的研究生，按已有毕业学历和就业政策可以就业的，由学校报所在地省级毕业生就业部门办理相关手续；在学校规定期限内没有聘用单位的，应当办理退学手续离校。

退学学生的档案由学校退回其家庭所在地，户口应当按照国家相关规定迁回原户籍地或者家庭户籍所在地。

第六节 毕业与结业

第三十二条 学生在学校规定学习年限内，修完教育教学计划规定内容，成绩合格，达到学校毕业要求的，学校应当准予毕业，并在学生离校前发给毕业证书。

符合学位授予条件的，学位授予单位应当颁发学位证书。

学生提前完成教育教学计划规定内容，获得毕业所要求的学分，可以申请提前毕业。学生提前毕业的条件，由学校规定。

第三十三条 学生在学校规定学习年限内，修完教育教学计划规定内容，但未达到学校毕业要求的，学校可以准予结业，发给结业证书。

结业后是否可以补考、重修或者补作毕业设计、论文、答辩,以及是否颁发毕业证书、学位证书,由学校规定。合格后颁发的毕业证书、学位证书,毕业时间、获得学位时间按发证日期填写。

对退学学生,学校应当发给肄业证书或者写实性学习证明。

第七节　学业证书管理

第三十四条　学校应当严格按照招生时确定的办学类型和学习形式,以及学生招生录取时填报的个人信息,填写、颁发学历证书、学位证书及其他学业证书。

学生在校期间变更姓名、出生日期等证书需填写的个人信息的,应当有合理、充分的理由,并提供有法定效力的相应证明文件。学校进行审查,需要学生生源地省级教育行政部门及有关部门协助核查的,有关部门应当予以配合。

第三十五条　学校应当执行高等教育学籍学历电子注册管理制度,完善学籍学历信息管理办法,按相关规定及时完成学生学籍学历电子注册。

第三十六条　对完成本专业学业同时辅修其他专业并达到该专业辅修要求的学生,由学校发给辅修专业证书。

第三十七条　对违反国家招生规定取得入学资格或者学籍的,学校应当取消其学籍,不得发给学历证书、学位证书;已发的学历证书、学位证书,学校应当依法予以撤销。对以作弊、剽窃、抄袭等学术不端行为或者其他不正当手段获得学历证书、学位证书的,学校应当依法予以撤销。

被撤销学历证书、学位证书已注册的,学校应当予以注销并报教育行政部门宣布无效。

第三十八条　学历证书和学位证书遗失或者损坏,经本人申请,学校核实后应当出具相应的证明书。证明书与原证书具有同等效力。

第四章　校园秩序与课外活动

第三十九条　学校、学生应当共同维护校园正常秩序,保障学校环境安全、稳定,保障学生的正常学习和生活。

第四十条　学校应当建立和完善学生参与管理的组织形式,支持和保障学生依法、依章程参与学校管理。

第四十一条　学生应当自觉遵守公民道德规范,自觉遵守学校管理制度,创造和维护文明、整洁、优美、安全的学习和生活环境,树立安全风险防范和自我保护意识,保障自身合法权益。

第四十二条　学生不得有酗酒、打架斗殴、赌博、吸毒,传播、复制、贩卖非法书刊和音像制品等违法行为;不得参与非法传销和进行邪教、封建迷信活动;不得从事或者参与有损大学生形象、有悖社会公序良俗的活动。

学校发现学生在校内有违法行为或者严重精神疾病可能对他人造成伤害的,可以依法采取或者协助有关部门采取必要措施。

第四十三条 学校应当坚持教育与宗教相分离原则。任何组织和个人不得在学校进行宗教活动。

第四十四条 学校应当建立健全学生代表大会制度,为学生会、研究生会等开展活动提供必要条件,支持其在学生管理中发挥作用。

学生可以在校内成立、参加学生团体。学生成立团体,应当按学校有关规定提出书面申请,报学校批准并施行登记和年检制度。

学生团体应当在宪法、法律、法规和学校管理制度范围内活动,接受学校的领导和管理。学生团体邀请校外组织、人员到校举办讲座等活动,需经学校批准。

第四十五条 学校提倡并支持学生及学生团体开展有益于身心健康、成长成才的学术、科技、艺术、文娱、体育等活动。

学生进行课外活动不得影响学校正常的教育教学秩序和生活秩序。

学生参加勤工助学活动应当遵守法律、法规以及学校、用工单位的管理制度,履行勤工助学活动的有关协议。

第四十六条 学生举行大型集会、游行、示威等活动,应当按法律程序和有关规定获得批准。对未获批准的,学校应当依法劝阻或者制止。

第四十七条 学生应当遵守国家和学校关于网络使用的有关规定,不得登录非法网站和传播非法文字、音频、视频资料等,不得编造或者传播虚假、有害信息;不得攻击、侵入他人计算机和移动通讯网络系统。

第四十八条 学校应当建立健全学生住宿管理制度。学生应当遵守学校关于学生住宿管理的规定。鼓励和支持学生通过制定公约,实施自我管理。

第五章 奖励与处分

第四十九条 学校、省(区、市)和国家有关部门应当对在德、智、体、美等方面全面发展或者在思想品德、学业成绩、科技创造、体育竞赛、文艺活动、志愿服务及社会实践等方面表现突出的学生,给予表彰和奖励。

第五十条 对学生的表彰和奖励可以采取授予"三好学生"称号或者其他荣誉称号、颁发奖学金等多种形式,给予相应的精神鼓励或者物质奖励。

学校对学生予以表彰和奖励,以及确定推荐免试研究生、国家奖学金、公派出国留学人选等赋予学生利益的行为,应当建立公开、公平、公正的程序和规定，建立和完善相应的选拔、公示等制度。

第五十一条 对有违反法律法规、本规定以及学校纪律行为的学生，学校应当给予批评教育，并可视情节轻重，给予如下纪律处分：

（一）警告；

（二）严重警告；

（三）记过；

（四）留校察看；

（五）开除学籍。

第五十二条 学生有下列情形之一，学校可以给予开除学籍处分：

（一）违反宪法，反对四项基本原则、破坏安定团结、扰乱社会秩序的；

（二）触犯国家法律，构成刑事犯罪的；

（三）受到治安管理处罚，情节严重、性质恶劣的；

（四）代替他人或者让他人代替自己参加考试、组织作弊、使用通讯设备或其他器材作弊、向他人出售考试试题或答案牟取利益，以及其他严重作弊或扰乱考试秩序行为的；

（五）学位论文、公开发表的研究成果存在抄袭、篡改、伪造等学术不端行为，情节严重的，或者参与代写论文、买卖论文的；

（六）违反本规定和学校规定，严重影响学校教育教学秩序、生活秩序以及公共场所管理秩序的；

（七）侵害其他个人、组织合法权益，造成严重后果的；

（八）屡次违反学校规定受到纪律处分，经教育不改的。

第五十三条 学校对学生作出处分，应当出具处分决定书。处分决定书应当包括下列内容：

（一）学生的基本信息；

（二）作出处分的事实和证据；

（三）处分的种类、依据、期限；

（四）申诉的途径和期限；

（五）其他必要内容。

第五十四条 学校给予学生处分，应当坚持教育与惩戒相结合，与学生违法、违纪行为的性质和过错的严重程度相适应。学校对学生的处分，应当做到证据充分、依据明确、定性准确、程序正当、处分适当。

第五十五条 在对学生作出处分或者其他不利决定之前，学校应当告知学生作出决定的事实、理由及依据，并告知学生享有陈述和申辩的权利，听取学生的陈述和申辩。

处理、处分决定以及处分告知书等，应当直接送达学生本人，学生拒绝签收的，可以以留置方式送达；已离校的，可以采取邮寄方式送达；难于联系的，可以利用学校网站、新闻媒体等以公告方式送达。

第五十六条 对学生作出取消入学资格、取消学籍、退学、开除学籍或者其他涉及学生重大利益的处理或者处分决定的，应当提交校长办公会或者校长授权的专门会议研究决定，并应当事先进行合法性审查。

第五十七条 除开除学籍处分以外，给予学生处分一般应当设置6到12个月期限，到期按学校规定程序予以解除。解除处分后，学生获得表彰、奖励及其他权益，不再受原处分的影响。

第五十八条 对学生的奖励、处理、处分及解除处分材料，学校应当真实完整地归入学校文书档案和本人档案。

被开除学籍的学生，由学校发给学习证明。学生按学校规定期限离校，档案由学校退回其家庭所在地，户口应当按照国家相关规定迁回原户籍地或者家庭户籍所在地。

第六章　学 生 申 诉

第五十九条 学校应当成立学生申诉处理委员会，负责受理学生对处理或者处分决定不服提起的申诉。

学生申诉处理委员会应当由学校相关负责人、职能部门负责人、教师代表、学生代表、负责法律事务的相关机构负责人等组成；有条件的学校可以聘请校外法律、教育等方面专家参加。

学校应当制定学生申诉的具体办法，健全学生申诉处理委员会的组成与工作规则，提供必要条件，保证其能够客观、公正地履行职责。

第六十条 学生对学校的处理或者处分决定有异议的，可以在接到学校处理或者处分决定书之日起10日内，向学校学生申诉处理委员会提出书面申诉。

第六十一条 学生申诉处理委员会对学生提出的申诉进行复查，并在接到书面申诉之日起15日内作出复查结论并告知申诉人。情况复杂不能在规定限期内作出结论的，经学校负责人批准，可延长15日。学生申诉处理委员会认为必要的，可以建议学校暂缓执行有关决定。

学生申诉处理委员会经复查，认为做出处理或者处分的事实、依据、程序等存在不当，可以作出建议撤销或变更的复查意见，要求相关职能部门予以研究，重新提交校长办公会或者专门会议作出决定。

第六十二条 学生对复查决定有异议的，在接到学校复查决定书之日起15日内，可以向学校所在地省级教育行政部门提出书面申诉。

省级教育行政部门应当在接到学生书面申诉之日起30个工作日内，对申诉人的问题给予处理并作出决定。

第六十三条 省级教育行政部门在处理因对学校处理或者处分决定不服提起的学生申诉时，应当听取学生和学校的意见，并可根据需要进行必要的调查。根据审查结论，区别不同情况，分别作出下列处理：

（一）事实清楚、依据明确、定性准确、程序正当、处分适当的，予以维持；

（二）认定事实不存在，或者学校超越职权、违反上位法规定作出决定的，责令学校予以撤销；

（三）认定事实清楚，但认定情节有误、定性不准确，或者适用依据有错误的，责令学校变更或者重新作出决定；

（四）认定事实不清、证据不足，或者违反本规定以及学校规定的程序和权限的，责令学校重新作出决定。

第六十四条 自处理、处分或者复查决定书送达之日起，学生在申诉期内未提出申诉的视为放弃申诉，学校或者省级教育行政部门不再受理其提出的申诉。

处理、处分或者复查决定书未告知学生申诉期限的，申诉期限自学生知道或者应当知道处理或者处分决定之日起计算，但最长不得超过6个月。

第六十五条 学生认为学校及其工作人员违反本规定，侵害其合法权益的；或者学校制定的规章制度与法律法规和本规定抵触的，可以向学校所在地省级教育行政部门投诉。

教育主管部门在实施监督、处理申诉或者投诉过程中，发现学校及其工作人员有违反法律、法规及本规定的行为或者未按照本规定履行相应义务的，或者学校自行制定的相关管理制度、规定，侵害学生合法权益的，应当责令改正；发现存在违法违纪的，应当及时进行调查处理或者移送有关部门，依据有关法律和相关规定，追究有关责任人的责任。

第七章 附　则

第六十六条 学校对接受高等学历继续教育的学生、港澳台侨学生、留学生的管理，参照本规定执行。

第六十七条 学校应当根据本规定制定或修改学校的学生管理规定或者纪律处分规定，报主管教育行政部门备案（中央部委属校同时抄报所在地省级教育行政部门），并及时向学生公布。

省级教育行政部门根据本规定，指导、检查和监督本地区高等学校的学生管理工作。

第六十八条 本规定自2017年9月1日起施行。原《普通高等学校学生管理规定》(教育部令第21号)同时废止。其他有关文件规定与本规定不一致的,以本规定为准。

专业技术人员资格考试违纪违规行为处理规定

(2017年2月16日人力资源和社会保障部令第31号公布　自2017年4月1日起施行　国法备字[2017000433])

第一章　总　　则

第一条　为加强专业技术人员资格考试工作管理,保证考试的公平、公正,规范对违纪违规行为的认定与处理,维护应试人员和考试工作人员合法权益,根据有关法律、行政法规制定本规定。

第二条　专业技术人员资格考试中违纪违规行为的认定和处理,适用本规定。

第三条　本规定所称专业技术人员资格考试,是指由人力资源社会保障部或者由其会同有关行政部门确定,在全国范围内统一举行的准入类职业资格考试、水平评价类职业资格考试以及与职称相关的考试。

本规定所称应试人员,是指根据专业技术人员资格考试有关规定参加考试的人员。

本规定所称考试工作人员,是指参与考试管理和服务工作的人员,包括命(审)题(卷)、监考、主考、巡考、考试系统操作、评卷等人员和考试主管部门及考试机构的有关工作人员。

本规定所称考试主管部门,是指各级人力资源社会保障行政部门、有关行政主管部门以及依据法律、行政法规规定具有考试管理职能的行业协会或者学会等。

本规定所称考试机构,是指经政府及其有关部门批准的各级具有专业技术人员资格考试工作职能的单位。

第四条　认定与处理违纪违规行为,应当事实清楚、证据确凿、程序规范、适用规定准确。

第五条　人力资源社会保障部负责全国专业技术人员资格考试工作的综合管理与监督。

各级考试主管部门、考试机构或者有关部门按照考试管理权限依据本规定对应试人员、考试工作人员的违纪违规行为进行认定与处理。其中，造成重大社会影响的严重违纪违规行为，由省级考试主管部门会同省级考试机构或者由省级考试机构进行认定与处理，并将处理情况报告人力资源社会保障部和相应行业的考试主管部门。

第二章　应试人员违纪违规行为处理

第六条　应试人员在考试过程中有下列违纪违规行为之一的，给予其当次该科目考试成绩无效的处理：

（一）携带通讯工具、规定以外的电子用品或者与考试内容相关的资料进入座位，经提醒仍不改正的；

（二）经提醒仍不按规定书写、填涂本人身份和考试信息的；

（三）在试卷、答题纸、答题卡规定以外位置标注本人信息或者其他特殊标记的；

（四）未在规定座位参加考试，或者未经考试工作人员允许擅自离开座位或者考场，经提醒仍不改正的；

（五）未用规定的纸、笔作答，或者试卷前后作答笔迹不一致的；

（六）在考试开始信号发出前答题，或者在考试结束信号发出后继续答题的；

（七）将试卷、答题卡、答题纸带出考场的；

（八）故意损坏试卷、答题纸、答题卡、电子化系统设施的；

（九）未按规定使用考试系统，经提醒仍不改正的；

（十）其他应当给予当次该科目考试成绩无效处理的违纪违规行为。

第七条　应试人员在考试过程中有下列严重违纪违规行为之一的，给予其当次全部科目考试成绩无效的处理，并将其违纪违规行为记入专业技术人员资格考试诚信档案库，记录期限为五年：

（一）抄袭、协助他人抄袭试题答案或者与考试内容相关资料的；

（二）互相传递试卷、答题纸、答题卡、草稿纸等的；

（三）持伪造证件参加考试的；

（四）本人离开考场后，在考试结束前，传播考试试题及答案的；

（五）使用禁止带入考场的通讯工具、规定以外的电子用品的；

（六）其他应当给予当次全部科目考试成绩无效处理的严重违纪违规行为。

第八条　应试人员在考试过程中有下列特别严重违纪违规行为之一的，给予其当次全部科目考试成绩无效的处理，并将其违纪违规行为记入专业技术人员资格考试诚信档案库，长期记录：

（一）串通作弊或者参与有组织作弊的；

（二）代替他人或者让他人代替自己参加考试的；

（三）其他情节特别严重、影响恶劣的违纪违规行为。

第九条 应试人员应当自觉维护考试工作场所秩序，服从考试工作人员管理，有下列行为之一的，终止其继续参加考试，并责令离开考场；情节严重的，按照本规定第七条、第八条的规定处理；违反《中华人民共和国治安管理处罚法》等法律法规的，交由公安机关依法处理；构成犯罪的，依法追究刑事责任：

（一）故意扰乱考点、考场等考试工作场所秩序的；

（二）拒绝、妨碍考试工作人员履行管理职责的；

（三）威胁、侮辱、诽谤、诬陷工作人员或者其他应试人员的；

（四）其他扰乱考试管理秩序的行为。

第十条 应试人员有提供虚假证明材料或者以其他不正当手段取得相应资格证书或者成绩证明等严重违纪违规行为的，由证书签发机构宣布证书或者成绩证明无效，并按照本规定第七条处理。

第十一条 在阅卷过程中发现应试人员之间同一科目作答内容雷同，并经阅卷专家组确认的，由考试机构或者考试主管部门给予其当次该科目考试成绩无效的处理。作答内容雷同的具体认定方法和标准，由省级以上考试机构确定。

应试人员之间同一科目作答内容雷同，并有其他相关证据证明其违纪违规行为成立的，视具体情形按照本规定第七条、第八条处理。

第十二条 专业技术人员资格考试诚信档案库由人力资源社会保障部统一建立，管理办法另行制定。

考试诚信档案库纳入全国信用信息共享平台，向用人单位及社会提供查询，相关记录作为专业技术人员职业资格证书核发和注册、职称评定的重要参考。考试机构可以视情况向社会公布考试诚信档案库记录相关信息，并通知当事人所在单位。

第三章 考试工作人员违纪违规行为处理

第十三条 考试工作人员有下列情形之一的，停止其继续参加当年及下一年度考试工作，并由考试机构、考试主管部门或者建议有关部门给予处分：

（一）不严格掌握报名条件的；

（二）擅自提前考试开始时间、推迟考试结束时间及缩短考试时间的；

（三）擅自为应试人员调换考场或者座位的；

（四）提示或者暗示应试人员答卷的；

（五）未准确记录考场情况及违纪违规行为，并造成一定影响的；

（六）未认真履行职责，造成考场秩序混乱或者所负责考场出现雷同试卷的；

（七）未执行回避制度的；

（八）其他一般违纪违规行为。

第十四条 考试工作人员有下列情形之一的，由考试机构、考试主管部门或者建议有关部门将其调离考试工作岗位，不得再从事考试工作，并给予相应处分：

（一）因命（审）题（卷）发生错误，造成严重后果的；

（二）以不正当手段协助他人取得考试资格或者取得相应证书的；

（三）因失职造成应试人员未能如期参加考试，或者使考试工作遭受重大损失的；

（四）擅自将试卷、试题信息、答题纸、答题卡、草稿纸等带出考场或者传给他人的；

（五）故意损坏试卷、试题载体、答题纸、答题卡的；

（六）窃取、擅自更改、编造或者虚报考试数据、信息的；

（七）泄露考务实施工作中应当保密信息的；

（八）在评阅卷工作中，擅自更改评分标准或者不按评分标准进行评卷的；

（九）因评卷工作失职，造成卷面成绩错误，后果严重的；

（十）指使或者纵容他人作弊，或者参与考场内外串通作弊的；

（十一）监管不严，使考场出现大面积作弊现象的；

（十二）擅自拆启未开考试卷、试题载体、答题纸等或者考试后已密封的试卷、试题载体、答题纸、答题卡等的；

（十三）利用考试工作之便，以权谋私或者打击报复应试人员的；

（十四）其他严重违纪违规行为。

第十五条 考试工作人员违反《中华人民共和国保守国家秘密法》及有关规定，造成在保密期限内的考试试题、试卷及相关材料内容泄露、丢失的，由相关部门视情节轻重，分别给予责任人和有关负责人处分；构成犯罪的，依法追究刑事责任。

第四章 处理程序

第十六条 对应试人员违纪违规行为被当场发现的，考试工作人员应当予以制止。对于被认定为违纪违规的,要收集、保存相应证据材料,如实记录违纪违规事实和现场处理情况,当场告知其记录内容,并要求本人签字;对于拒绝签字或者恶意损坏证据材料的,由两名考试工作人员如实记录其拒签或者恶意损坏证据材料的情况。违纪违规记录经考点负责人签字认定后,报送考试机构或者考试主管部门。

第十七条 对应试人员违纪违规行为作出处理决定前,应当告知应试人员拟作出的处理决定及相关事实、理由和依据,并告知应试人员依法享有陈述和申辩的权利。作出处理决定的考试机构或者考试主管部门对应试人员提出的事实、理由和证据,应当进行复核。

对应试人员违纪违规行为作出处理决定的,由考试机构或者考试主管部门制作考试违纪违规行为处理决定书,依法送达被处理的应试人员。

第十八条 被处理的应试人员对处理决定不服的,可以依法申请行政复议或者提起行政诉讼。

第十九条 考试工作人员因违纪违规行为受到处分不服的,可以依法申请复核或者提出申诉。

第五章 附 则

第二十条 本规定自 2017 年 4 月 1 日起施行。人力资源社会保障部 2011 年 3 月 15 日发布的《专业技术人员资格考试违纪违规行为处理规定》(人力资源和社会保障部令第 12 号)同时废止。

本规定施行前发生的违纪违规行为,在本规定施行后尚未作出处理决定的,按照本规定处理;在本规定施行前发生的行为按本规定属于违纪违规行为,但按原规定不属于违纪违规行为的,不得作为违纪违规行为处理。

中西部地区外商投资优势产业目录

(2017 年 2 月 17 日国家发展和改革委员会、商务部令第 46 号公布 自 2017 年 3 月 20 日起施行 国法备字[2017000415])

山西省

1. 牧草饲料作物种植及深加工
2. 小杂粮、马铃薯种植及产品开发、生产
3. 畜禽规模化养殖、病死畜无害化处理(列入《外商投资产业指导目录》限

制类、禁止类的除外）

4. 退耕还林还草、天然林保护等国家重点生态工程后续产业开发

5. 节水灌溉和旱作节水技术、保护性耕作技术开发与应用

6. 矿区生态系统恢复与重建工程

7. 非金属矿（高岭土、石灰石、硅石、石英砂）综合利用（勘探、开采除外）

8. 煤层气和煤炭伴生资源综合开发利用

9. 焦炭副产品综合利用

10. 高档棉、毛、麻、丝、化纤的纺织、针织及服装加工生产

11. 天然药、原料药、中成药的深加工（列入《外商投资产业指导目录》限制类、禁止类的除外）

12. 包装装潢印刷品印刷

13. 大型、高压、高纯度工业气体的生产和供应

14. 高档玻璃制品、高技术陶瓷（含工业陶瓷）技术开发和产品生产

15. 特殊品种（超白、超薄、在线 Low－E、中空、超厚）优质浮法玻璃技术开发及深加工

16. 不锈钢制品生产

17. 高速列车用钢、非晶带材等钢铁新材料

18. 铝合金材料及制品生产

19. 钢丝绳芯橡胶输运带生产

20. 液压技术系统及模具生产

21. 旱地、山地中小农业机械及配套机具制造

22. 三轴以上联动的高速、精密数控机床及配套数控系统、伺服电机及驱动装置、功能部件、刀具、量具、量仪及高档磨具磨料生产

23. 大型煤矿综采设备和防爆机电产品生产

24. 新型医疗器械设备及医用材料生产加工

25. 第三代及后续移动通信系统手机零部件生产

26. 洗中煤、焦炉煤气余热发电、供热等综合利用

27. 火电厂废弃物等的综合利用

28. 物流业务相关的仓储设施建设和商贸服务

29. 宽带业务和增值电信业务（需在我国入世承诺框架内）

30. 公路旅客运输公司

31. 城市燃气、热力和供排水管网建设、经营（人口50万以上城市中方控股）

32. 中等高等职业院校（含技工院校，高等职业院校限于合作、中方主导）

33. 医疗机构（限于合资、合作）

34. 汽车加气站、充电设施建设和运营

35. 艺术表演培训和中介服务及文化用品、设备等产业化开发

36. 旅游景区(点)保护、开发和经营及其配套设施建设

内蒙古自治区

1. 标准化设施蔬菜基地、集约化蔬菜育苗场建设

2. 绿色农畜产品(乳、肉、绒、皮毛、粮油、马铃薯、果蔬)生产及加工(列入《外商投资产业指导目录》限制类、禁止类的除外)

3. 退耕还林还草、退牧还草、天然林保护、退田还湖、退耕还湿、沙漠治理等国家重点生态工程后续产业开发

4. 节水灌溉和旱作节水技术、保护性耕作、中低产田改造、盐碱地改良等技术开发与应用

5. 铜、铅、锌、镁、铝等有色金属精深加工

6. 非金属矿(高岭土、红柱石、膨润土、白云石、石墨、珍珠岩、沸石)综合利用、精加工及应用(勘探、开采除外)

7. 毛纺织、针织品高新技术产品开发

8. 煤层气和煤炭伴生资源综合开发利用

9. 稀土高端应用产品加工

10. 天然气下游化工产品开发和利用(列入《天然气利用政策》限制类和禁止类的除外)

11. 利用乙烯与氯气通过氧氯化法生产30万吨/年以上PVC,废盐酸制氯气等综合利用技术开发及利用

12. 大型、高压、高纯度工业气体的生产和供应

13. 高性能硅油、硅橡胶、树脂,高品质氟树脂,高性能氟橡胶,含氟精细化学品和高品质含氟无机盐等

14. 硅材料生产及其应用

15. 动植物药材资源开发、保护和可持续利用:内蒙古道地药材和特色蒙药材种植基地建设、濒危药用植物保育基地建设、种子种苗基地建设、道地药材提取物工厂研发中心建设(列入《外商投资产业指导目录》限制类、禁止类的除外)

16. 少数民族特需用品、工艺美术品、包装容器材料及日用玻璃制品及代表民族特色的旅游商品纪念品生产

17. 碳纤维产品生产及其应用

18. 天然气压缩机(含煤层气压缩机)制造

19. 蒙医药、蒙医医疗设备研究与开发

20. 汽车整车制造(外资比例不高于50%),专用汽车(不包括普通半挂

车、自卸车、罐式车、厢式车和仓栅式汽车）制造（外资比例不高于50%）

21. 汽车零部件制造：六档以上自动变速箱、商用车用高功率密度驱动桥、随动前照灯系统、LED前照灯、轻量化材料应用（高强钢、铝镁合金、复合塑料、粉末冶金、高强度复合纤维等）、离合器、液压减震器、中控盘总成、座椅

22. 智能机器人研发与制造

23. 大型储能技术研发与生产应用（蓄能电池、抽水蓄能技术、空气储能技术、风电与后夜供热等）

24. 太阳能、风能发电设备及零部件制造

25. 洗中煤、焦炉煤气余热发电、供热等综合利用

26. 宽带业务和增值电信业务（需在我国入世承诺框架内）

27. 公路旅客运输公司

28. 汽车加气站、充电设施建设和运营

29. 城市燃气、热力和供排水管网建设、经营（人口50万以上城市中方控股）

30. 高等教育、普通高中教育、学前教育机构（限于合作，中方主导）

31. 医疗机构（限于合资、合作）

32. 动漫创作、制作（广播影视动漫制作业务限于合作）及衍生品开发（音像制品和电子出版物的出版、制作业务除外）

33. 文化演出场所建设、艺术表演培训等服务

34. 体育场馆设施建设、体育产业运营及体育健身休闲服务

35. 健康医疗旅游开发

36. 冰雪、森林、草原、沙漠生态旅游资源开发、建设和经营

37. 旅游景区（点）保护、开发和经营及其配套设施建设

辽宁省

1. 肉鸡、生猪、肉牛和肉羊饲养及产品深加工

2. 节水灌溉和旱作节水技术、保护性耕作技术开发与应用

3. 退耕还林还草等国家重点生态工程后续产业开发

4. 镁、锆石加工及综合利用

5. 高档棉、毛、麻、丝、化纤的纺织、针织及服装加工生产

6. 天然药、原料药、中成药的深加工（列入《外商投资产业指导目录》限制类、禁止类的除外）

7. 高性能子午线轮胎的生产。包括无内胎载重子午胎，低断面和扁平化（低于55系列）、大轮辋高性能轿车子午胎（15吋以上），航空轮胎及农用子午胎的生产

8. 金属包装、自动化立体仓库及仓储物流设备制造

9. 环保设备(大气、污水、固废处理设备)制造及其解决方案应用

10. 智能测控装置及关键零部件制造

11. 智能机器人研发与制造

12. 汽车零部件制造:六档以上自动变速箱、商用车用高功率密度驱动桥、随动前照灯系统、LED 前照灯、轻量化材料应用(高强钢、铝镁合金、复合塑料、粉末冶金、高强度复合纤维等)、离合器、液压减震器、中控盘总成、座椅、汽车主被动安全保护装置、汽车启停电机、新能源汽车驱动装置及控制系统

13. 医疗设备及关键部件开发及生产

14. 高精度铜、铝及合金板带材深加工

15. 非易失性存储器设计、研发及制造

16. 数字医疗系统、社区护理、个人健康维护相关产品开发和应用

17. 大型储能技术研发与生产应用(蓄能电池、抽水蓄能技术、空气储能技术、风电与后夜供热等)

18. 生物质能开发、生产和利用

19. 宽带业务和增值电信业务(需在我国入世承诺框架内)

20. 城市燃气、热力和供排水管网建设、经营(人口50万以上城市中方控股)

21. 大型农产品批发市场建设、经营

22. 加气站建设、经营

23. 医疗机构(限于合资、合作)

24. 数字视听与数字家庭产品(有线电视网络、网络视听节目服务除外)

25. 旅游景区(点)保护、开发和经营及其配套设施建设

26. 经国家投资主管部门批准的资源枯竭型城市资源精深加工和接续产业等项目

吉林省

1. 节水灌溉和旱作节水技术、保护性耕作技术开发与应用

2. 肉鸡、肉鹅、生猪、肉牛、肉羊和梅花鹿饲养及产品深加工

3. 人参、鹿茸、山葡萄、果仁、山野菜、菌类、林蛙、柞蚕、蜂蜜等长白山特色生态食品、饮品的开发和加工

4. 饮用天然矿泉水生产

5. 硅藻土资源开发及综合利用(勘探、开采除外)

6. 高档棉、毛、麻、丝、化纤的纺织、针织及服装加工生产

7. 褐煤蜡萃取

8. 动植物药材资源开发、保护和可持续利用(列入《外商投资产业指导目录》限制类、禁止类的除外)

9. 特殊品种(超白、超薄、在线 Low - E、中空、超厚)优质浮法玻璃技术开发及深加工

10. 碳纤维原丝、碳纤维生产及其生产所需辅助材料、碳纤维复合材料及其制品生产

11. 玄武岩纤维新材料的生产、开发

12. 高性能子午线轮胎的生产。包括无内胎载重子午胎,低断面和扁平化(低于 55 系列)、大轮辋高性能轿车子午胎(15 吋以上),航空轮胎及农用子午胎的生产

13. 蓝宝石基板、LED 节能产品

14. 医疗设备及关键部件开发及生产

15. 冰雪体育和旅游用品生产

16. 索道缆车、游乐设施等旅游装备制造

17. 换热器设备的生产制造

18. 汽车零部件制造:六档以上自动变速箱、商用车用高功率密度驱动桥、随动前照灯系统、LED 前照灯、轻量化材料应用(高强钢、铝镁合金、复合塑料、粉末冶金、高强度复合纤维等)、离合器、液压减震器、中控盘总成、座椅

19. 专用汽车(不包括普通半挂车、自卸车、罐式车、厢式车和仓栅式汽车)制造(外资比例不高于 50%)

20. 生物质能开发、生产和利用

21. 宽带业务和增值电信业务(需在我国入世承诺框架内)

22. 公路旅客运输公司

23. 智能物流港、内陆港的建设、经营

24. 汽车金融服务

25. 城市燃气、热力和供排水管网建设、经营(人口 50 万以上城市中方控股)

26. 医疗机构(限于合资、合作)

27. 动漫创作、制作(广播影视动漫制作业务限于合作)及衍生品开发(音像制品和电子出版物的出版、制作业务除外)

28. 冰雪旅游资源开发及滑雪场建设、经营

29. 旅游景区(点)保护、开发和经营及其配套设施建设

30. 经国家投资主管部门批准的资源枯竭型城市资源精深加工和接续产业等项目

黑龙江省

1. 退耕还林还草、天然林保护等国家重点生态工程后续产业开发

2. 节水灌溉和旱作节水技术、保护性耕作技术开发与应用

3. 利用境外资源的木材加工

4. 饮用天然矿泉水生产

5. 日处理甜菜3000吨及以上甜菜制糖及副产品综合利用

6. 马铃薯深加工

7. 肉鹅、肉鸡、生猪、肉牛和肉羊饲养及产品加工

8. 绿色食品加工

9. 营养性豆奶粉、传统豆制品、功能性蛋白产品、大豆磷脂等非转基因大豆制品生产和加工

10. 天然药、原料药、中成药的深加工(列入《外商投资产业指导目录》限制类、禁止类的除外)

11. 冰雪体育和旅游用品生产

12. 工艺陶瓷生产

13. 石墨的高端应用和精深加工

14. 硅基及光伏新材料

15. 钛矿冶炼及钛制品加工

16. 切削刀具、量具、刃具制造

17. 智能机器人研发与制造

18. 现代农业装备及配套农机具的生产:大马力拖拉机配套零部件、水稻插秧机及其他种植机械、玉米收获机、谷物联合收获机、其他收获机及配套零部件

19. 高性能子午线轮胎的生产。包括无内胎载重子午胎,低断面和扁平化(低于55系列)、大轮辋高性能轿车子午胎(15吋以上),航空轮胎及农用子午胎的生产

20. 燃气轮机研发与制造

21. 汽车零部件制造:六档以上自动变速箱、商用车用高功率密度驱动桥、随动前照灯系统、LED前照灯、轻量化材料应用(高强钢、铝镁合金、复合塑料、粉末冶金、高强度复合纤维等)、离合器、液压减震器、中控盘总成、座椅

22. 医疗设备及关键部件开发及生产

23. 生物质能开发、生产和利用

24. 核电装备的生产:核电电机、电缆、核岛堆内构件等关键配套部件研发生产

25. 电网智能管理控制系统设备制造

26. 宽带业务和增值电信业务(需在我国入世承诺框架内)

27. 公路旅客运输公司

28. 大型农产品批发市场建设、经营

29. 医疗机构(限于合资、合作)

30. 城市燃气、热力和供排水管网建设、经营(人口50万以上城市中方控股)

31. 动漫创作、制作(广播影视动漫制作业务限于合作)及衍生品开发(音像制品和电子出版物的出版、制作业务除外)

32. 森林、冰雪旅游资源开发及滑雪场建设、经营

33. 旅游景区(点)保护、开发和经营及其配套设施建设

34. 经国家投资主管部门批准的资源枯竭型城市资源精深加工和接续产业等项目

安徽省

1. 节水灌溉和旱作节水技术、保护性耕作技术开发与应用

2. 高岭土、煤层气(瓦斯)、矿井水及天然焦等煤炭伴生资源综合利用(勘探、开采除外)

3. 非金属矿(方解石、膨润土、高岭土、凹凸棒粘土、石灰石、石英砂)综合利用(勘查、开采除外)

4. 高档棉、毛、麻、丝、化纤的纺织、针织及服装加工生产

5. 皮鞋、运动鞋等整鞋制造

6. 天然药、原料药、中成药的深加工(列入《外商投资产业指导目录》限制类、禁止类的除外)

7. 煤焦油深加工

8. 纳米材料等新材料研发与制造

9. 耐火材料生产

10. 铜、锌、铝等有色金属精深加工及综合利用

11. 高档无缝钢管、石油油井管制造

12. 包装装潢印刷品印刷

13. 特殊品种(超白、超薄、在线 Low - E、中空、超厚)优质浮法玻璃技术开发及深加工

14. 利用木薯、麻风树、橡胶籽等非粮植物为原料的生物液体燃料(燃料乙醇、生物柴油)生产(中方控股)

15. 智能机器人研发与制造

16. 高性能子午线轮胎的生产。包括无内胎载重子午胎,低断面和扁平化(低于55系列)、大轮辋高性能轿车子午胎(15时以上),航空轮胎及农用子午胎的生产

17. 汽车用钢、线材、棒材开发与制造

18. 汽车零部件制造:六档以上自动变速箱、商用车用高功率密度驱动桥、

随动前照灯系统、LED 前照灯、轻量化材料应用（高强钢、铝镁合金、复合塑料、粉末冶金、高强度复合纤维等）、离合器、液压减震器、中控盘总成、座椅

19. 新型干法水泥成套设备制造

20. 电动叉车、30 吨以上液压挖掘机及零部件开发与制造

21. 燃气轮机研发与制造

22. 500 万吨/年及以上矿井、薄煤层综合采掘设备，1000 万吨级/年及以上大型露天矿关键装备；大型冶金成套设备等重大技术装备用分散型控制系统（DCS）

23. 难选金属矿产选矿设备和大型冶金成套设备制造

24. 医疗设备及关键部件开发及生产

25. 家用电器、家电用板材及零部件制造

26. 半导体照明材料上下游产品及相关设备的研发与制造

27. 智能语音、量子通信等设备研发与制造

28. 工程勘察设计、平面设计和自动控制系统设计等创意产业

29. 大型、高压、高纯度工业气体的生产和供应

30. 公路旅客运输公司

31. 水上运输公司（中方控股）

32. 高等教育机构（限于合作、中方主导）

33. 动漫创作、制作（广播影视动漫制作业务限于合作）及衍生品开发（音像制品和电子出版物的出版、制作业务除外）

34. 城市燃气、热力和供排水管网建设、经营（人口50 万以上城市中方控股）

35. 旅游景区（点）保护、开发和经营及其配套设施建设

江西省

1. 脐橙、蜜桔、油茶、苎麻、竹、山药、荞头、莲、葛等特色、优势植物及道地药材和药食两用作物种植及深加工

2. 铜矿选矿、伴生元素提取及精深加工及循环利用

3. 高岭土、粉石英、硅灰石、海泡石、化工用白云石等非金属矿产品精深加工

4. 高档棉、毛、麻、丝、化纤的纺织、针织及服装加工生产

5. 利用境外木材资源的木质家具设计、加工

6. 皮鞋、运动鞋等整鞋制造

7. 利用钨、镍、钴、钽、铌等稀有金属资源深加工、应用产品生产及循环利用

8. 利用乙烯与氯气通过氧氯化法生产30 万吨/年以上 PVC，废盐酸制氯气

等综合利用技术开发及利用

9. 稀土高端应用产品加工

10. 天然药、原料药、中成药的研发与生产（列入《外商投资产业指导目录》限制类、禁止类的除外），满足我国重大、多发性疾病防治需求的通用名药物首次开发和利用

11. 艺术陶瓷、日用陶瓷、工业陶瓷、特种陶瓷等高技术陶瓷的研发与生产

12. 高性能子午线轮胎的生产。包括无内胎载重子午胎，低断面和扁平化（低于55系列）、大轮辋高性能轿车子午胎（15吋以上），航空轮胎及农用子午胎的生产

13. 包装装潢印刷品印刷

14. 智能机器人研发与制造

15. 触控显示和通讯终端产品及零部件的研发与生产

16. 汽车零部件制造：六档以上自动变速箱、商用车用高功率密度驱动桥、随动前照灯系统、LED前照灯、轻量化材料应用（高强钢、铝镁合金、复合塑料、粉末冶金、高强度复合纤维等）、离合器、液压减震器、中控盘总成、座椅

17. 医疗设备及关键部件开发及生产

18. 空调、高效节能压缩机及零部件生产

19. 太阳能发电设备及零部件制造

20. 半导体照明材料上下游产品及相关设备的研发与制造

21. 锂电池等锂产品生产专用设备的研发与制造

22. 光学部件及镀膜技术的研发、应用及制造

23. 宽带业务和增值电信业务（需在我国入世承诺框架内）

24. 公路旅客运输公司

25. 加气站建设、经营

26. 医疗机构（限于合资、合作）

27. 动漫创作、制作（广播影视动漫制作业务限于合作）及衍生品开发（音像制品和电子出版物的出版、制作业务除外）

28. 旅游景区（点）保护、开发和经营及其配套设施建设

河南省

1. 生猪、肉牛、肉羊、小家禽饲养

2. 优质粮油、茶、柳条等种植与加工（列入《外商投资产业指导目录》限制类、禁止类的除外）

3. 退耕还林还草、天然林保护等国家重点生态工程后续产业开发

4. 节水灌溉和旱作节水技术、保护性耕作技术开发与应用

5. 镁、锌精深加工

6. 高档棉、毛、麻、丝、化纤的纺织、针织及服装加工生产

7. 煤层气（煤矿瓦斯）抽采和利用技术产品开发与生产

8. 超硬材料产品生产

9. 铝合金材料及制品生产

10. 天然药、原料药、中成药的深加工（列入《外商投资产业指导目录》限制类、禁止类的除外）

11. 数字化包装装潢印刷品印刷

12. 特殊品种（超白、超薄、在线 Low－E、中空、超厚）优质浮法玻璃技术开发及深加工

13. 高性能子午线轮胎的生产。包括无内胎载重子午胎，低断面和扁平化（低于 55 系列）、大轮辋高性能轿车子午胎（15 吋以上），航空轮胎及农用子午胎的生产

14. 大型、高压、高纯度工业气体的生产和供应

15. 汽车零部件制造：六档以上自动变速箱、商用车用高功率密度驱动桥、随动前照灯系统、LED 前照灯、轻量化材料应用（高强钢、铝镁合金、复合塑料、粉末冶金、高强度复合纤维等）、离合器、液压减震器、中控盘总成、座椅

16. 三轴以上联动的高速、精密数控机床及配套数控系统、伺服电机及驱动装置、功能部件、刀具、量具、量仪及高档磨具磨料生产

17. 300 马力以上配备无级变速器轮式拖拉机，300 马力以上拖拉机关键零部件：无级变速拖拉机发动机、变速箱、液力联合控制系统、双输入双输出无级调速装置

18. 500 万吨/年及以上矿井、薄煤层综合采掘设备，1000 万吨级/年及以上大型露天矿关键装备；12000 米及以上深井钻机、极地钻机、高位移性深井沙漠钻机、沼泽难进入区域用钻机、海洋钻机、车装钻机、特种钻井工艺用钻机等钻机成套设备

19. 电能综合管理自动化设备制造

20. 智能手机、平板电脑等智能终端产品的技术开发及生产

21. 空调、电冰箱、高效节能压缩机及零部件制造

22. 生物医药技术开发与生产

23. 生物质能开发、生产和利用

24. 宽带业务和增值电信业务（需在我国入世承诺框架内）

25. 城市公共停车设施建设、经营

26. 公路货运场站设施的建设和运营

27. 大型农产品批发市场建设、经营

28. 公路旅客运输公司

29. 医疗机构(限于合资、合作)

30. 动漫创作、制作(广播影视动漫制作业务限于合作)及衍生品开发(音像制品和电子出版物的出版、制作业务除外)

31. 城市燃气、热力和供排水管网建设、经营(人口50万以上城市中方控股)

32. 旅游景区(点)保护、开发和经营及其配套设施建设

湖北省

1. 农作物新品种选育和种子生产(中方控股)

2. 保护性耕作技术开发与应用

3. 饮用天然矿泉水生产

4. 高档纺织品及服装工艺技术开发

5. 无纺布及医用纺织品生产

6. 动植物药材、保健品资源的开发、保护和可持续利用,植物花叶根茎产品研发、籽粒榨油深加工(列入《外商投资产业指导目录》限制类、禁止类的除外)

7. 高档棉、毛、麻、丝、化纤的纺织、针织及服装加工生产

8. 包装装潢印刷品印刷

9. 特殊品种(超白、超薄、在线 Low - E、中空、超厚)优质浮法玻璃技术开发及深加工

10. 空调、高效节能压缩机及零部件制造

11. 汽车零部件开发与制造:六档以上自动变速箱、商用车用高功率密度驱动桥、随动前照灯系统、LED 前照灯、轻量化材料应用(高强钢、铝镁合金、碳纤维、复合塑料、粉末冶金、高强度复合纤维等)、离合器、液压减震器、中控盘总成、座椅、燃油共轨喷射系统相关产品、涡轮增压发动机、动力电池、电机及控制系统、主动安全及自动驾驶控制系统

12. 高性能子午线轮胎的生产。包括无内胎载重子午胎,低断面和扁平化(低于55系列)、大轮辋高性能轿车子午胎(15吋以上),航空轮胎及农用子午胎的生产

13. 三轴以上联动的高速、精密数控机床及配套数控系统、伺服电机及驱动装置、功能部件、刀具、量具、量仪及高档磨具磨料生产

14. 特种钢丝绳、钢缆(平均抗拉强度 >2200MPa)制造

15. 激光医疗设备开发与制造

16. 光电子技术和产品(含光纤预制棒、半导体发光二极管 LED)开发与制造

17. 医药化工原料废气、废液、废渣的综合利用

18. 食品安全追溯体系开发和建设

19. 生物质能开发、生产和利用

20. 大型储能技术研发与生产应用（蓄能电池、抽水蓄能技术、空气储能技术、风电与后夜供热等）

21. 宽带业务和增值电信业务（需在我国入世承诺框架内）

22. 公路旅客运输公司

23. 汽车加气站、充电设施建设和运营

24. 物流业务相关的仓储设施建设和商贸服务

25. 医疗机构（限于合资、合作）

26. 动漫创作、制作（广播影视动漫制作业务限于合作）及衍生品开发（音像制品和电子出版物的出版、制作业务除外）

27. 城市燃气、热力和供排水管网建设、经营（人口50万以上城市中方控股）

28. 旅游景区（点）保护、开发和经营及其配套设施建设

湖南省

1. 蔬菜、水果、畜禽产品的生产及深加工

2. 高档棉、毛、麻、丝、化纤的纺织、针织及服装加工生产

3. 皮鞋、运动鞋等整鞋制造

4. 高性能混凝土掺和剂

5. 锌精深加工

6. 铋化合物生产

7. 艺术陶瓷、日用陶瓷、工业陶瓷、特种陶瓷等高技术陶瓷的研发与生产

8. 天然药、中成药的深加工（列入《外商投资产业指导目录》限制类、禁止类的除外）

9. 激素类药物深度开发（列入《外商投资产业指导目录》限制类、禁止类的除外）

10. 高端建筑用热轧无缝钢管、核电用管、超临界高压锅炉用无缝钢管及成品油套管等大口径钢管材加工

11. 硬质合金精深加工

12. 双金属高速锯切工具

13. 汽车零部件制造：六档以上自动变速箱、商用车用高功率密度驱动桥、随动前照灯系统、LED 前照灯、轻量化材料应用（高强钢、铝镁合金、复合塑料、粉末冶金、高强度复合纤维等）、离合器、液压减震器、中控盘总成、座椅

14. 30 吨以上液压挖掘机、6 米及以上全断面掘进机、320 马力及以上履带推土机、6 吨及以上装载机、600 吨及以上架桥设备（含架桥机、运梁车、提梁

机)、400 吨及以上履带起重机、100 吨及以上全地面起重机、钻孔 100 毫米以上凿岩台车、400 千瓦及以上砼冷热再生设备、1 米宽及以上铣刨机;关键零部件:动力换挡变速箱、湿式驱动桥、回转支承、液力变矩器、为电动叉车配套的电机、电控、压力 25 兆帕以上液压马达、泵、控制阀

15. 60C 及以上混凝土输送泵、50 米及以上混凝土泵车、混凝土布料机、混凝土搅拌运输车、混凝土喷射机械手;起升机械:塔式起重机、50 米及以上高空作业车、50 吨级以上轮胎吊;路面机械:12 米及以上沥青路面摊铺机、4 吨以上沥青混凝土搅拌设备、26 吨以上全液压压路机、垃圾收运和处理设备及系统等产品

16. 大型工程机械关键零部件:动力换挡变速箱、湿式驱动桥、回转支承、液力变矩器、为电动叉车配套的电机、电控、压力 25 兆帕以上液压马达、泵、控制阀

17. 新型橡胶机械成套设备制造

18. 电子产品整机、光电子、电子材料、电子元器件、零部件的开发和制造

19. 智能机器人研发与制造

20. 太阳能发电设备及零部件制造

21. 宽带业务和增值电信业务(需在我国入世承诺框架内)

22. 公路旅客运输公司

23. 医疗机构(限于合资、合作)

24. 物流业务相关的仓储设施建设和商贸服务

25. 动漫创作、制作(广播影视动漫制作业务限于合作)及衍生品开发(音像制品和电子出版物的出版、制作业务除外)

26. 城市燃气、热力和供排水管网建设、经营(人口 50 万以上城市中方控股)

27. 旅游景区(点)保护、开发和经营及其配套设施建设

广西壮族自治区

1. 农作物新品种选育和种子生产(中方控股)

2. 退耕还林还草等国家重点生态工程后续产业开发

3. 动植物药材资源开发生产(列入《外商投资产业指导目录》限制类、禁止类的除外)

4. 日处理甘蔗 5000 吨及以上的蔗糖精深加工及副产品综合利用

5. 松香深加工

6. 高档棉、毛、麻、丝、化纤的纺织、针织及服装加工生产

7. 石墨烯技术研发及应用

8. 稀土高端应用产品加工

9. 不锈钢制品生产

10. 铜、铝合金材料及制品生产

11. 锌、锡、锑、钨、锰等金属精深加工

12. 艺术陶瓷、日用陶瓷、工业陶瓷、特种陶瓷等高技术陶瓷的研发与生产

13. 特殊品种(超白、超薄、在线Low - E、中空、超厚)优质浮法玻璃技术开发及深加工

14. 利用木薯、麻风树、橡胶籽等非粮植物为原料的生物液体燃料(燃料乙醇、生物柴油)生产(中方控股)

15. 高性能子午线轮胎的生产。包括无内胎载重子午胎,低断面和扁平化(低于55系列)、大轮辋高性能轿车子午胎(15吋以上),航空轮胎及农用子午胎的生产

16. 汽车整车制造(外资比例不高于50%),专用汽车(不包括普通半挂车、自卸车、罐式车、厢式车和仓栅式汽车)制造(外资比例不高于50%)

17. 汽车零部件制造:六档以上自动变速箱、商用车用高功率密度驱动桥、随动前照灯系统、LED前照灯、轻量化材料应用(高强钢、铝镁合金、复合塑料、粉末冶金、高强度复合纤维等)、离合器、液压减震器、中控盘总成、座椅

18. 甘蔗种植机、甘蔗收获机等农机具研发及制造。

19. 大型工程机械关键零部件:动力换挡变速箱、湿式驱动桥、回转支承、液力变矩器、为电动叉车配套的电机、电控、压力25兆帕以上液压马达、泵、控制阀

20. 宽带业务和增值电信业务(需在我国入世承诺框架内)

21. 公路旅客运输公司

22. 水上运输公司(中方控股)

23. 汽车加气站、充电设施建设和经营

24. 物流业务相关的仓储设施建设和商贸服务

25. 会展服务业

26. 医疗机构(限于合资、合作)

27. 城市燃气、热力和供排水管网建设、经营(人口50万以上城市中方控股)

28. 动漫创作、制作(广播影视动漫制作业务限于合作)及衍生品开发(音像制品和电子出版物的出版、制作业务除外)

29. 养生休闲服务、民族文化开发、休闲旅游等休闲产业

30. 旅游景区(点)保护、开发和经营及其配套设施建设

海南省

1. 农作物、畜禽优良品种选育和种苗生产(中方控股)

2. 畜、禽规模化养殖

3. 水产品加工及副产品综合利用

4. 海防林恢复、天然林保护、节水灌溉和旱作节水等技术、开发与应用

5. 饮用天然矿泉水生产

6. 海南省中药、民族药的研发、生产（列入《外商投资产业指导目录》限制类、禁止类的除外）

7. 旅游工艺品创意设计及生产

8. 天然气下游化工产品开发和利用（列入《天然气利用政策》限制类和禁止类的除外）

9. 锆、钛精深加工

10. 高性能子午线轮胎的生产。包括无内胎载重子午胎，低断面和扁平化（低于55系列）、大轮辋高性能轿车子午胎（15吋以上），航空轮胎及农用子午胎的生产

11. 邮轮制造

12. 深水海洋工程设备制造

13. 高尔夫用具制造

14. 光电子技术和产品（含光纤预制棒、半导体发光二极管LED）开发与制造

15. 宽带业务和增值电信业务（需在我国入世承诺框架内）

16. 公路旅客运输公司

17. 国际航线邮轮服务

18. 船舶代理（中方控股）、外轮理货（限于合资、合作）

19. 大型农产品批发市场建设、经营

20. 国际会议展览业

21. 旅行社

22. 高等教育机构、普通高中教育机构、学前教育机构（限于合作、中方主导）

23. 医疗机构（限于合资、合作）

24. 城市燃气、热力和供排水管网建设、经营（人口50万以上城市中方控股）

25. 电影院的建设、经营（中方控股）

26. 动漫创作、制作（广播影视动漫制作业务限于合作）及衍生品开发（音像制品和电子出版物的出版、制作业务除外）

27. 演出经纪机构（中方控股）

28. 观光农业、休闲农业的开发和经营及其配套设施建设

29. 旅游景区(点)保护、开发和经营及其配套设施建设

30. 海洋、热带雨林生态旅游资源(国家禁止外商投资的自然保护区等除外)开发、经营及其配套设施建设

重庆市

1. 农林牧渔特色产业发展、技术研发、产品加工及出口(列入《外商投资产业指导目录》限制类、禁止类的除外)

2. 天然气下游化工产品生产和开发(列入《天然气利用政策》限制类和禁止类的除外)

3. 大型、高压、高纯度工业气体的生产和供应

4. 高性能、高附加值聚氨酯和工程塑料产品开发和生产

5. 石墨烯、碳纤维(复合材料)等碳系材料的生产设备(气象沉淀、碳化烧结等)的研发制造,石墨烯、碳纤维(含复合材料)等碳系材料的研发生产及终端产品制造

6. 铝、镁精深加工

7. 页岩气装备制造和油气技术工程服务

8. 智能机器人研发与制造

9. 环保设备(大气、污水、固废处理设备)制造及其解决方案应用

10. 排气量250ml及以上高性能摩托车整车(外资比例不高于50%)

11. 汽车整车制造(外资比例不高于50%),专用汽车(不包括普通半挂车、自卸车、罐式车、厢式车和仓栅式汽车)制造(外资比例不高于50%)

12. 高性能子午线轮胎的生产。包括无内胎载重子午胎,低断面和扁平化(低于55系列)、大轮辋高性能轿车子午胎(15吋以上),航空轮胎及农用子午胎以及列入《当前优先发展的高技术产业化重点领域指南》的子午线轮胎关键原材料生产

13. 汽车零部件制造:满足国六排放标准及以上的增压直喷汽油机/清洁高效柴油机、六档以上自动变速箱(AT、DCT、AMT)、新能源专用发动机/变速器;新能源车用动力锂电池、驱动电机、电控系统、电制动、电转向、电仪表、能量回收系统、电空调、远程监控系统等关键零部件;传动/安全/车身/行驶/信息控制系统、高级驾驶辅助系统(ADAS)、自动驾驶系统等智能汽车关键部件;DPF、GPF、SCR等发动机后处理系统、替代燃料发动机ECU控制策略及软硬件、全新新能源汽车/轻量化底盘及车身;行业精密生产装备和相关基础设施生产制造;轻量化材料应用(高强钢、铝镁合金、复合塑料、粉末冶金、高强度复合纤维等)、行业共性技术平台(汽车风洞、智能网联汽车测试评价、安全测试评价、轻量化、行业数据库、全球研发中心等)建设等。

14. 天然气分布式能源燃气轮机、内燃机研发及制造

15. 太阳能发电设备及零部件制造

16. 线宽 0.25 微米以下大规模数字集成电路制造

17. 智能手机、平板电脑等智能终端产品的技术开发及生产

18. 新型医疗器械设备及医用材料生产加工

19. 500 千伏及以上高压直流换流变压器研发及制造

20. 三级能效以上节能环保型家电整机，压缩机、电机、变频器、液晶面板等关键零部件生产，无线输电、裸眼 3D、体感输入等新技术开发

21. 半导体照明材料上下游产品及相关设备的研发与制造

22. 二氧化碳回收、一氧化碳等特殊工业气体制备及应用

23. FINEX 技术及高速、无头连轧

24. 会展服务业

25. 物流业务相关的仓储设施建设和商贸服务

26. 跨境电子商务零售中心和大宗商品进出口分拨物流中心建设

27. 宽带业务和增值电信业务（需在我国入世承诺框架内）

28. 高等教育机构、普通高中教育机构、学前教育机构（限于合作、中方主导）

29. 医疗机构（限于合资、合作）

30. 城市燃气、热力和供排水管网建设、经营（人口 50 万以上城市中方控股）

31. 动漫创作、制作（广播影视动漫制作业务限于合作）及衍生品开发（音像制品和电子出版物的出版、制作业务除外）

32. 旅游景区（点）保护、开发和经营及其配套设施建设

四川省

1. 红薯及非粮作物加工和副产物综合利用

2. 畜禽产品加工

3. 节水灌溉和旱作节水技术、保护性耕作技术开发与应用

4. 葡萄酒及特色水果酿酒

5. 利用木薯、麻风树、橡胶籽等非粮植物为原料的生物液体燃料（燃料乙醇、生物柴油）生产（中方控股）

6. 高档棉、毛、麻、丝、化纤的纺织、针织及服装加工生产

7. 以境外木、藤为原材料的高端家具生产

8. 稀土高端应用产品加工

9. 钒钛资源综合利用新技术和新产品开发

10. 天然气下游化工产品生产和开发（列入《天然气利用政策》限制类和禁止类的除外）

11. 含氟精细化学品和高品质含氟无机盐生产

12. 特殊品种(超白、超薄、在线 Low－E、中空、超厚)优质浮法玻璃技术开发及深加工

13. 石墨的高端应用和精深加工

14. 大型、高压、高纯度工业气体的生产和供应

15. 智能机器人研发与制造

16. 汽车整车制造(外资比例不高于50%),专用汽车(不包括普通半挂车、自卸车、罐式车、厢式车和仓栅式汽车)制造(外资比例不高于50%)

17. 高性能子午线轮胎的生产。包括无内胎载重子午胎,低断面和扁平化(低于55系列)、大轮辋高性能轿车子午胎(15吋以上),航空轮胎及农用子午胎的生产

18. 汽车零部件制造:六档以上自动变速箱、商用车用高功率密度驱动桥、随动前照灯系统、LED前照灯、轻量化材料应用(高强钢、铝镁合金、复合塑料、粉末冶金、高强度复合纤维等)、离合器、液压减震器、中控盘总成、座椅

19. 30吨以上液压挖掘机、6米及以上全断面掘进机、320马力及以上履带推土机、6吨及以上装载机、600吨及以上架桥设备(含架桥机、运梁车、提梁机)、400吨及以上履带起重机、100吨及以上全地面起重机、钻孔100毫米以上凿岩台车、400千瓦及以上砼冷热再生设备、1米宽及以上铣刨机;关键零部件:动力换挡变速箱、湿式驱动桥、回转支承、液力变矩器、为电动叉车配套的电机、电控、压力25兆帕以上液压马达、泵、控制阀

20. 太阳能发电设备及零部件制造

21. 大型储能技术研发与生产应用(蓄能电池、抽水蓄能技术、空气储能技术、风电与后夜供热等)

22. 3000KW以上大型、重型燃气轮机高温部件及控制系统研发制造

23. 半导体照明材料上下游产品及相关设备的研发与制造

24. 精密电子注塑产品开发及生产

25. 液晶电视、数字电视、节能环保电冰箱、智能洗衣机等高档家用电器制造

26. TFT－LCD、OLED等平板显示屏、显示屏材料制造

27. 医疗设备及关键部件开发及生产

28. 天然气压缩机(含煤层气压缩机)制造

29. 环保设备(大气、污水、固废处理设备)制造及其解决方案应用

30. 物流业务相关的仓储设施建设和商贸服务

31. 跨境电子商务零售中心和大宗商品进出口分拨物流中心建设

32. 宽带业务和增值电信业务(需在我国入世承诺框架内)

33. 道路运输

34. 医疗机构(限于合资、合作)

35. 卫生咨询、健康管理、医疗知识等医疗信息服务

36. 城市燃气、热力和供排水管网建设、经营(人口50万以上城市中方控股)

37. 动漫创作、制作(广播影视动漫制作业务限于合作)及衍生品开发(音像制品和电子出版物的出版、制作业务除外)

38. 艺术表演培训和中介服务及文化用品、设备等产业化开发

39. 旅游景区(点)保护、开发和经营及其配套设施建设

贵州省

1. 退耕还林还草、天然林保护等国家重点生态工程后续产业开发

2. 节水灌溉和旱作节水技术开发与应用

3. 马铃薯、魔芋等产品深加工

4. 畜禽、辣椒、苦荞、山药、核桃深加工

5. 高档棉、毛、麻、丝、化纤的纺织、针织及服装加工生产

6. 钛冶炼

7. 用先进技术对固定层合成氨装置进行优化节能技改

8. 利用甲醇开发M100新型动力燃料及合成氨生产尾气发展新能源

9. 利用工业生产二氧化碳废气发展工业级、食品级二氧化碳

10. 己二酸生产

11. 采用先进技术建设30万吨/年及以上煤制合成氨及配套尿素项目

12. 动植物药材资源开发、保护和可持续利用(列入《外商投资产业指导目录》限制类、禁止类的除外)

13. 特殊品种(超白、超薄、在线Low-E、中空、超厚)优质浮法玻璃技术开发及深加工

14. 铝等有色金属精深加工

15. 高性能铝合金系列产品开发

16. 新型短流程钢铁冶炼技术开发及应用

17. 非高炉冶炼技术(直接还原法)

18. 大型、高压、高纯度工业气体的生产和供应

19. 磨料磨具产品生产

20. 新型凿岩钎具的开发及用钢材料生产

21. 汽车整车制造(外资比例不高于50%),专用汽车(不包括普通半挂车、自卸车、罐式车、厢式车和仓栅式汽车)制造(外资比例不高于50%)

22. 汽车零部件制造:六档以上自动变速箱、商用车用高功率密度驱动桥、

随动前照灯系统、LED 前照灯、轻量化材料应用(高强钢、铝镁合金、复合塑料、粉末冶金、高强度复合纤维等)、离合器、液压减震器、中控盘总成、座椅

23. 有特色优势的特种工程机械、架桥铺路机械、破碎机械、液压基础件、数控机床、节能环保装备、4MW 燃汽轮机及以下产品等开发及制造

24. 复式永磁电机抽油机系列化开发和产业化

25. 复杂地质条件的矿用开采、掘进、提升、井下运输等特种设备及产品的开发与制造

26. 适用于西部山区的轻便、耐用、低耗中小型耕种收和植保、节水灌溉、小型抗旱设备及粮油作物、茶叶、特色农产品等农业机械开发与制造

27. 太阳能发电设备及零部件制造

28. 宽带业务和增值电信业务(需在我国入世承诺框架内)

29. 公路旅客运输公司

30. 医疗机构(限于合资、合作)

31. 演出经纪机构(中方控股)

32. 城市燃气、热力和供排水管网建设、经营(人口 50 万以上城市中方控股)

33. 茅台生态带综合保护及赤水河流域遥感技术应用示范

34. 旅游景区(点)保护、开发和经营及其配套设施建设

云南省

1. 猪、牛、羊及小家禽畜(含高原畜产品)饲养和深加工

2. 新型天然橡胶开发与应用

3. 天然香料香精生产技术开发及制造

4. 退耕还林还草、天然林保护等国家重点生态工程后续产业开发

5. 节水灌溉和旱作节水技术开发与应用

6. 有色金属精深加工

7. 特色食用资源开发及应用

8. 符合生态与环保要求的亚麻加工、开发及副产品综合利用

9. 利用木薯、麻风树、橡胶籽等非粮植物为原料的生物液体燃料(燃料乙醇、生物柴油)生产(中方控股)

10. 高档棉、毛、麻、丝、化纤的纺织、针织及服装加工生产

11. 动植物药材资源开发、保护和可持续利用(列入《外商投资产业指导目录》限制类、禁止类的除外)

12. 以境外木、藤为原料的高端家具生产

13. 民族特需品、特色工艺品及包装容器材生产

14. 工业大麻加工开发及副产品综合利用

15. 生物医药技术开发与生产

16. 特殊品种(超白、超薄、在线 Low - E、中空、超厚)优质浮法玻璃技术开发及深加工

17. 生物质能发电设备制造

18. 太阳能、风能发电设备及零部件制造

19. 汽车整车制造(外资比例不高于 50%),专用汽车(不包括普通半挂车、自卸车、罐式车、厢式车和仓栅式汽车)制造(外资比例不高于 50%)

20. 宽带业务和增值电信业务(需在我国入世承诺框架内)

21. 大型农产品批发市场建设、经营

22. 汽车加气站、充电设施建设和经营

23. 物流业务相关的仓储设施建设和商贸服务

24. 医疗机构(限于合资、合作)

25. 民族特色文化产业、艺术表演培训、中介服务,生态旅游资源开发(自然保护区和国际重要湿地的建设、经营除外)

26. 旅游景区(点)保护、开发和经营及其配套设施建设

西藏自治区

1. 退耕还林还草、天然林保护等国家重点生态工程后续产业开发

2. 节水灌溉和旱作节水技术开发与应用

3. 盐湖资源的开发利用

4. 饮用天然矿泉水生产

5. 牛羊绒、皮革产品深加工及藏毯生产

6. 花卉与苗圃基地的建设经营

7. 林下资源的培植技术研发和林下产品深加工

8. 青稞、牧草等农作物新技术的开发利用

9. 高原特色食品资源开发利用

10. 天然药、原料药、中成药的深加工(列入《外商投资产业指导目录》限制类、禁止类的除外)

11. 藏药新品种、新剂型产品生产(列入《外商投资产业指导目录》禁止类的除外)

12. 少数民族特需用品、工艺美术品、包装容器材料、日用玻璃制品及极具藏民族特色的旅游商品纪念品生产

13. 物流业务相关的仓储设施建设和商贸服务

14. 宽带业务和增值电信业务(需在我国入世承诺框架内)

15. 公路旅客运输公司

16. 医疗机构(限于合资、合作)

17. 城市燃气、热力和供排水管网建设、经营(人口50万以上城市中方控股)

18. 旅游景区(点)保护、开发和经营及其配套设施建设

陕西省

1. 退耕还林还草、天然林保护、水源地保护等国家重点生态工程后续产业开发

2. 节水灌溉和旱作节水技术、保护性耕作技术开发与应用

3. 清真食品开发加工

4. 高档棉、毛、麻、丝、化纤的纺织、针织及服装加工生产

5. 动植物药材资源开发、保护和可持续利用(列入《外商投资产业指导目录》限制类、禁止类的除外)

6. 天然气下游化工产品的生产与开发(列入《天然气利用政策》限制类和禁止类的除外)

7. 特殊品种(超白、超薄、在线Low－E、中空、超厚)优质浮法玻璃技术开发及深加工

8. 钒冶炼及钒合金制品生产加工

9. 钛金属精深加工

10. 高炉煤气能量回收透平装置设计制造

11. 大型、高压、高纯度工业气体的生产和供应

12. 汽车零部件制造:商用车用高功率密度驱动桥、随动前照灯系统、LED前照灯、离合器、液压减震器、中控盘总成、座椅、轻量化材料应用

13. 汽车整车制造(外资比例不高于50%),专用汽车(不包括普通半挂车、自卸车、罐式车、厢式车和仓栅式汽车)制造(外资比例不高于50%)

14. 智能制造及系统集成服务

15. 集成电路及生产设备研发生产

16. 智能手机、平板电脑等智能终端产品及关键零部件的技术开发及生产

17. 一般商品的批发、零售(列入《外商投资产业指导目录》限制类、禁止类的除外)

18. 汽车加气站、充电设施建设和运营

19. 宽带业务和增值电信业务(需在我国入世承诺框架内)

20. 公路旅客运输公司

21. 中等高等职业院校(含技工院校,高等职业院校限于合作、中方主导)

22. 医疗机构(限于合资、合作)

23. 动漫创作、制作(广播影视动漫制作业务限于合作)及衍生品开发(音像制品和电子出版物的出版、制作业务除外)

24. 城市燃气、热力和供排水管网建设、经营(人口50万以上城市中方控股)

25. 旅游景区(点)保护、开发和经营及其配套设施建设

26. 经国家投资主管部门批准的资源枯竭型城市资源精深加工和接续产业等项目

甘肃省

1. 节水灌溉和旱作节水技术、保护性耕作技术开发与应用

2. 瓜果、蔬菜、花卉种子的开发生产(中方控股)

3. 优质酿酒葡萄基地建设

4. 优质啤酒原料种植、加工

5. 特色中药材的种植、养殖及加工(列入《外商投资产业指导目录》限制类、禁止类的除外)

6. 天然气下游化工产品生产和开发(列入《天然气利用政策》限制类和禁止类的除外)

7. 稀土高端应用产品加工

8. 铝、铜、镍等有色金属精深加工

9. 石油钻采、炼化设备等高端装备制造

10. 汽车整车制造(外资比例不高于50%),专用汽车(不包括普通半挂车、自卸车、罐式车、厢式车和仓栅式汽车)制造(外资比例不高于50%)

11. 三轴以上联动的高速、精密数控机床及配套数控系统、伺服电机及驱动装置、功能部件、刀具、量具、量仪及高档磨具磨料

12. 太阳能发电及设备制造业

13. 宽带业务和增值电信业务(需在我国入世承诺框架内)

14. 公路旅客运输公司

15. 医疗机构(限于合资、合作)

16. 电影院的建设、经营(中方控股)

17. 城市燃气、热力和供排水管网建设、经营(人口50万以上城市中方控股)

18. 旅游景区(点)保护、开发和经营及其配套设施建设

青海省

1. 高原动植物资源保护、种养与加工利用(列入《外商投资产业指导目录》限制类、禁止类的除外)

2. 退耕还林还草、退牧还草、天然林保护、水土保持及水生态综合治理等国家重点生态工程后续产业开发(涉及自然保护区和重要湿地的建设、经营的除外)

3. 节水灌溉和旱作节水技术、保护性耕作技术、设施农业技术、光伏农业技术开发与应用

4. 有机天然农畜产品基地建设和产品精深加工(《外商投资产业指导目录》限制类、禁止类除外)

5. 铜、铝、镁等有色金属精深加工

6. 中、藏药新品种、新剂型产品生产(列入《外商投资产业指导目录》限制类、禁止类的除外)

7. 特殊品种(超白、超薄、在线 Low - E、中空、超厚)优质浮法玻璃技术开发及深加工

8. 聚甲醛、聚苯硫醚等工程塑料生产

9. 工业尾矿及工业生产废弃物及低品位、复杂、难处理矿的资源化利用

10. 汽车整车制造(外资比例不高于 50%),专用汽车(不包括普通半挂车、自卸车、罐式车、厢式车和仓栅式汽车)制造(外资比例不高于 50%)

11. 半导体照明材料上下游产品及相关设备的研发与制造

12. 太阳能、风能发电设备及零部件制造

13. 锂电产品生产及专用设备研发与制造

14. 宽带业务和增值电信业务(需在我国入世承诺框架内)

15. 公路旅客运输公司

16. 医疗机构(限于合资、合作)

17. 水利工程的建设和运营(综合水利枢纽中方控股)

18. 城市及农村燃气、热力和供排水管网建设、经营(人口 50 万以上城市中方控股)

19. 体育场馆设施建设、体育产业运营及体育健身休闲服务

20. 旅游景区(点)保护、开发和经营及其配套设施建设

宁夏回族自治区

1. 马铃薯种子生产(中方控股)

2. 瓜果、蔬菜、花卉种子的选育生产(中方控股)

3. 退耕还林还草、退牧还草、天然林保护等国家重点生态工程后续产业开发

4. 节水灌溉和旱作节水技术、保护性耕作技术开发与应用

5. 枸杞、葡萄、马铃薯等种植及深加工

6. 沙生中药材、沙区生态经济林、沙区瓜果、沙区设施农业、沙料建材、沙区新能源和沙漠旅游休闲等沙产业

7. 牛羊的养殖及饲料加工(列入《外商投资产业指导目录》限制类、禁止类的除外)

8. 牛乳蛋白、干酪素等高端乳制品深加工

9. 少数民族特需用品及清真食品开发加工

10. 碳基材料开发及生产

11. 石膏和陶瓷粘土的深加工

12. 采用节能低成本工艺的多晶硅生产

13. 钽、铌等金属精深加工

14. 氢氧化镍生产及深加工

15. 铝合金、镁合金等材料的研发及生产

16. 熔体直纺及切片纺彩色涤纶的研发及生产

17. 高性能子午线轮胎的生产。包括无内胎载重子午胎,低断面和扁平化(低于 55 系列)、大轮辋高性能轿车子午胎(15 吋以上),航空轮胎及农用子午胎的生产

18. 汽车整车制造(外资比例不高于 50%),专用汽车(不包括普通半挂车、自卸车、罐式车、厢式车和仓栅式汽车)制造(外资比例不高于 50%)

19. 三轴以上联动的高速、精密数控机床及配套数控系统、伺服电机及驱动装置、功能部件、刀具、量具、量仪及高档磨具磨料

20. 500 万吨/年及以上矿井、薄煤层综合采掘设备,1000 万吨级/年及以上大型露天矿关键装备

21. 宽带业务和增值电信业务(需在我国入世承诺框架内)

22. 公路旅客运输公司

23. 旅行社

24. 医疗机构(限于合资、合作)

25. 城市燃气、热力和供排水管网建设、经营(人口 50 万以上城市中方控股)

26. 旅游景区(点)保护、开发和经营及其配套设施建设

新疆维吾尔自治区(含新疆生产建设兵团)

1. 退耕还林还草、退牧还草、天然林保护等国家重点生态工程后续产业开发

2. 节水灌溉和旱作节水技术、保护性耕作技术、设施农业、有机农业的开发与应用

3. 优质番茄、甜菜、香梨、葡萄、西甜瓜、红枣、核桃、杏子、石榴和枸杞等优质特色农产品的种植及深加工

4. 优质酿酒葡萄基地建设及葡萄酒生产

5. 亚麻、沙棘、薰衣草的种植及其制品生产

6. 高档棉、毛、麻、丝、化纤的纺织、针织及服装加工生产

7. 蛭石、云母、石棉、菱镁矿、石灰石、红柱石、石材等非金属矿产的综合利用(勘探、开发除外)

8. 石墨的高端应用和精深加工

9. 煤炭加工应用技术开发

10. 油气伴生资源综合利用

11. 放空天然气回收利用

12. 民族特色药用植物种植、加工和制药新工艺开发(列入《外商投资产业指导目录》限制类、禁止类的除外)

13. 民族特需用品、工艺美术品、包装容器材料及日用玻璃制品生产

14. 特殊品种(超白、超薄、在线 Low-E、中空、超厚)优质浮法玻璃技术开发及深加工

15. 直径 200mm 以上硅单晶及抛光片、多晶硅生产

16. 铜、锌、铝等有色金属精深加工

17. 汽车整车制造(外资比例不高于 50%),专用汽车(不包括普通半挂车、自卸车、罐式车、厢式车和仓栅式汽车)制造(外资比例不高于 50%)

18. 石油及采矿等特种设备制造

19. 智能电网设备、电气成套控制系统设备制造

20. 小型清雪设备制造

21. 宽带业务和增值电信业务(需在我国入世承诺框架内)

22. 公路旅客运输公司

23. 商业连锁经营、跨区域代理经营等新型流通业

24. 农产品批发市场建设、经营

25. 医疗机构(限于合资、合作)

26. 城市燃气、热力和供排水设施建设、经营(人口 50 万以上城市中方控股)

27. 旅游景区(点)保护、开发和经营及其配套设施建设

国家卫生计生委关于修改《医疗机构管理条例实施细则》的决定

(2017 年 2 月 21 日国家卫生和计划生育委员会令第 12 号公布 自 2017 年 4 月 1 日起施行 国法备字[2017000384])

根据国务院推进简政放权、放管结合、优化服务的改革部署和促进健康服

务业发展的工作要求，国家卫生计生委决定对《医疗机构管理条例实施细则》（原卫生部令第35号）作如下修改：

一、将该实施细则中的“卫生部”统一修改为：“国家卫生计生委”，将“卫生行政部门”统一修改为：“卫生计生行政部门”。

二、将第三条第二项修改为：“妇幼保健院、妇幼保健计划生育服务中心”。

增加一项，作为第十三项：“（十三）医学检验实验室、病理诊断中心、医学影像诊断中心、血液透析中心、安宁疗护中心”。

第十三项改为第十四项。

三、第十一条增加一款，作为第二款：“医学检验实验室、病理诊断中心、医学影像诊断中心、血液透析中心、安宁疗护中心的设置审批权限另行规定”。

四、删除第十二条第一款第三项，并将第二款修改为：“有前款第（二）、（三）、（四）、（五）项所列情形之一者，不得充任医疗机构的法定代表人或者主要负责人”。

五、将第十八条修改为：“医疗机构建筑设计必须按照法律、法规和规章要求经相关审批机关审查同意后，方可施工”。

六、将第三十八条修改为：“各级卫生计生行政部门应当采用电子证照等信息化手段对医疗机构实行全程管理和动态监管。有关管理办法另行制定”。

本决定自2017年4月1日起施行。

医师执业注册管理办法

（2017年2月28日国家卫生和计划生育委员会令第13号公布
自2017年4月1日起施行　国法备字[2017000400]）

第一章　总　则

第一条　为了规范医师执业活动，加强医师队伍管理，根据《中华人民共和国执业医师法》，制定本办法。

第二条　医师执业应当经注册取得《医师执业证书》。

未经注册取得《医师执业证书》者，不得从事医疗、预防、保健活动。

第三条　国家卫生计生委负责全国医师执业注册监督管理工作。

县级以上地方卫生计生行政部门是医师执业注册的主管部门，负责本行政区域内的医师执业注册监督管理工作。

第四条　国家建立医师管理信息系统，实行医师电子注册管理。

第二章 注册条件和内容

第五条 凡取得医师资格的,均可申请医师执业注册。

第六条 有下列情形之一的,不予注册:

(一)不具有完全民事行为能力的;

(二)因受刑事处罚,自刑罚执行完毕之日起至申请注册之日止不满二年的;

(三)受吊销《医师执业证书》行政处罚,自处罚决定之日起至申请注册之日止不满二年的;

(四)甲类、乙类传染病传染期、精神疾病发病期以及身体残疾等健康状况不适宜或者不能胜任医疗、预防、保健业务工作的;

(五)重新申请注册,经考核不合格的;

(六)在医师资格考试中参与有组织作弊的;

(七)被查实曾使用伪造医师资格或者冒名使用他人医师资格进行注册的;

(八)国家卫生计生委规定不宜从事医疗、预防、保健业务的其他情形的。

第七条 医师执业注册内容包括:执业地点、执业类别、执业范围。

执业地点是指执业医师执业的医疗、预防、保健机构所在地的省级行政区划和执业助理医师执业的医疗、预防、保健机构所在地的县级行政区划。

执业类别是指临床、中医(包括中医、民族医和中西医结合)、口腔、公共卫生。

执业范围是指医师在医疗、预防、保健活动中从事的与其执业能力相适应的专业。

第八条 医师取得《医师执业证书》后,应当按照注册的执业地点、执业类别、执业范围,从事相应的医疗、预防、保健活动。

第三章 注册程序

第九条 拟在医疗、保健机构中执业的人员,应当向批准该机构执业的卫生计生行政部门申请注册;拟在预防机构中执业的人员,应当向该机构的同级卫生计生行政部门申请注册。

第十条 在同一执业地点多个机构执业的医师,应当确定一个机构作为其主要执业机构,并向批准该机构执业的卫生计生行政部门申请注册;对于拟执业的其他机构,应当向批准该机构执业的卫生计生行政部门分别申请备案,注明所在执业机构的名称。

医师只有一个执业机构的，视为其主要执业机构。

第十一条 医师的主要执业机构以及批准该机构执业的卫生计生行政部门应当在医师管理信息系统及时更新医师定期考核结果。

第十二条 申请医师执业注册，应当提交下列材料：

（一）医师执业注册申请审核表；

（二）近6个月2寸白底免冠正面半身照片；

（三）医疗、预防、保健机构的聘用证明；

（四）省级以上卫生计生行政部门规定的其他材料。

获得医师资格后二年内未注册者、中止医师执业活动二年以上或者本办法第六条规定不予注册的情形消失的医师申请注册时，还应当提交在省级以上卫生计生行政部门指定的机构接受连续6个月以上的培训，并经考核合格的证明。

第十三条 注册主管部门应当自收到注册申请之日起20个工作日内，对申请人提交的申请材料进行审核。审核合格的，予以注册并发放《医师执业证书》。

第十四条 对不符合注册条件不予注册的，注册主管部门应当自收到注册申请之日起20个工作日内书面通知聘用单位和申请人，并说明理由。申请人如有异议的，可以依法申请行政复议或者向人民法院提起行政诉讼。

第十五条 执业助理医师取得执业医师资格后，继续在医疗、预防、保健机构中执业的，应当按本办法规定，申请执业医师注册。

第十六条《医师执业证书》应当由本人妥善保管，不得出借、出租、抵押、转让、涂改和毁损。如发生损坏或者遗失的，当事人应当及时向原发证部门申请补发。

第十七条 医师跨执业地点增加执业机构，应当向批准该机构执业的卫生计生行政部门申请增加注册。

执业助理医师只能注册一个执业地点。

第四章　注册变更

第十八条 医师注册后有下列情形之一的，医师个人或者其所在的医疗、预防、保健机构，应当自知道或者应当知道之日起30日内报告注册主管部门，办理注销注册：

（一）死亡或者被宣告失踪的；

（二）受刑事处罚的；

（三）受吊销《医师执业证书》行政处罚的；

（四）医师定期考核不合格，并经培训后再次考核仍不合格的；

（五）连续两个考核周期未参加医师定期考核的；

（六）中止医师执业活动满二年的；

（七）身体健康状况不适宜继续执业的；

（八）出借、出租、抵押、转让、涂改《医师执业证书》的；

（九）在医师资格考试中参与有组织作弊的；

（十）本人主动申请的；

（十一）国家卫生计生委规定不宜从事医疗、预防、保健业务的其他情形的。

第十九条 医师注册后有下列情况之一的，其所在的医疗、预防、保健机构应当自办理相关手续之日起30日内报注册主管部门，办理备案：

（一）调离、退休、退职；

（二）被辞退、开除；

（三）省级以上卫生计生行政部门规定的其他情形。

上述备案满2年且未继续执业的予以注销。

第二十条 医师变更执业地点、执业类别、执业范围等注册事项的，应当通过国家医师管理信息系统提交医师变更执业注册申请及省级以上卫生计生行政部门规定的其他材料。

医师因参加培训需要注册或者变更注册的，应当按照本办法规定办理相关手续。

医师变更主要执业机构的，应当按本办法第十二条的规定重新办理注册。

医师承担经主要执业机构批准的卫生支援、会诊、进修、学术交流、政府交办事项等任务和参加卫生计生行政部门批准的义诊，以及在签订帮扶或者托管协议医疗机构内执业等，不需办理执业地点变更和执业机构备案手续。

第二十一条 注册主管部门应当自收到变更注册申请之日起20个工作日内办理变更注册手续。对因不符合变更注册条件不予变更的，应当自收到变更注册申请之日起20个工作日内书面通知申请人，并说明理由。

第二十二条 国家实行医师注册内容公开制度和查询制度。

地方各级卫生计生行政部门应当按照规定提供医师注册信息查询服务，并对注销注册的人员名单予以公告。

第二十三条 医疗、预防、保健机构未按照本办法第十八条规定履行报告职责，导致严重后果的，由县级以上卫生计生行政部门依据《执业医师法》第四十一条规定进行处理。

医疗、预防、保健机构未按照本办法第十九条规定履行报告职责，导致严重后果的，由县级以上地方卫生计生行政部门对该机构给予警告，并对其主要负责人、相关责任人依法给予处分。

第五章　附　　则

第二十四条　中医（包括中医、民族医、中西医结合）医师执业注册管理由中医（药）主管部门负责。

第二十五条　港澳台人员申请在内地（大陆）注册执业的，按照国家有关规定办理。

外籍人员申请在中国境内注册执业的，按照国家有关规定办理。

第二十六条　本办法自2017年4月1日起施行。1999年7月16日原卫生部公布的《医师执业注册暂行办法》同时废止。

国家知识产权局关于修改《专利审查指南》的决定

（2017年2月28日国家知识产权局令第74号公布　自2017年4月1日起施行　国法备字[2017000434]）

国家知识产权局决定对《专利审查指南》作如下修改：

一、第二部分第一章第4.2节的修改

在《专利审查指南》第二部分第一章第4.2节第（2）项之后新增一段，内容如下：

【例如】

涉及商业模式的权利要求，如果既包含商业规则和方法的内容，又包含技术特征，则不应当依据专利法第二十五条排除其获得专利权的可能性。

本节其他内容无修改。

二、第二部分第九章第2节的修改

将《专利审查指南》第二部分第九章第2节第（1）项第一段中的"仅仅记录在载体（例如磁带、磁盘、光盘、磁光盘、ROM、PROM、VCD、DVD或者其他的计算机可读介质）上的计算机程序"修改为"仅仅记录在载体（例如磁带、磁盘、光盘、磁光盘、ROM、PROM、VCD、DVD或者其他的计算机可读介质）上的计算机程序本身"。

将《专利审查指南》第二部分第九章第2节第（1）项第三段第一句中的"仅

由所记录的程序限定的计算机可读存储介质”修改为“仅由所记录的程序本身限定的计算机可读存储介质”。

本节其他内容无修改。

三、第二部分第九章第3节的修改

删除《专利审查指南》第二部分第九章第3节第(3)项中的例9。

四、第二部分第九章第5.2节的修改

将《专利审查指南》第二部分第九章第5.2节第1段第1句中的“即实现该方法的装置”修改为“例如实现该方法的装置”。

将《专利审查指南》第二部分第九章第5.2节第1段第3句中的“并详细描述该计算机程序的各项功能是由哪些组成部分完成以及如何完成这些功能”修改为“所述组成部分不仅可以包括硬件,还可以包括程序”。

将《专利审查指南》第二部分第九章第5.2节第2段中所有的“功能模块”修改为“程序模块”。

本节其他内容无修改。

五、第二部分第十章第3节的修改

在《专利审查指南》第二部分第十章第3节中新增第3.5节,将第3.4节第(2)项移至第3.5节并作修改,第3.5节的内容如下:

3.5 关于补交的实验数据

判断说明书是否充分公开,以原说明书和权利要求书记载的内容为准。

对于申请日之后补交的实验数据,审查员应当予以审查。补交实验数据所证明的技术效果应当是所属技术领域的技术人员能够从专利申请公开的内容中得到的。

本节其他内容无修改。

六、第四部分第三章第4.2节的修改

将《专利审查指南》第四部分第三章第4.2节第(2)项(i)修改为:

(i) 针对专利权人以删除以外的方式修改的权利要求,在专利复审委员会指定期限内针对修改内容增加无效宣告理由,并在该期限内对所增加的无效宣告理由具体说明的;

本节其他内容无修改。

七、第四部分第三章第4.3.1节的修改

删除《专利审查指南》第四部分第三章第4.3.1节第(2)项(i)中的“以合并方式修改的权利要求或者”。

本节其他内容无修改。

八、第四部分第三章第4.6.2节的修改

将《专利审查指南》第四部分第三章第4.6.2节第1段修改为:

在满足上述修改原则的前提下，修改权利要求书的具体方式一般限于权利要求的删除、技术方案的删除、权利要求的进一步限定、明显错误的修正。

删除《专利审查指南》第四部分第三章第 4.6.2 节第 3 段，将第 4 段作为第 3 段，并新增 1 段作为第 4 段，内容如下：

权利要求的进一步限定是指在权利要求中补入其他权利要求中记载的一个或者多个技术特征，以缩小保护范围。

本节其他内容无修改。

九、第四部分第三章第 4.6.3 节的修改

将《专利审查指南》第四部分第三章第 4.6.3 节第 2 段中的“以合并的方式修改权利要求书”修改为“以删除以外的方式修改权利要求书”。

本节其他内容无修改。

十、第五部分第四章第 5.2 节的修改

将《专利审查指南》第五部分第四章第 5.2 节第(2)项修改为：

(2)对于已经公布但尚未公告授予专利权的发明专利申请案卷，可以查阅和复制该专利申请案卷中的有关内容，包括：申请文件，与申请直接有关的手续文件，公布文件，在初步审查程序中向申请人发出的通知书和决定书、申请人对通知书的答复意见正文，以及在实质审查程序中向申请人发出的通知书、检索报告和决定书。

将《专利审查指南》第五部分第四章第 5.2 节第(3)项修改为：

(3)对于已经公告授予专利权的专利申请案卷，可以查阅和复制的内容包括：申请文件，优先权文件，与申请直接有关的手续文件，发明专利申请单行本，发明专利、实用新型专利和外观设计专利单行本，专利登记簿，专利权评价报告，以及在各已审结的审查程序(包括初步审查、实质审查、复审和无效宣告等)中专利局、专利复审委员会向申请人或者有关当事人发出的通知书、检索报告和决定书、申请人或者有关当事人对通知书的答复意见。

删除《专利审查指南》第五部分第四章第 5.2 节第(5)项。

本节其他内容无修改。

十一、第五部分第七章第 7.4.2 节的修改

将《专利审查指南》第五部分第七章第 7.4.2 节修改为：

7.4.2 因协助执行财产保全而中止的期限

对于人民法院要求专利局协助执行财产保全而执行中止程序的，按照民事裁定书及协助执行通知书写明的财产保全期限中止有关程序。

人民法院要求继续采取财产保全措施的，应当在中止期限届满前将继续保全的协助执行通知书送达专利局，经审核符合本章第 7.3.2.1 节规定的，中止期限予以续展。

十二、第五部分第七章第 7.4.3 节的修改

删除《专利审查指南》第五部分第七章第 7.4.3 节中的“或者应人民法院要求协助执行财产保全的中止”。

本节其他内容无修改。

十三、第五部分第七章第 7.5.2 节的修改

将《专利审查指南》第五部分第七章第 7.5.2 节中的“中止期限为六个月”修改为“中止期限为民事裁定书及协助执行通知书写明的财产保全期限”。

本节其他内容无修改。

本决定自 2017 年 4 月 1 日起施行。

国家知识产权局关于修改《关于规范专利申请行为的若干规定》的决定

（2017 年 2 月 28 日国家知识产权局令第 75 号公布　自 2017 年 4 月 1 日起施行　国法备字[2017000435]）

国家知识产权局决定对《关于规范专利申请行为的若干规定》作如下修改：

一、第三条的修改

删去第一项中的“或者指使他人提交多件内容明显相同的专利申请”；

删去第二项中的“或者指使他人提交多件明显抄袭现有技术或者现有设计的专利申请”；

增加一项，作为第三项：

“（三）同一单位或者个人提交多件不同材料、组分、配比、部件等简单替换或者拼凑的专利申请；”

增加一项，作为第四项：

“（四）同一单位或者个人提交多件实验数据或者技术效果明显编造的专利申请；”

增加一项，作为第五项：

“（五）同一单位或者个人提交多件利用计算机技术等随机生成产品形状、图案或者色彩的专利申请；”

将第三项改为第六项，修改为：

“（六）帮助他人提交或者专利代理机构代理提交本条第一项至第五项所述类型的专利申请。”

二、第四条的修改

删去“国家知识产权局对非正常申请专利的行为”中的“国家知识产权局”;

将第一项修改为:

“(一)不予减缴专利费用;已经减缴的,要求补缴已经减缴的费用;情节严重的,自本年度起五年内不予减缴专利费用;”

第二项中增加“并纳入全国信用信息共享平台”;

将第四项修改为:

“各级知识产权局不予资助或者奖励;已经资助或者奖励的,全部或者部分追还;情节严重的,自本年度起五年内不予资助或者奖励;”

删去第五项中的两处“建议”。

三、第五条的修改

将本条修改为:

“采取本规定第四条所列处理措施前,必要时应当给予当事人陈述意见的机会。”

四、第六条的修改

将“各地人民政府管理专利工作的部门”修改为“各级知识产权局”。

本决定自2017年4月1日起施行。

交通运输部关于修改《中华人民共和国国际海运条例实施细则》的决定

(2017年3月7日交通运输部令2017年第4号公布　自2017年3月7日施行　国法备字[2017000442])

交通运输部决定对《中华人民共和国国际海运条例实施细则》(交通运输部令2013年第9号)作如下修改:

一、删去第三条第(八)项、第(九)项、第(十三)项,第二十二条、第三十条、第三十三条、第三十五条、第三十六条、第四十三条、第四十四条、第四十五条、第四十六条、第六十四条。

二、将第三条第(一)项中的“商定和收取运费、签发提单及其他相关运输单证”修改为“商定和收取客票票款和运费、签发客票和提单及其他相关运输单证、安排旅客上下船舶”。删去第(四)项第(6)目中的“港到港”。在第(十二)项的“企业商业登记文件为复印件的”前增加“境外”。

三、删去第四条第一款中的“在中国境内设立企业经营国际船舶运输业务，或者”。

四、删去第五条第一款中的“在中国境内设立企业经营国际船舶运输业务，或者”和第(二)项。将第一款第(三)项修改为“(二)申请人的企业商业登记文件、公司章程的复印件”。在第一款中增加一项作为第(四)项“(四)规定的国际船舶保安证书、安全管理证书、航运公司安全与防污染能力符合证明的复印件”。增加一款作为第四款“取得《国际船舶运输经营许可证》的企业在经营国际船舶运输业务期间，应当确保本条所列有关证书、证明持续合法有效。”

五、删除第六条第一款第(二)项。将第一款第(三)项修改为“(二)母公司的商业登记文件、公司章程的复印件”。将第一款第(四)项中的“副本”修改为“复印件”。将第二款中的“签发提单”修改为“签发客票或者提单”。

六、将第七条第一款修改为“设立外商投资企业经营国际船舶代理业务，应当有固定的营业场所和必要的营业设施，其高级业务管理人员中至少应当有2人具有3年以上从事国际海上运输经营活动的经历。”将第二款修改为“经营国际船舶代理业务的企业，应当在开业后30日内向交通运输部报备企业名称、注册地、联系方式等信息和《企业法人营业执照》复印件。交通运输部定期在其政府网站或者授权发布的网站发布国际船舶代理业务经营者名称。”

七、将第八条第一款修改为“中国企业法人申请经营国际船舶管理业务，应当向拟经营业务所在地的省、自治区、直辖市人民政府交通运输主管部门提出申请，申请材料应当包括：

(一)申请书；

(二)申请人的商业登记文件、公司章程的复印件；

(三)固定营业场所的证明文件；

(四)航运公司安全与防污染能力符合证明复印件；

(五)《海运条例》第九条第(二)项规定的高级业务管理人员的从业资历证明文件；

(六)《海运条例》第九条第(三)项规定的人员的船长、轮机长适任证书复印件。”

删去第二款中的“申请人持《国际海运辅助业经营资格登记证》向企业登记机关办理企业登记，向税务部门和外汇管理部门指定的银行办理相关手续”。增加一款作为第三款，内容为“取得《国际海运辅助业经营资格登记证》的企业在经营国际船舶管理业务期间，应当确保本条所列有关证书、证明持续合法有效。”

八、删去第九条第(二)项。将第(三)项修改为“母公司的商业登记文件、公司章程的复印件”。将第(四)项中的“副本”修改为“复印件”。

九、在第十条第二款中的“交通运输部在其政府网站”后增加“或者授权发布的网站”。增加一款作为第三款“取得《国际班轮运输经营资格登记证》的企业在经营国际班轮运输业务期间，应当确保有关证书、证明持续合法有效。”

十、删去第十一条第一款第（二）项。将第一款第（三）项修改为“（二）企业商业登记文件复印件；”将第一款第（五）项修改为“（四）保证金已交存的银行凭证复印件、保证金保函或者保证金责任保险原件。”将第五款修改为“以保证金保函、保证金责任保险取得《无船承运业务经营资格登记证》的企业，资格登记证的有效期限与保函或者责任保险有效期一致。”

十一、在第十四条中的“应当按照《海运条例》第八条第二款的规定交纳保证金”后增加“或者取得保证金保函、保证金责任保险”。将第（二）项修改为“母公司及分支机构的企业商业登记文件复印件”。将第（三）项中的“副本”修改为“复印件”。在第（五）项中的“保证金已交存的银行凭证复印件”后增加“保证金保函或者保证金责任保险原件”。

十二、在第十七条中的“无船承运业务经营申请者交纳保证金”后增加“取得保证金保函或者保证金责任保险”。在“交通运输部在其政府网站”后增加“或者授权发布的网站”。

十三、将第十八条中的“活期”修改为“相应”。

十四、在第十九条第（一）项、第（二）项最后均增加“而无船承运业务经营者拒不执行的”。

十五、在第二十一条第一款中增加一项作为第（五）项“中国籍船舶终止国际船舶运输业务”。

十六、将第二十七条第二款修改为“前款规定的经营者不得接受未办理提单登记并交存保证金或者取得保证金保函、保证金责任保险的无船承运业务经营者的委托，为其代理签发提单。”

十七、将第二十九条修改为“国际船舶运输经营者不得接受未办理提单登记并交纳保证金或者取得保证金保函、保证金责任保险的无船承运业务经营者提供的货物或者集装箱。”

十八、在第三十四条后增加一条，具体内容为：“国际海运业及辅助业经营者，应当按照有关统计报表制度的要求，真实、准确、完整、及时地报送相关统计信息。”

十九、删去第三十七条中的“国际海运货物仓储业务经营者以及国际集装箱站与堆场业务经营者”。

二十、在第三十八条后增加两条，内容为：

“国际集装箱班轮运输经营者在报备运价时，应当报备中国港口至外国基本港的出口集装箱的海运运价和附加费。”

“班轮公会、运价协议组织在中国开展业务应当遵守我国缔结或者参加的国际公约和我国的法律法规、规章及相关规定，不得损害国际海运市场公平竞争秩序。

班轮公会和运价协议组织应当与中国境内的托运人组织建立有效的协商机制。”

二十一、将第三十九条第一款第（二）项修改为“（二）公司章程复印件”。删去第一款第（三）项。将第（四）项修改为“（三）投资者的企业商业登记文件或者身份证件复印件”。

二十二、将第五章名称修改为“监督检查”。

二十三、在第四十六条后增加两条，内容为：

“交通运输部和有关地方人民政府交通运输主管部门依照有关法律、法规和本规定，对国际海运市场实施监督检查和调查。国际海上运输业务经营者、国际海运辅助业务经营者应当配合监督检查和调查，如实提供有关凭证、文件及其他相关资料。”

“国际船舶运输经营者和无船承运业务经营者应当执行生效的备案运价。国务院交通运输主管部门根据利害关系人的请求或者自行决定，组织或者授权地方交通运输主管部门开展运价备案执行情况检查。”

二十四、在第五十一条第（一）项中“托运人”前增加“旅客或者”。将第（二）项修改为“影响旅客或者货物的正常出行或者出运”。

二十五、将涉及《国际海运条例》的条文序号进行相应调整。

二十六、将条文中所有的“交通主管部门”统一修改为“交通运输主管部门”，将“对外贸易经济合作部”统一修改为“商务部”。

条文序号作相应调整。

本决定自2017年3月7日起施行。

《国际海运条例实施细则》根据本决定作相应修正，重新发布。

中华人民共和国国际海运条例实施细则

（2003年1月20日交通部令2003年第1号发布　根据2013年8月29日交通运输部《关于修改〈中华人民共和国国际海运条例实施细则〉的决定》第一次修正　根据2017年3月7日交通运输部《关于修改〈中华人民共和国国际海运条例实施细则〉的决定》第二次修正）

第一章　总　　则

第一条　根据《中华人民共和国国际海运条例》（以下简称《海运条例》）的

规定，制定本实施细则。

第二条 交通运输部和有关地方人民政府交通运输主管部门应当依照《海运条例》和本实施细则的规定，按照公平、高效、便利的原则，管理国际海上运输经营活动和与国际海上运输相关的辅助性经营活动，鼓励公平竞争，禁止不正当竞争。

第三条 《海运条例》和本实施细则中下列用语的含义是：

（一）国际船舶运输业务，是指国际船舶运输经营者使用自有或者经营的船舶、舱位，提供国际海上货物运输和旅客运输服务以及为完成这些服务而围绕其船舶、所载旅客或者货物开展的相关活动，包括签订有关协议、接受订舱、商定和收取客票票款和运费、签发客票和提单及其他相关运输单证、安排旅客上下船舶、安排货物装卸、安排保管、进行货物交接、安排中转运输和船舶进出港等活动。

（二）国际船舶运输经营者，包括中国国际船舶运输经营者和外国国际船舶运输经营者。其中，中国国际船舶运输经营者是指依据《海运条例》和本实施细则规定取得《国际船舶运输经营许可证》经营国际船舶运输业务的中国企业法人；外国国际船舶运输经营者是指依据外国法律设立经营进出中国港口国际船舶运输业务的外国企业。

（三）国际班轮运输业务，是指以自有或者经营的船舶，或者以《海运条例》第十三条第三款规定的方式，在固定的港口之间提供的定期国际海上货物或旅客运输。

（四）无船承运业务，是指《海运条例》第七条第二款规定的业务，包括为完成该项业务围绕其所承运的货物开展的下列活动：

（1）以承运人身份与托运人订立国际货物运输合同；

（2）以承运人身份接收货物、交付货物；

（3）签发提单或者其他运输单证；

（4）收取运费及其他服务报酬；

（5）向国际船舶运输经营者或者其他运输方式经营者为所承运的货物订舱和办理托运；

（6）支付运费或者其他运输费用；

（7）集装箱拆箱、集拼箱业务；

（8）其他相关的业务。

（五）无船承运业务经营者，包括中国无船承运业务经营者和外国无船承运业务经营者。其中中国无船承运业务经营者是指依照《海运条例》和本实施细则规定取得无船承运业务经营资格的中国企业法人；外国无船承运业务经营者是指依照外国法律设立并依照《海运条例》和本实施细则的相关规定取得经营进出中国港口货物无船承运业务资格的外国企业。

（六）国际船舶代理经营者，是指依照中国法律设立从事《海运条例》第二十五条规定业务的中国企业法人。

（七）国际船舶管理经营者，是指依照中国法律设立从事《海运条例》第二十六条规定业务的中国企业法人。

（八）外商投资企业，是指依照中国法律投资设立的中外合资经营企业、中外合作经营企业和外商独资企业。

（九）外商常驻代表机构，是指外国企业或者其他经济组织在中国境内依法设立的，为其派出机构开展宣传、推介、咨询和联络活动的非营业性机构。

（十）企业商业登记文件，是指企业登记机关或者企业所在国有关当局签发的企业营业执照或者企业设立的证明文件。境外企业商业登记文件为复印件的，须有企业登记机关在复印件上的确认或者证明复印件与原件一致的公证文书。

（十一）班轮公会协议，是指符合联合国《1974 年班轮公会行动守则公约》定义的，由班轮公会成员之间以及班轮公会之间订立的各类协议。

（十二）运营协议，是指两个或者两个以上国际班轮运输经营者为稳定或者控制运价订立的关于在一条或者数条航线上增加或者减少船舶运力协议，以及其他协调国际班轮运输经营者共同行动的协议，包括具有上述性质内容的会议纪要；两个或者两个以上国际班轮运输经营者为提高运营效率订立的关于共同使用船舶、共同使用港口设施及其他合作经营协议和各类联盟协议、联营体协议。

（十三）运价协议，是指两个或者两个以上国际班轮运输经营者之间订立的关于收费项目及其费率、运价或者附加费等内容的协议，包括具有上述内容的会议纪要。

（十四）公布运价，是指国际班轮运输经营者和无船承运业务经营者运价本上载明的运价。运价本由运价、运价规则、承运人和托运人应当遵守的规定等内容组成。

（十五）协议运价，指国际班轮运输经营者与货主、无船承运业务经营者约定的运价，包括运价及其相关要素。协议运价以合同或者协议形式书面订立。

（十六）从业资历证明文件，是指被证明人具有 3 年以上从事国际海上运输或者国际海上运输辅助性经营活动经历的个人履历表。个人履历表须经公证机关公证。

第二章　国际海上运输及其辅助性业务的经营者

第四条　中国企业法人申请经营国际船舶运输业务，应当符合《海运条例》第五条规定的条件，考虑交通运输部公布的国际海运市场竞争状况和国家关于国际海上运输业发展的政策。

交通运输部应当在其政府网站和其他适当媒体上及时公布国际海运市场竞争状况和国家关于国际海上运输业发展的政策。上述状况和政策未经公布，不得作为拒绝申请的理由。

第五条 中国企业法人申请经营国际船舶运输业务，申请人应当向交通运输部提出申请，报送相关材料，并应同时将申请材料抄报企业所在地的省、自治区、直辖市人民政府交通运输主管部门。申请材料应当包括：

（一）申请书；

（二）申请人的企业商业登记文件、公司章程的复印件；

（三）船舶所有权证书、国籍证书和法定检验证书的副本或者复印件；

（四）规定的国际船舶保安证书、安全管理证书、航运公司安全与防污染能力符合证明的复印件；

（五）提单、客票或者多式联运单证样本；

（六）符合交通运输部规定的高级业务管理人员的从业资格证明。

有关省、自治区、直辖市人民政府交通运输主管部门自收到上述抄报材料后，应当就有关材料进行审核，提出意见，并应当自收到有关材料之日起10个工作日内将有关意见报送交通运输部。

交通运输部收到申请人的申请材料后，应当在申请材料完整齐备之日起30个工作日内按照《海运条例》第五条和第六条的规定进行审核，作出许可或者不许可的决定。决定许可的，向申请人颁发《国际船舶运输经营许可证》；决定不许可的，应当书面通知申请人并告知理由。

取得《国际船舶运输经营许可证》的企业在经营国际船舶运输业务期间，应当确保本条所列有关证书、证明持续合法有效。

第六条 中国国际船舶运输经营者在中国境内设立分支机构的，适用本实施细则第五条规定的程序。申请材料应当包括：

（一）申请书；

（二）母公司的商业登记文件、公司章程的复印件；

（三）母公司的《国际船舶运输经营许可证》复印件；

（四）母公司对该分支机构经营范围的确认文件；

（五）符合交通运输部要求的高级业务管理人员的从业资格证明。

中国国际船舶运输经营者的分支机构可为其母公司所有或者经营的船舶提供办理船舶进出港口手续、安排港口作业、接受订舱、签发客票或者提单、收取运费等服务。

第七条 设立外商投资企业经营国际船舶代理业务，应当有固定的营业场所和必要的营业设施，其高级业务管理人员中至少应当有 2 人具有 3 年以上从事国际海上运输经营活动的经历。

经营国际船舶代理业务的企业，应当在开业后 30 日内向交通运输部报备企业名称、注册地、联系方式等信息和《企业法人营业执照》复印件。交通运输部定期在其政府网站或者授权发布的网站发布国际船舶代理业务经营者名称。

从事国际船舶代理业务的企业变更企业信息或者不再从事国际船舶代理经营活动的，应当在信息变更或者停止经营活动的 15 日内，向交通运输部备案。

第八条 中国企业法人申请经营国际船舶管理业务，应当向拟经营业务所在地的省、自治区、直辖市人民政府交通运输主管部门提出申请，申请材料应当包括：

（一）申请书；

（二）申请人的商业登记文件、公司章程的复印件；

（三）固定营业场所的证明文件；

（四）航运公司安全与防污染能力符合证明复印件；

（五）《海运条例》第九条第（二）项规定的高级业务管理人员的从业资历证明文件；

（六）《海运条例》第九条第（三）项规定的人员的船长、轮机长适任证书复印件。

有关省、自治区、直辖市人民政府交通运输主管部门收到申请人的申请材料后，应当在申请材料完整齐备之日起 15 个工作日内进行审核。材料真实且符合《海运条例》第九条规定条件的，予以资格登记，并颁发《国际海运辅助业经营资格登记证》；材料不真实或者不符合《海运条例》第九条规定条件的，不予登记，书面通知申请人并告知理由。

取得《国际海运辅助业经营资格登记证》的企业在经营国际船舶管理业务期间，应当确保本条所列有关证书、证明持续合法有效。

第九条 国际船舶管理经营者在中国境内的分支机构经营相关业务的，应当符合《海运条例》第九条的规定，并按照《海运条例》第十条和本实施细则第八条的规定进行登记。登记申请材料应当包括：

（一）申请书；

（二）母公司的商业登记文件、公司章程的复印件；

（三）母公司的《国际海运辅助业经营资格登记证》复印件；

（四）母公司确定该分支机构经营范围确认文件；

（五）营业场所的证明文件；

（六）《海运条例》第九条规定的人员的从业资历或者资格的证明文件。

第十条 国际船舶运输经营者申请经营进出中国港口国际班轮运输业务，应当向交通运输部提出申请，并报送《海运条例》第十四条规定的材料。交通运输部应当按照《海运条例》第十四条的规定进行审核。予以登记的，颁发《国际班轮运输经营资格登记证》。申请材料不真实、不齐备的，不予登记，应当书面通知申请人并告知理由。

国际船舶运输经营者依法取得经营进出中国港口国际班轮运输业务资格后，交通运输部在其政府网站或者授权发布的网站公布国际班轮运输经营者名称及其提单格式样本。

取得《国际班轮运输经营资格登记证》的企业在经营国际班轮运输业务期间，应当确保有关证书、证明持续合法有效。

第十一条 申请办理无船承运业务经营者提单登记的，应当向交通运输部提出提单登记申请，报送相关材料，并应当同时将申请材料抄报企业所在地或者外国无船承运业务经营者指定的联络机构所在地的省、自治区、直辖市人民政府交通运输主管部门。申请材料应当包括：

（一）申请书；

（二）企业商业登记文件复印件；

（三）提单格式样本；

（四）保证金已交存的银行凭证复印件、保证金保函或者保证金责任保险原件。

申请人为外国无船承运业务经营者的，还应当提交本实施细则第二十四条规定的其指定的联络机构的有关材料。

有关省、自治区、直辖市人民政府交通运输主管部门自收到上述抄报材料后，应当就有关材料进行审核，提出意见，并应当自收到抄报的申请材料之日起7个工作日内将有关意见报送交通运输部。

交通运输部收到申请人的材料后，应当在申请材料完整齐备之日起15个工作日内按照《海运条例》第七条和第八条的规定进行审核。审核合格的，予以提单登记，并颁发《无船承运业务经营资格登记证》；不合格的，应当书面通知当事人并告知理由。

以保证金保函、保证金责任保险取得《无船承运业务经营资格登记证》的企业，资格登记证的有效期限与保函或者责任保险有效期一致。

第十二条 外国无船承运业务经营者按照外国法律已取得经营资格且有合法财务责任保证的，在按照《海运条例》和本实施细则申请从事进出中国港口无船承运业务时，可以不向中国境内的银行交存保证金。但为了保证外国无船承运业务经营者清偿因其不履行承运人义务或者履行义务不当所产生的债务以及支付罚款，满足《海运条例》第八条第三款的规定，该外国无船承运业务经营者的政府主管部门与中国政府交通运输主管部门应就财务责任保证实现方式签订协议。

第十三条 没有在中国港口开展国际班轮运输业务,但在中国境内承揽货物、签发提单或者其他运输单证、收取运费,通过租赁国际班轮运输经营者船舶舱位提供进出中国港口国际货物运输服务;或者利用国际班轮运输经营者提供的支线服务,在中国港口承揽货物后运抵外国港口中转的,应当按照本实施细则的有关规定,取得无船承运业务经营资格。但有《海运条例》第十三条第三款规定情形的除外。

第十四条 中国的无船承运业务经营者在中国境内的分支机构,应当按照《海运条例》第八条第二款的规定交纳保证金,或者取得保证金保函、保证金责任保险,并按照本实施细则第十一条的规定进行登记,取得《无船承运业务经营资格登记证》。申请登记应当提交下列材料:

(一)申请书;

(二)母公司及分支机构的企业商业登记文件复印件;

(三)母公司的《无船承运业务经营资格登记证》复印件;

(四)母公司确认该分支机构经营范围的确认文件;

(五)保证金已交存的银行凭证复印件、保证金保函或者保证金责任保险原件。

第十五条 无船承运业务经营者申请提单登记时,提单抬头名称应当与申请人名称相一致。

提单抬头名称与申请人名称不一致的,申请人应当提供说明该提单确实为申请人制作、使用的相关材料,并附送申请人对申请登记提单承担承运人责任的书面声明。

第十六条 无船承运业务经营者使用两种或者两种以上提单的,各种提单均应登记。

国际班轮运输经营者和无船承运业务经营者的登记提单发生变更的,应当于新的提单使用之日起15日前将新的提单样本格式向交通运输部备案。

第十七条 无船承运业务经营申请者交纳保证金、取得保证金保函或者保证金责任保险并办理提单登记,依法取得无船承运业务经营资格后,交通运输部在其政府网站或者授权发布的网站公布无船承运业务经营者名称及其提单格式样本。

第十八条 无船承运业务经营者应当依法在交通运输部指定的商业银行开设的无船承运业务经营者专门账户上交存保证金,保证金利息按照中国人民银行公布的相应存款利率计息。

第十九条 无船承运业务经营者交存的保证金,受国家法律保护。除下列情形外，保证金不得动用：

（一）因无船承运业务经营者不履行承运人义务或者履行义务不当，根据司法机关已生效的判决或者司法机关裁定执行的仲裁机构裁决应当承担赔偿责任的，而无船承运业务经营者拒不执行的；

（二）被交通运输主管部门依法处以罚款的，而无船承运业务经营者拒不执行的。

有前款（一）、（二）项情形需要从保证金中划拨的，应当依法进行。

无船承运业务经营者的保证金不符合《海运条例》规定数额的，交通运输部应当书面通知其补足。无船承运业务经营者自收到交通运输部书面通知之日起30日内未补足的，交通运输部应当按照《海运条例》第十二条的规定取消其经营资格。

第二十条 无船承运业务经营者被交通运输部依法取消经营资格、申请终止经营或者因其他原因终止经营的，可向交通运输部申请退还保证金。交通运输部应将该申请事项在其政府网站上公示30日。

在公示期内，有关当事人认为无船承运业务经营者有本实施细则第十九条第一款第（一）项情形需要对其保证金采取保全措施的，应当在上述期限内取得司法机关的财产保全裁定。自保证金被保全之日起，交通运输部依照《海运条例》对保证金账户的监督程序结束。有关纠纷由当事双方通过司法程序解决。

公示期届满未有前款规定情形的，交通运输部应当通知保证金开户银行退还无船承运业务经营者保证金及其利息，并收缴该无船承运业务经营者的《无船承运业务经营资格登记证》。

第二十一条 中国国际船舶运输经营者、中国无船承运业务经营者、国际船舶管理经营者有下列变更情形之一的，应当向原资格许可、登记机关备案：

（一）变更企业名称；

（二）企业迁移；

（三）变更出资人；

（四）歇业、终止经营；

（五）中国籍船舶终止国际船舶运输业务。

变更企业名称的，由原资格许可、登记机关换发相关经营许可证或者经营资格登记证；企业终止经营的，应当将有关许可、登记证书交回原许可、登记机关。

第三章 国际海上运输及其辅助性业务经营活动

第二十二条 国际班轮运输经营者新开或者停开国际班轮运输航线，或者变更国际班轮运输船舶、班期的，应当按照《海运条例》第十六条的规定在交通运输部指定媒体上公告，并按规定报备。

第二十三条 中国国际船舶运输经营者增加运营船舶，包括以光船租赁方式租用船舶增加运营船舶的，应当于投入运营前15日向交通运输部备案，取得备案证明文件。备案材料应当载明公司名称、注册地、船名、船舶国籍、船舶类型、船舶吨位、拟运营航线。

交通运输部收到备案材料后，应当在3个工作日内出具备案证明文件。

第二十四条 在中国港口开展国际班轮运输业务的外国国际船舶运输经营者，以及在中国委托代理人提供进出中国港口国际货物运输服务的外国无船承运业务经营者，应当在中国境内委托一个联络机构，负责代表该外国企业与中国政府有关部门就《海运条例》和本实施细则规定的有关管理及法律事宜进行联络。联络机构可以是该外国企业在中国境内设立的外商投资企业或者常驻代表机构，也可以是其他中国企业法人或者在中国境内有固定住所的其他经济组织。委托的联络机构应当向交通运输部备案，并提交下列文件：

（一）联络机构说明书，载明联络机构名称、住所、联系方式及联系人；

（二）委托书副本或者复印件；

（三）委托人与联络机构的协议副本；

（四）联络机构的工商登记文件复印件。

联络机构为该外国企业在中国境内的外商投资企业或者常驻代表机构的，不须提供本条第一款第（二）项、第（三）项文件。

联络机构或者联络机构说明书所载明的事项发生改变的，应当自发生改变之日起15日内向交通运输部备案。

第二十五条 任何单位和个人不得擅自使用国际班轮运输经营者和无船承运业务经营者已经登记的提单。

第二十六条 无船承运业务经营者需要委托代理人签发提单或者相关单证的，应当委托依法取得经营资格的国际船舶运输经营者、无船承运业务经营者和国际海运辅助业务经营者代理上述事项。

前款规定的经营者不得接受未办理提单登记并交存保证金或者取得保证金保函、保证金责任保险的无船承运业务经营者的委托，为其代理签发提单。

第二十七条 国际班轮运输经营者与货主和无船承运业务经营者协议运价的，应当采用书面形式。协议运价号应当在提单或者相关单证上显示。

第二十八条 国际船舶运输经营者不得接受未办理提单登记并交纳保证金或者取得保证金保函、保证金责任保险的无船承运业务经营者提供的货物或者集装箱。

第二十九条 国际班轮运输经营者和无船承运业务经营者应当将其在中

国境内的船舶代理人、签发提单代理人在交通运输部指定的媒体上公布。公布事项包括代理人名称、注册地、住所、联系方式。代理人发生变动的,应当于有关代理协议生效前7日内公布上述事项。

国际班轮运输经营者、无船承运业务经营者应当及时将公布代理事项的媒体名称向交通运输部备案。

第三十条 国际船舶运输经营者之间订立的涉及中国港口的班轮公会协议、运营协议、运价协议等,应当自协议订立之日起15日内,按下列规定向交通运输部备案:

(一)班轮公会协议,由班轮公会代表其所有经营进出中国港口海上运输的成员备案。班轮公会备案时,应当同时提供该公会的成员名单。

(二)国际船舶运输经营者之间订立的运营协议、运价协议,由参加订立协议的国际船舶运输经营者分别备案。

第三十一条 国际船舶管理经营者应当根据合同的约定和国家有关规定,履行有关船舶安全和防止污染的义务。

第三十二条 国际海运业及辅助业经营者,应当按照有关统计报表制度的要求,真实、准确、完整、及时地报送相关统计信息。

第三十三条 国际船舶代理经营者、国际船舶管理经营者,不得有下列行为:

(一)以非正常、合理的收费水平提供服务,妨碍公平竞争;

(二)在会计账簿之外暗中给予客户回扣,以承揽业务;

(三)滥用优势地位,限制交易当事人自主选择国际海运辅助业务经营者,或者以其相关产业的垄断地位诱导交易当事人,排斥同业竞争;

(四)其他不正当竞争行为。

第三十四条 外国国际船舶运输经营者以及外国国际海运辅助企业的常驻代表机构不得从事经营活动,包括不得:

(一)代表其境外母公司接受订舱,签发母公司提单或者相关单证;

(二)为母公司办理结算或者收取运费及其他费用;

(三)开具境外母公司或者其母公司在中国境内设立的《海运条例》第二十九条规定的企业的票据;

(四)以托运人身份向国际班轮运输经营者托运货物;

(五)以外商常驻代表机构名义与客户签订业务合同。

第三十五条 国际集装箱班轮运输经营者在报备运价时,应当报备中国港口至外国基本港的出口集装箱的海运运价和附加费。

第三十六条 班轮公会、运价协议组织在中国开展业务应当遵守我国缔结或者参加的国际公约和我国的法律法规、规章及相关规定,不得损害国际海运市场公平竞争秩序。

班轮公会和运价协议组织应当与中国境内的托运人组织建立有效的协商机制。

第四章　外商投资经营国际海上运输及其辅助性业务

第三十七条　设立中外合资、合作经营企业经营国际船舶运输业务，应当通过拟设立企业所在地的省、自治区、直辖市人民政府交通运输主管部门向交通运输部提出申请。申请材料应当包括：

（一）申请书；

（二）公司章程复印件；

（三）投资者的企业商业登记文件或者身份证件复印件；

（四）符合交通运输部规定的高级业务管理人员的从业资格证明。

有关省、自治区、直辖市人民政府交通运输主管部门应当自收到完整齐备的材料之日起10个工作日内将申请材料及意见转报交通运输部。

交通运输部应当自收到转报的上述材料和意见之日起30个工作日内，按照《海运条例》第二十八条第二款、第三款和第四款的规定以及交通运输部公布的国际海运市场竞争状况和国家关于国际海上运输业发展的政策进行审核，作出批准或者不予批准的决定。决定批准的，发给批准文件；不予批准的，应当书面通知申请人并告知理由。

获得批准的申请人应当持交通运输部批准文件，按照国家有关外商投资企业的法律、法规的要求，到有关部门办理相应的设立外商投资企业的审批手续。取得相应的审批手续后，应当持有关部门许可设立企业的文件和本实施细则第五条第一款（三）至（六）项的相关材料，按照本实施细则第五条规定的程序向交通运输部领取相应的《国际船舶运输经营许可证》。

第三十八条　设立《海运条例》第二十八条规定的外商投资企业，应当按照交通运输部和商务部的有关规定办理。

第三十九条　设立外商投资企业经营国际船舶代理业务，应当通过拟设立企业所在地的省、自治区、直辖市人民政府交通运输主管部门向交通运输部提交符合本实施细则第七条第一款规定条件的申请材料。有关省、自治区、直辖市人民政府交通运输主管部门收到完整齐备的上述材料后，应当于10个工作日内将有关材料及意见转报交通运输部。

交通运输部应当自收到转报的上述材料和意见之日起30个工作日内，按照本实施细则第七条第一款的规定进行审核，作出批准或者不予批准的决定。决定批准的，发给批准文件；不予批准的，应当书面通知申请人并告知理由。

获得批准的申请人应当持交通运输部批准文件,按照国家有关外商投资企业的法律、法规的要求到有关部门办理相应的设立外商投资企业的审批手续。取得相应的批准文件后,到交通运输部领取《国际船舶代理经营资格登记证书》。

第四十条 设立外商投资企业经营国际船舶管理业务,应当通过拟设立企业所在地的省、自治区、直辖市人民政府交通运输主管部门向交通运输部提交本实施细则第八条规定的申请材料。有关省、自治区、直辖市人民政府交通运输主管部门收到完整齐备的上述材料后,应当于10个工作日内将有关材料及意见转报交通运输部。

交通运输部应当自收到转报的上述材料和意见之日起30个工作日内,按照《海运条例》第九条的规定进行审核,作出批准或者不予批准的决定。决定批准的,发给批准文件;不予批准的,应当书面通知申请人并告知理由。

获得批准的申请人应当持交通运输部批准文件,按照国家有关外商投资企业的法律、法规的要求到有关部门办理相应的设立外商投资企业的审批手续。取得相应的审批手续后,应当持有关部门的批准文件按照本实施细则第八条规定的程序向企业所在地的省、自治区、直辖市人民政府交通运输主管部门办理登记,领取《国际海运辅助业经营资格登记证》。

第五章 监督检查

第四十一条 交通运输部和有关地方人民政府交通运输主管部门依照有关法律、法规和本规定,对国际海运市场实施监督检查和调查。国际海上运输业务经营者、国际海运辅助业务经营者应当配合监督检查和调查,如实提供有关凭证、文件及其他相关资料。

第四十二条 国际船舶运输经营者和无船承运业务经营者应当执行生效的备案运价。国务院交通运输主管部门根据利害关系人的请求或自行决定,组织或授权地方交通运输主管部门开展运价备案执行情况检查。

第四十三条 利害关系人认为国际海上运输业务经营者、国际海运辅助业务经营者有《海运条例》第三十一条和本实施细则第三十三条规定情形的,可依照《海运条例》第三十一条的规定请求交通运输部实施调查。请求调查时,应当提出书面调查申请,并阐述理由,提供必要的证据。

交通运输部对调查申请应当进行评估,在自收到调查申请之日起60个工作日内作出实施调查或者不予调查的决定:

(一)交通运输部认为调查申请理由不充分或者证据不足的,决定不予调查并通知调查申请人。申请人可补充理由或者证据后再次提出调查申请。

（二）交通运输部根据评估结论认为应当实施调查或者按照《海运条例》第三十一条规定自行决定调查的，应当将有关材料和评估结论通报国务院工商行政管理部门和价格部门。

第四十四条 调查的实施由交通运输部会同国务院工商行政管理部门和价格部门（以下简称调查机关）共同成立的调查组进行。

调查机关应当将调查组组成人员、调查事由、调查期限等情况通知被调查人。被调查人应当在调查通知送达后30日内就调查事项作出答辩。

被调查人认为调查组成员同调查申请人、被调查人或者调查事项有利害关系的，有权提出回避请求。调查机关认为回避请求成立的，应当对调查组成员进行调整。

第四十五条 被调查人接受调查时，应当根据调查组的要求提供相关数据、资料及文件等。属于商业秘密的，应当向调查组提出。调查组应当以书面形式记录备查。

调查机关和调查人员对被调查人的商业秘密应当予以保密。

被调查人发现调查人员泄露其商业秘密并有充分证据的，有权向调查机关投诉。

第四十六条 调查机关对被调查人"低于正常、合理水平运价"的认定，应当考虑下列因素：

（一）同一行业内多数经营者的运价水平以及与被调查人具有同等规模经营者的运价水平；

（二）被调查人实施该运价水平的理由，包括成本构成、管理水平和盈亏状况等；

（三）是否针对特定的竞争对手并以排挤竞争对手为目的。

第四十七条 调查机关对"损害公平竞争"或者"损害交易对方"的认定，应当考虑下列因素：

（一）对旅客或者托运人自由选择承运人造成妨碍；

（二）影响旅客或者货物的正常出行或者出运；

（三）以账外暗中回扣承揽货物，扭曲市场竞争规则。

第四十八条 调查机关作出调查结论前，可举行专家咨询会议，对"损害公平竞争"或者"损害交易对方"的程度进行评估。

聘请的咨询专家不得与调查申请人、被调查人具有利害关系。

第四十九条 调查结束时，调查机关应当作出调查结论，并书面通知调查申请人和被调查人：

（一）基本事实不成立的，调查机关应当决定终止调查；

（二）基本事实存在但对市场公平竞争不造成实质损害的，调查机关可决

定不对被调查人采取禁止性、限制性措施;

(三)基本事实清楚且对市场公平竞争造成实质损害的,调查机关应当根据《海运条例》的规定,对被调查人采取限制性、禁止性措施。

第五十条 调查机关在作出采取禁止性、限制性措施的决定前,应当告知当事人有举行听证的权利;当事人要求举行听证的,应当在自调查机关通知送达之日起10日内,向调查机关书面提出;逾期未提出听证请求的,视为自动放弃请求听证的权利。

第五十一条 就本实施细则第三十三条所列情形实施调查的,调查组成员中应当包括对被调查人的资格实施登记的有关省、自治区、直辖市人民政府交通运输主管部门的人员。

对有本实施细则第三十三条第(三)项所列违法行为并给交易当事人或者同业竞争者造成实质损害的,调查机关可采取限制其在一定时期内扩大业务量的限制性措施。

第六章 法律责任

第五十二条 违反《海运条例》和本实施细则的规定应当予以处罚的,交通运输部或授权的省、自治区、直辖市人民政府交通运输主管部门应当按照《海运条例》第六章和本章的规定予以处罚。

第五十三条 外商常驻代表机构有本实施细则第三十四条规定情形的,交通运输部或者有关省、自治区、直辖市人民政府交通运输主管部门可将有关情况通报有关工商行政管理部门,由工商行政管理部门按照《海运条例》第四十八条的规定处罚。

第五十四条 班轮公会协议、运营协议和运价协议、国际船舶代理经营者未按规定向交通运输部备案的,由交通运输部依照《海运条例》第四十四条的规定,对本实施细则第七条、第三十条规定的备案人实施处罚。班轮公会不按规定报备的,可对其公会成员予以处罚。

第五十五条 调查人员违反规定,泄露被调查人保密信息的,依法给予行政处分;造成严重后果,触犯刑律的,依法追究刑事责任。

第七章 附 则

第五十六条 《海运条例》和本实施细则规定的许可、登记事项,申请人可委托代理人办理。代理人办理委托事项的,应当提供授权委托书。外国申请人或者投资者提交的公证文书,应当由申请人或者投资者所在国公证机关或者执业律师开出。

本实施细则所要求的各类文字资料应当用中文书写,如使用其他文字的,应随附中文译文。

第五十七条 对《海运条例》和本实施细则规定的备案事项的具体要求、报备方式和方法应当按照交通运输部的规定办理。

第五十八条 香港特别行政区、澳门特别行政区和台湾地区的投资者在内地投资从事国际海上运输和与国际海上运输相关的辅助性业务,比照适用《海运条例》第四章和本实施细则第四章的有关规定。

第五十九条 《海运条例》第十七条规定的公布运价和协议运价备案的具体办法,由交通运输部另行规定。

第六十条 本实施细则自 2003 年 3 月 1 日起施行。交通部 1985 年 4 月 11 日发布的《交通部对从事国际海运船舶公司的暂行管理办法》、1990 年 3 月 2 日发布的《国际船舶代理管理规定》、1990 年 6 月 20 日发布的《国际班轮运输管理规定》、1992 年 6 月 9 日发布的《中华人民共和国海上国际集装箱运输管理规定实施细则》、1997 年 10 月 17 日发布的《外国水路运输企业常驻代表机构管理办法》同时废止。

城市公共汽车和电车客运管理规定

(2017 年 3 月 7 日交通运输部令 2017 年第 5 号公布　自 2017 年 5 月 1 日起施行　国法备字[2017000443])

第一章　总　　则

第一条 为规范城市公共汽车和电车客运活动,保障运营安全,提高服务质量,促进城市公共汽车和电车客运事业健康有序发展,依据《国务院关于城市优先发展公共交通的指导意见》(国发〔2012〕64 号),制定本规定。

第二条 从事城市公共汽车和电车(以下简称城市公共汽电车)客运的服务提供、运营管理、设施设备维护、安全保障等活动,应当遵守本规定。

本规定所称城市公共汽电车客运,是指在城市人民政府确定的区域内,运用符合国家有关标准和规定的公共汽电车车辆和城市公共汽电车客运服务设施,按照核准的线路、站点、时间和票价运营,为社会公众提供基本出行服务的活动。

本规定所称城市公共汽电车客运服务设施,是指保障城市公共汽电车客运服务的停车场、保养场、站务用房、候车亭、站台、站牌以及加油(气)站、电车触线网、整流站和电动公交车充电设施等相关设施。

第三条 交通运输部负责指导全国城市公共汽电车客运管理工作。

省、自治区人民政府交通运输主管部门负责指导本行政区域内城市公共汽电车客运管理工作。

城市人民政府交通运输主管部门或者城市人民政府指定的城市公共交通运营主管部门(以下简称城市公共交通主管部门)具体承担本行政区域内城市公共汽电车客运管理工作。

第四条 城市公共汽电车客运是城市公共交通的重要组成部分,具有公益属性。

省、自治区人民政府交通运输主管部门和城市公共交通主管部门应当在本级人民政府的领导下,会同有关部门,根据国家优先发展公共交通战略,落实在城市规划、财政政策、用地供给、设施建设、路权分配等方面优先保障城市公共汽电车客运事业发展的政策措施。

第五条 城市公共汽电车客运的发展,应当遵循安全可靠、便捷高效、经济适用、节能环保的原则。

第六条 国家鼓励城市公共汽电车客运运营企业实行规模化、集约化经营。

第七条 国家鼓励推广新技术、新能源、新装备,加强城市公共交通智能化建设,推进物联网、大数据、移动互联网等现代信息技术在城市公共汽电车客运运营、服务和管理方面的应用。

第二章 规划与建设

第八条 城市公共交通主管部门应当统筹考虑城市发展和社会公众基本出行需求,会同有关部门组织编制、修改城市公共汽电车线网规划。

编制、修改城市公共汽电车线网规划,应当科学设计城市公共汽电车线网、场站布局、换乘枢纽和重要交通节点设置,注重城市公共汽电车与其他出行方式的衔接和协调,并广泛征求相关部门和社会各方的意见。

第九条 城市公共交通主管部门应当依据城市公共汽电车线网规划,结合城市发展和社会公众出行需求,科学论证、适时开辟或者调整城市公共汽电车线路和站点,并征求社会公众意见。

新建、改建、扩建城市公共汽电车客运服务设施,应当符合城市公共汽电车线网规划。

第十条 城市公共交通主管部门应当按照城市公共汽电车线网规划,对城市道路等市政设施以及规模居住区、交通枢纽、商业中心、工业园区等大型建设项目配套建设城市公共汽电车客运服务设施制定相关标准。

第十一条 城市公共交通主管部门应当会同有关部门，按照相关标准要求，科学设置公交专用道、公交优先通行信号系统、港湾式停靠站等，提高城市公共汽电车的通行效率。

第十二条 城市公共交通主管部门应当定期开展社会公众出行调查，充分利用移动互联网、大数据、云计算等现代信息技术收集、分析社会公众出行时间、方式、频率、空间分布等信息，作为优化城市公共交通线网的依据。

第十三条 城市公共交通主管部门应当按照有关标准对城市公共汽电车线路、站点进行统一命名，方便乘客出行及换乘。

第三章 运营管理

第十四条 城市公共汽电车客运按照国家相关规定实行特许经营，城市公共交通主管部门应当根据规模经营、适度竞争的原则，综合考虑运力配置、社会公众需求、社会公众安全等因素，通过服务质量招投标的方式选择运营企业，授予城市公共汽电车线路运营权；不符合招投标条件的，由城市公共交通主管部门择优选择取得线路运营权的运营企业。城市公共交通主管部门应当与取得线路运营权的运营企业签订线路特许经营协议。

城市公共汽电车线路运营权实行无偿授予，城市公共交通主管部门不得拍卖城市公共汽电车线路运营权。运营企业不得转让、出租或者变相转让、出租城市公共汽电车线路运营权。

第十五条 申请城市公共汽电车线路运营权应当符合下列条件：

（一）具有企业法人营业执照；

（二）具有符合运营线路要求的运营车辆或者提供保证符合国家有关标准和规定车辆的承诺书；

（三）具有合理可行、符合安全运营要求的线路运营方案；

（四）具有健全的经营服务管理制度、安全生产管理制度和服务质量保障制度；

（五）具有相应的管理人员和与运营业务相适应的从业人员；

（六）有关法律、法规规定的其他条件。

第十六条 城市公共汽电车线路运营权实行期限制，同一城市公共汽电车线路运营权实行统一的期限。

第十七条 城市公共汽电车线路特许经营协议应当明确以下内容：

（一）运营线路、站点设置、配置车辆数及车型、首末班次时间、运营间隔、线路运营权期限等；

（二）运营服务标准；

（三）安全保障制度、措施和责任；

（四）执行的票制、票价；

（五）线路运营权的变更、延续、暂停、终止的条件和方式；

（六）履约担保；

（七）运营期限内的风险分担；

（八）应急预案和临时接管预案；

（九）运营企业相关运营数据上报要求；

（十）违约责任；

（十一）争议调解方式；

（十二）双方的其他权利和义务；

（十三）双方认为应当约定的其他事项。

在线路特许经营协议有效期限内，确需变更协议内容的，协议双方应当在共同协商的基础上签订补充协议。

第十八条 城市公共汽电车线路运营权期限届满，由城市公共交通主管部门按照第十四条规定重新选择取得该线路运营权的运营企业。

第十九条 获得城市公共汽电车线路运营权的运营企业，应当按照线路特许经营协议要求提供连续服务，不得擅自停止运营。

运营企业需要暂停城市公共汽电车线路运营的，应当提前3个月向城市公共交通主管部门提出报告。运营企业应当按照城市公共交通主管部门的要求，自拟暂停之日7日前向社会公告；城市公共交通主管部门应当根据需要，采取临时指定运营企业、调配车辆等应对措施，保障社会公众出行需求。

第二十条 在线路运营权期限内，运营企业因破产、解散、被撤销线路运营权以及不可抗力等原因不能运营时，应当及时书面告知城市公共交通主管部门。城市公共交通主管部门应当按照国家相关规定重新选择线路运营企业。

在线路运营权期限内，运营企业合并、分立的，应当向城市公共交通主管部门申请终止其原有线路运营权。合并、分立后的运营企业符合本规定第十五条规定条件的，城市公共交通主管部门可以与其就运营企业原有的线路运营权重新签订线路特许经营协议；不符合相关要求的，城市公共交通主管部门应当按照国家相关规定重新选择线路运营企业。

第二十一条 城市公共交通主管部门应当配合有关部门依法做好票制票价的制定和调整，依据成本票价，并按照鼓励社会公众优先选择城市公共交通出行的原则，统筹考虑社会公众承受能力、政府财政状况和出行距离等因素，确定票制票价。

运营企业应当执行城市人民政府确定的城市公共汽电车票制票价。

第二十二条 运营企业应当按照企业会计准则等有关规定，加强财务管理，规范会计核算，并按规定向城市公共交通主管部门报送运营信息、统计报表和年度会计报告等信息。年度会计报告内容应当包括运营企业实际执行票价低于运营成本的部分，执行政府乘车优惠政策减少的收入，以及执行抢险救灾等政府指令性任务发生的支出等。

第二十三条 城市公共交通主管部门应当配合有关部门建立运营企业的运营成本核算制度和补偿、补贴制度。

对于运营企业执行票价低于成本票价等所减少的运营收入，执行政府乘车优惠政策减少的收入，以及因承担政府指令性任务所造成的政策性亏损，城市公共交通主管部门应当建议有关部门按规定予以补偿、补贴。

第四章 运营服务

第二十四条 运营企业应当按照线路特许经营协议确定的数量、车型配备符合有关标准规定的城市公共汽电车车辆，并报城市公共交通主管部门备案。

第二十五条 运营企业应当按照有关标准及城市公共交通主管部门的要求，在投入运营的车辆上配置符合以下要求的相关服务设施和运营标识：

（一）在规定位置公布运营线路图、价格表；

（二）在规定位置张贴统一制作的乘车规则和投诉电话；

（三）在规定位置设置特需乘客专用座位；

（四）在无人售票车辆上配置符合规定的投币箱、电子读卡器等服务设施；

（五）规定的其他车辆服务设施和标识。

第二十六条 运营企业应当按照有关标准及城市公共交通主管部门的要求，在城市公共汽电车客运首末站和中途站配置符合以下要求的相关服务设施和运营标识：

（一）在规定位置公布线路票价、站点名称和服务时间；

（二）在规定位置张贴投诉电话；

（三）规定的其他站点服务设施和标识配置要求。

第二十七条 运营企业聘用的从事城市公共汽电车客运的驾驶员、乘务员，应当具备以下条件：

（一）具有履行岗位职责的能力；

（二）身心健康，无可能危及运营安全的疾病或者病史；

（三）无吸毒或者暴力犯罪记录。

从事城市公共汽电车客运的驾驶员还应当符合以下条件：

（一）取得与准驾车型相符的机动车驾驶证且实习期满；

（二）最近连续3个记分周期内没有记满12分违规记录；

（三）无交通肇事犯罪、危险驾驶犯罪记录，无饮酒后驾驶记录。

第二十八条 运营企业应当按照有关规范和标准对城市公共汽电车客运驾驶员、乘务员进行有关法律法规、岗位职责、操作规程、服务规范、安全防范和应急处置等基本知识与技能的培训和考核，安排培训、考核合格人员上岗。运营企业应当将相关培训、考核情况建档备查，并报城市公共交通主管部门备案。

第二十九条 从事城市公共汽电车客运的驾驶员、乘务员，应当遵守以下规定：

（一）履行相关服务标准；

（二）按照规定的时段、线路和站点运营，不得追抢客源、滞站揽客；

（三）按照价格主管部门核准的票价收费，并执行有关优惠乘车的规定；

（四）维护城市公共汽电车场站和车厢内的正常运营秩序，播报线路名称、走向和停靠站，提示安全注意事项；

（五）为老、幼、病、残、孕乘客提供必要的帮助；

（六）发生突发事件时应当及时处置，保护乘客安全，不得先于乘客弃车逃离；

（七）遵守城市公共交通主管部门制定的其他服务规范。

第三十条 运营企业应当按照线路特许经营协议规定的线路、站点、运营间隔、首末班次时间、车辆数、车型等组织运营。未经城市公共交通主管部门同意，运营企业不得擅自改变线路特许经营协议内容。按照第十七条规定变更协议内容签订补充协议的，应当向社会公示。

第三十一条 运营企业应当依据城市公共汽电车线路特许经营协议制定行车作业计划，并报城市公共交通主管部门备案。运营企业应当履行约定的服务承诺，保证服务质量，按照行车作业计划调度车辆，并如实记录、保存线路运营情况和数据。

第三十二条 运营企业应当及时向城市公共交通主管部门上报相关信息和数据，主要包括运营企业人员、资产等信息，场站、车辆等设施设备相关数据，运营线路、客运量及乘客出行特征、运营成本等相关数据，公共汽电车调查数据，企业政策与制度信息等。

第三十三条 由于交通管制、城市建设、重大公共活动、公共突发事件等影响城市公共汽电车线路正常运营的，城市公共交通主管部门和运营企业应当及时向社会公告相关线路运营的变更、暂停情况，并采取相应措施，保障社会公众出行需求。

第三十四条　城市公共交通主管部门应当根据社会公众出行便利、城市公共汽电车线网优化等需要，组织运营企业提供社区公交、定制公交、夜间公交等多样化服务。

第三十五条　发生下列情形之一的，运营企业应当按照城市公共交通主管部门的要求，按照应急预案采取应急运输措施：

（一）抢险救灾；

（二）主要客流集散点运力严重不足；

（三）举行重大公共活动；

（四）其他需要及时组织运力对人员进行疏运的突发事件。

第三十六条　城市公共汽电车客运场站等服务设施的日常管理单位应当按照有关标准和规定，对场站等服务设施进行日常管理，定期进行维修、保养，保持其技术状况、安全性能符合国家标准，维护场站的正常运营秩序。

第三十七条　运营企业应当按照国家有关标准，定期对城市公共电车触线网、馈线网、整流站等供配电设施进行维护，保证其正常使用，并按照国家有关规定设立保护标识。

第三十八条　乘客应当遵守乘车规则，文明乘车，不得在城市公共汽电车客运车辆或者场站内饮酒、吸烟、乞讨或者乱扔废弃物。

乘客有违反前款行为时，运营企业从业人员应当对乘客进行劝止，劝阻无效的，运营企业从业人员有权拒绝为其提供服务。

第三十九条　乘客应当按照规定票价支付车费，未按规定票价支付的，运营企业从业人员有权要求乘客补交车费，并按照有关规定加收票款。

符合当地优惠乘车条件的乘客，应当按规定出示有效乘车凭证，不能出示的，运营企业从业人员有权要求其按照普通乘客支付车费。

第四十条　有下列情形之一的，乘客可以拒绝支付车费：

（一）运营车辆未按规定公布运营收费标准的；

（二）无法提供车票凭证或者车票凭证不符合规定的；

（三）不按核准的收费标准收费的。

第四十一条　城市公共汽电车客运车辆在运营途中发生故障不能继续运营时，驾驶员、乘务员应当向乘客说明原因，安排改乘同线路后序车辆或者采取其他有效措施疏导乘客，并及时报告运营企业。

第四十二条　进入城市公共汽电车客运场站等服务设施的单位和个人，应当遵守城市公共汽电车场站等服务设施运营管理制度。

第四十三条　运营企业利用城市公共汽电车客运服务设施和车辆设置广告的，应当遵守有关广告管理的法律、法规及标准。广告设置不得有覆盖站牌标识和车辆运营标识、妨碍车辆行驶安全视线等影响运营安全的情形。

第五章　运营安全

第四十四条　运营企业是城市公共汽电车客运安全生产的责任主体。运营企业应当建立健全企业安全生产管理制度，设置安全生产管理机构或者配备专职安全生产管理人员，保障安全生产经费投入，增强突发事件防范和应急处置能力，定期开展安全检查和隐患排查，加强安全乘车和应急知识宣传。

第四十五条　运营企业应当制定城市公共汽电车客运运营安全操作规程，加强对驾驶员、乘务员等从业人员的安全管理和教育培训。驾驶员、乘务员等从业人员在运营过程中应当执行安全操作规程。

第四十六条　运营企业应当对城市公共汽电车客运服务设施设备建立安全生产管理制度，落实责任制，加强对有关设施设备的管理和维护。

第四十七条　运营企业应当建立城市公共汽电车车辆安全管理制度，定期对运营车辆及附属设备进行检测、维护、更新，保证其处于良好状态。不得将存在安全隐患的车辆投入运营。

第四十八条　运营企业应当在城市公共汽电车车辆和场站醒目位置设置安全警示标志、安全疏散示意图等，并为车辆配备灭火器、安全锤等安全应急设备，保证安全应急设备处于良好状态。

第四十九条　禁止携带违禁物品乘车。运营企业应当在城市公共汽电车主要站点的醒目位置公布禁止携带的违禁物品目录。有条件的，应当在城市公共汽电车车辆上张贴禁止携带违禁物品乘车的提示。

第五十条　运营企业应当依照规定配备安保人员和相应设备设施，加强安全检查和保卫工作。乘客应当自觉接受、配合安全检查。对于拒绝接受安全检查或者携带违禁物品的乘客，运营企业从业人员应当制止其乘车；制止无效的，及时报告公安部门处理。

第五十一条　城市公共交通主管部门应当会同有关部门，定期进行安全检查，督促运营企业及时采取措施消除各种安全隐患。

第五十二条　城市公共交通主管部门应当会同有关部门制定城市公共汽电车客运突发事件应急预案，报城市人民政府批准。

运营企业应当根据城市公共汽电车客运突发事件应急预案，制定本企业的应急预案，并定期演练。

发生安全事故或者影响城市公共汽电车客运运营安全的突发事件时，城市公共交通主管部门、运营企业等应当按照应急预案及时采取应急处置措施。

第五十三条　禁止从事下列危害城市公共汽电车运营安全、扰乱乘车秩序的行为：

（一）非法拦截或者强行上下城市公共汽电车车辆；

（二）在城市公共汽电车场站及其出入口通道擅自停放非城市公共汽电车车辆、堆放杂物或者摆摊设点等；

（三）妨碍驾驶员的正常驾驶；

（四）违反规定进入公交专用道；

（五）擅自操作有警示标志的城市公共汽电车按钮、开关装置，非紧急状态下动用紧急或安全装置；

（六）妨碍乘客正常上下车；

（七）其他危害城市公共汽电车运营安全、扰乱乘车秩序的行为。

运营企业从业人员接到报告或者发现上述行为应当及时制止；制止无效的，及时报告公安部门处理。

第五十四条 任何单位和个人都有保护城市公共汽电车客运服务设施的义务，不得有下列行为：

（一）破坏、盗窃城市公共汽电车车辆、设施设备；

（二）擅自关闭、侵占、拆除城市公共汽电车客运服务设施或者挪作他用；

（三）损坏、覆盖电车供电设施及其保护标识，在电车架线杆、馈线安全保护范围内修建建筑物、构筑物或者堆放、悬挂物品，搭设管线、电（光）缆等；

（四）擅自覆盖、涂改、污损、毁坏或者迁移、拆除站牌；

（五）其他影响城市公共汽电车客运服务设施功能和安全的行为。

第六章 监督检查

第五十五条 城市公共交通主管部门应当建立“双随机”抽查制度，并定期对城市公共汽电车客运进行监督检查，维护正常的运营秩序，保障运营服务质量。

第五十六条 城市公共交通主管部门有权行使以下监督检查职责：

（一）向运营企业了解情况，要求其提供有关凭证、票据、账簿、文件及其他相关材料；

（二）进入运营企业进行检查，调阅、复制相关材料；

（三）向有关单位和人员了解情况。

城市公共交通主管部门对检查中发现的违法行为，应当当场予以纠正或者要求限期改正；对依法应当给予行政处罚、采取强制措施的行为，应当依法予以处理。

有关单位和个人应当接受城市公共交通主管部门及其工作人员依法实施的监督检查，如实提供有关材料或者说明情况。

第五十七条 城市公共交通主管部门应当建立运营企业服务质量评价制度，定期对运营企业的服务质量进行评价并向社会公布，评价结果作为衡量运营企业运营绩效、发放政府补贴和线路运营权管理等的依据。

对服务质量评价不合格的线路，城市公共交通主管部门应当责令相关运营企业整改。整改不合格，严重危害公共利益，或者造成重大安全事故的，城市公共交通主管部门可以终止其部分或者全部线路运营权的协议内容。

第五十八条 城市公共交通主管部门和运营企业应当分别建立城市公共交通服务投诉受理制度并向社会公布，及时核查和处理投诉事项，并将处理结果及时告知投诉人。

第五十九条 城市公共交通主管部门应当对完成政府指令性运输任务成绩突出，文明服务成绩显著，有救死扶伤、见义勇为等先进事迹的运营企业和相关从业人员予以表彰。

第七章 法律责任

第六十条 未取得线路运营权、未与城市公共交通主管部门签订城市公共汽电车线路特许经营协议，擅自从事城市公共汽电车客运线路运营的，由城市公共交通主管部门责令停止运营，并处2万元以上3万元以下的罚款。

第六十一条 运营企业违反本规定第二十五条、第二十六条规定，未配置符合要求的服务设施和运营标识的，由城市公共交通主管部门责令限期改正；逾期不改正的，处5000元以下的罚款。

第六十二条 运营企业有下列行为之一的，由城市公共交通主管部门责令限期改正；逾期未改正的，处5000元以上1万元以下的罚款：

（一）未定期对城市公共汽电车车辆及其安全设施设备进行检测、维护、更新的；

（二）未在城市公共汽电车车辆和场站醒目位置设置安全警示标志、安全疏散示意图和安全应急设备的；

（三）使用不具备本规定第二十七条规定条件的人员担任驾驶员、乘务员的；

（四）未对拟担任驾驶员、乘务员的人员进行培训、考核的。

第六十三条 运营企业未制定应急预案并组织演练的，由城市公共交通主管部门责令限期改正，并处1万元以下的罚款。

发生影响运营安全的突发事件时，运营企业未按照应急预案的规定采取应急处置措施，造成严重后果的，由城市公共交通主管部门处2万元以上3万元以下的罚款。

第六十四条 城市公共汽电车客运场站和服务设施的日常管理单位未按照规定对有关场站设施进行管理和维护的，由城市公共交通主管部门责令限期改正；逾期未改正的，处1万元以下的罚款。

第六十五条 违法携带违禁物品进站乘车的，或者有本规定第五十三条危害运营安全行为的，运营企业应当报当地公安部门依法处理。

第六十六条 违反本规定第五十四条，有危害城市公共汽电车客运服务设施行为的，由城市公共交通主管部门责令改正，对损坏的设施依法赔偿，并对个人处1000元以下的罚款，对单位处5000元以下的罚款。构成犯罪的，依法追究刑事责任。

第六十七条 城市公共交通主管部门不履行本规定职责、造成严重后果的，或者有其他滥用职权、玩忽职守、徇私舞弊行为的，对负有责任的领导人员和直接责任人员依法给予处分；构成犯罪的，依法追究刑事责任。

第六十八条 地方性法规、政府规章对城市公共汽电车客运违法行为需要承担的法律责任与本规定有不同规定的，从其规定。

第八章 附 则

第六十九条 县（自治县、旗、自治旗、团场）开通公共汽电车客运的，参照适用本规定。

第七十条 经相关城市人民政府协商开通的毗邻城市间公共汽电车客运，参照适用本规定。

第七十一条 本规定自2017年5月1日起施行。

国家民委关于修改《国家民委科研项目管理办法》的决定

（2017年3月7日国家民族事务委员会令2017年第1号公布
自公布之日起施行 国法备字[2017000432]）

国家民委决定对《国家民委科研项目管理办法》作如下修改：

一、将第一条修改为："为进一步加强国家民委科研项目管理工作的科学化和规范化，依据国家有关规定制定本办法。"

二、将第二条修改为："国家民委科研项目坚持全面开放原则，公平竞争，择优立项。"

三、将第三条修改为："国家民委科研项目分为招标项目、委托项目和后期资助项目等类别。"

四、将第四条修改为："国家民委成立科研项目管理办公室，负责科研项目的统一管理。国家民委科研项目管理办公室（以下简称管理办公室）由国家民委民族理论政策研究室和教育科技司组成，民族理论政策研究室负责民族研究项目管理，教育科技司负责其他项目管理，对外统一使用国家民委科研项目管理办公室名称。国家民委机关各部门因工作需要设立科研项目的，应当委托管理办公室办理相关事宜。"

五、将第九条修改为："申报国家民委科研项目的主持人应符合以下条件：

"（一）遵守中华人民共和国宪法和法律有关规定；

"（二）一般应为高校、科研院所等有关单位的正式在职职工，聘用职工应与单位签有正式协议；

"（三）年龄一般不超过65周岁，鼓励和扶持青年学者（40周岁以下）申报；

"（四）申报自筹经费项目，须有出资单位或个人的经费有效资助证明。"

六、将第十一条修改为："具有下列情况之一者，取消申报资格：

"（一）申报材料中有虚假内容的；

"（二）项目申请人严重违反学术道德的；

"（三）项目主持人承担国家民委科研项目，尚未结项的。"

七、将第十二条修改为："管理办公室负责组织国家民委科研项目的立项评审。

"（一）初核。管理办公室按照本办法第九至十一条的要求对课题申报材料进行审核。

"（二）初审。管理办公室组织成立专家组，对通过初核的申报材料实行活页匿名评审。根据申报实际选出一定数量的申报材料进入复审。

"（三）复审。管理办公室组织专家组对进入复审的申报材料进行审核，复审采取分组投票方式进行。

"（四）终审。管理办公室将复审结果报终审专家评审，确定拟立项项目名单。

"（五）公示。管理办公室将终审专家确定的拟立项项目名单在国家民委网站进行公示，公示时间不少于5个工作日。

"（六）立项。通过公示的拟立项项目，由管理办公室及时发布立项公告。"

八、将第十七条修改为："自然科学类的国家民委科研项目的研究时限一般为2年，最长不超过3年。社会科学类的一般为1年半，最长不超过2年。国家民委科研项目的研究时限均以立项通知书为准。"

九、将第二十条与第二十一条合并为第二十条，修改为："管理办公室组织有关专家对项目最终研究成果进行鉴定,通过鉴定后方可结项。

"(一)项目研究工作完成后,项目主持人填报《结项申请表》并提供相关材料,经所在单位科研和财务部门审核合格后,报送管理办公室;

"(二)管理办公室对《结项申请表》及相关材料进行审查,审查合格后送专家组进行鉴定;

"(三)专家组应对项目成果提出是否通过及相应评级的鉴定意见;

"(四)管理办公室汇总专家鉴定意见,提出能否结项及相应评级的意见;

"(五)管理办公室将鉴定结果在国家民委网站上公示,并通知项目主持人及其所在单位。"

十、将第二十二条修改为第二十一条。

十一、将第二十三条拆分为第二十二条和第二十三条。第二十二条为:"最终成果鉴定通过后,由管理办公室负责办理验收结项事宜,发给《国家民委科研项目结项证书》。"第二十三条为:"凡有下列情形之一者,撤销项目并公示:

"(一)无特殊情况逾期不提交研究成果的;

"(二)专家鉴定不合格并在延长期限(最长半年)结束后第二次鉴定仍不合格的;

"(三)剽窃他人成果的;

"(四)擅自变更计划任务的;

"(五)不提交经费使用决算表,或经费使用情况严重违反财务纪律的;

"(六)其他违反本办法规定的。"

十二、将第二十五条第二款修改为:"项目资助经费一次核定,一般分两期拨付,包干使用,超支不补。首期拨付资助经费的80%,在规定期限内经鉴定合格的再拨付20%。鉴定为不合格的,不再拨付尾款。"

十三、将第二十六条修改为:"具体经费使用办法、项目资金开支范围参照《国家社会科学基金项目资金管理办法》执行。"

十四、删除第二十七条,将第二十八条改为第二十七条,并修改为:"项目主持人所在单位的科研管理部门,按国家有关规定提取管理费,用于项目日常管理、检查和专家咨询、评审等专用支出。管理费不超过项目经费的5%。"

十五、将第二十九条改为第二十八条,修改为:"项目主持人在本单位科研和财务管理部门的指导下,按计划自主支配项目经费,严禁挪用。

"依据相关财务规定严格使用经费,在提交《项目鉴定申请表》时,应同时提交资助经费决算表。"

十六、将第三十条改为第二十九条第一款,增加一款作为第二款:"若项目研究成果通过审核验收2年后结余资金仍有剩余的,应当按国家有关规定收回。"

十七、增加一条作为第三十条:“对因故不能结项而导致撤项的,剩余经费应按原渠道返回管理办公室。对无故不完成研究任务而导致撤项的,管理办公室将追回全部已拨经费。”

十八、将第三十一条修改为:“项目成果通过鉴定,且不涉及国家秘密的,可公开出版或发表。未通过鉴定的,不能出版或发表。民族研究项目成果未经管理办公室同意,不得公开。”

十九、将第三十七条修改为:“本办法自公布之日起施行。”

二十、增加一条作为第三十八条:“本办法由国家民委科研项目管理办公室负责解释。”

本决定自公布之日起施行。

《国家民委科研项目管理办法》根据本决定作相应修改,重新公布。

国家民委科研项目管理办法

(2012年12月7日国家民族事务委员会令2012年第2号公布 根据2017年3月7日《国家民委关于修改〈国家民委科研项目管理办法〉的决定》修改)

第一章 总 则

第一条 为进一步加强国家民委科研项目管理工作的科学化和规范化,依据国家有关规定制定本办法。

第二条 国家民委科研项目坚持全面开放原则,公平竞争,择优立项。

第三条 国家民委科研项目分为招标项目、委托项目和后期资助项目等类别。

第四条 国家民委成立科研项目管理办公室,负责科研项目的统一管理。国家民委科研项目管理办公室(以下简称管理办公室)由国家民委民族理论政策研究室和教育科技司组成,民族理论政策研究室负责民族研究项目管理,教育科技司负责其他项目管理,对外统一使用国家民委科研项目管理办公室名称。

国家民委机关各部门因工作需要设立科研项目的,应当委托管理办公室办理相关事宜。

第五条 国家民委科研项目管理工作应当遵循公开、公平、公正的原则。

第六条 国家民委鼓励合作攻关重大基础研究项目和应用研究项目,支持对民族工作决策具有重要参考价值的其他现实问题研究项目。

第二章 申请与立项

第七条 国家民委科研项目采取招标和委托相结合的方式,实行项目主持人负责制。

第八条 管理办公室于每年 12 月底前在国家民委网站发布下年度的《国家民委课题指南》,在规定期限内受理项目申报。

第九条 申报国家民委科研项目的主持人应符合以下条件:

(一)遵守中华人民共和国宪法和法律有关规定;

(二)一般应为高校、科研院所等有关单位的正式在职职工,聘用职工应与单位签有正式协议;

(三)年龄一般不超过 65 周岁,鼓励和扶持青年学者(40 周岁以下)申报;

(四)申报自筹经费项目,须有出资单位或个人的经费有效资助证明。

第十条 申报国家民委科研项目应填写《国家民委课题申请表》并提供相关材料,经项目主持人所在单位审查并签署意见后,报送管理办公室。

第十一条 具有下列情况之一者,取消申报资格:

(一)申报材料中有虚假内容的;

(二)项目申请人严重违反学术道德的;

(三)项目主持人承担国家民委科研项目,尚未结项的。

第十二条 管理办公室负责组织国家民委科研项目的立项评审。

(一)初核。管理办公室按照本办法第九至十一条的要求对课题申报材料进行审核。

(二)初审。管理办公室组织成立专家组,对通过初核的申报材料实行活页匿名评审。根据申报实际选出一定数量的申报材料进入复审。

(三)复审。管理办公室组织专家组对进入复审的申报材料进行审核,复审采取分组投票方式进行。

(四)终审。管理办公室将复审结果报终审专家评审,确定拟立项项目名单。

(五)公示。管理办公室将终审专家确定的拟立项项目名单在国家民委网站进行公示,公示时间不少于 5 个工作日。

(六)立项。通过公示的拟立项项目,由管理办公室及时发布立项公告。

第十三条 立项评审应主要从以下几方面进行评价判断:

(一)项目设计的科学性、合理性;

(二)研究内容的创新性及技术路线的可行性;

(三)项目主持人的科研能力及项目组成人员结构的合理性;

(四)具备相关科研条件和研究基础;

（五）项目研究经费预算的合理性。

第十四条 参与评审的相关人员应当严格遵守评审纪律，如有不当行为，将依照有关规定予以严肃处理。

第十五条 经批准立项的，由管理办公室向项目主持人发出《国家民委科研项目立项通知书》。

立项时间以立项通知书发出之日为准。

第十六条 项目主持人接到项目立项通知书后应在规定期限内填写《回执》并签字后寄回管理办公室。逾期未签者视为自动放弃。

第三章 进度管理与结项

第十七条 自然科学类的国家民委科研项目的研究时限一般为2年，最长不超过3年。社会科学类的一般为1年半，最长不超过2年。国家民委科研项目的研究时限均以立项通知书为准。

第十八条 管理办公室对项目进行全程跟踪管理，对开题和课题进展情况实施抽查。

项目主持人所在单位科研管理部门要履行职责，对项目实施过程进行管理。

第十九条 凡有下列情形之一者，须由项目主持人提交书面申请，并经所在单位同意，报管理办公室审批：

（一）变更项目主持人；

（二）变更项目名称；

（三）变更项目最终成果形式；

（四）变更项目研究内容；

（五）变更项目管理单位；

（六）申请项目延期；

（七）申请撤销项目。

第二十条 管理办公室组织有关专家对项目最终研究成果进行鉴定，通过鉴定后方可结项。

（一）项目研究工作完成后，项目主持人填报《结项申请表》并提供相关材料，经所在单位科研和财务部门审核合格后，报送管理办公室；

（二）管理办公室对《结项申请表》及相关材料进行审查，审查合格后送专家组进行鉴定；

（三）专家组应对项目成果提出是否通过及相应评级的鉴定意见；

（四）管理办公室汇总专家鉴定意见，提出能否结项及相应评级的意见；

（五）管理办公室将鉴定结果在国家民委网站上公示，并通知项目主持人及其所在单位。

第二十一条 成果鉴定未能通过的，允许项目组在半年内对成果进行修改，并重新申请鉴定。重新鉴定仍不能通过的，按撤项处理，且2年内不得申请国家民委科研项目。

第二十二条 最终成果鉴定通过后，由管理办公室负责办理验收结项事宜，发给《国家民委科研项目结项证书》。

第二十三条 凡有下列情形之一者，撤销项目并公示：

(一)无特殊情况逾期不提交研究成果的；

(二)专家鉴定不合格并在延长期限(最长半年)结束后第二次鉴定仍不合格的；

(三)剽窃他人成果的；

(四)擅自变更计划任务的；

(五)不提交经费使用决算表，或经费使用情况严重违反财务纪律的；

(六)其他违反本办法规定的。

第四章 经费管理

第二十四条 国家民委单独设立科研项目专项经费，年度规模根据实际情况确定。

管理办公室负责对项目经费的使用情况进行监督、检查和指导。

项目主持人所在单位按财务制度要求对项目资助经费实施具体管理；项目经费不分拨给项目研究成员个人。

相关财务部门应妥善保存项目资助经费账单，并有义务接受有关部门的监督、检查和审计。

第二十五条 管理办公室根据核准项目，将项目经费拨到项目主持人所在单位的银行账户，由所在单位统一管理。

项目资助经费一次核定，一般分两期拨付，包干使用，超支不补。首期拨付资助经费的80%，在规定期限内经鉴定合格的再拨付20%。鉴定为不合格的，不再拨付尾款。

第二十六条 具体经费使用办法、项目资金开支范围参照《国家社会科学基金项目资金管理办法》执行。

第二十七条 项目主持人所在单位的科研管理部门，按国家有关规定提取管理费，用于项目日常管理、检查和专家咨询、评审等专用支出。管理费不超过项目经费的5%。

第二十八条 项目主持人在本单位科研和财务管理部门的指导下，按计划自主支配项目经费，严禁挪用。

依据相关财务规定严格使用经费，在提交《结题申请表》时，应同时提交资助经费决算表。

第二十九条 项目成果通过验收后，资助经费有结余的，由项目主持人所在单位继续用于开展研究工作，项目主持人有优先使用权。

若项目研究成果通过审核验收2年后结余资金仍有剩余的，应当按国家有关规定收回。

第三十条 对因故不能结项而导致撤项的，剩余经费应按原渠道返回管理办公室。对无故不完成研究任务而导致撤项的，管理办公室将追回全部已拨经费。

第五章 成果应用

第三十一条 项目成果通过鉴定，且不涉及国家秘密的，可公开出版或发表。未通过鉴定的，不能出版或发表。民族研究项目成果未经管理办公室同意，不得公开。

第三十二条 根据需要，可择优资助部分科研项目成果出版。

第三十三条 管理办公室可推荐符合要求的项目成果直接进入国家民委优秀科研成果的评奖程序。项目负责人提出申请的，可推荐参加国内外各类评奖活动。

第三十四条 管理办公室可通过要报、内参等形式上报，加强对优秀成果的宣传、推广和应用转化。

第六章 产权归属与保密

第三十五条 如无特殊约定，项目成果的著作权属作者本人，成果完成1年内国家民委有权优先使用。成果正式出版或向有关部门报送时，需在醒目位置标明“国家民委科研项目”相关字样。

第三十六条 科研项目涉及国家秘密的，有关单位和人员应切实做好保密工作。

第七章 附 则

第三十七条 本办法自公布之日起施行。

第三十八条 本办法由国家民委科研项目管理办公室负责解释。

保密事项范围制定、修订和使用办法

（2017 年 3 月 9 日国家保密局令 2017 年第 1 号公布　自 2017 年 4 月 1 日起施行　国法备字［2017000444］）

第一章　总　　则

第一条　为规范国家秘密及其密级的具体范围（以下简称保密事项范围）的制定、修订和使用工作，根据《中华人民共和国保守国家秘密法》（以下简称保密法）及其实施条例，制定本办法。

第二条　保密事项范围由国家保密行政管理部门分别会同外交、公安、国家安全和其他中央有关机关制定、修订。

第三条　制定、修订保密事项范围应当从维护国家安全和利益出发，适应经济社会发展要求，以保密法确定的国家秘密基本范围为遵循，区分不同行业、领域，科学准确划定。

第四条　国家机关和涉及国家秘密的单位（以下简称机关、单位）应当严格依据保密事项范围，规范准确定密，不得比照类推、擅自扩大或者缩小国家秘密事项范围。

第五条　国家保密行政管理部门负责对保密事项范围制定、修订和使用工作进行指导监督。中央有关机关负责组织制定、修订本行业、本领域保密事项范围，并对使用工作进行指导监督。地方各级保密行政管理部门负责对本行政区域内机关、单位使用保密事项范围工作进行指导监督。

第二章　保密事项范围的形式、内容

第六条　保密事项范围名称为“××工作国家秘密范围的规定”，包括正文和目录。

第七条　正文应当以条款形式规定保密事项范围的制定依据，本行业、本领域国家秘密的基本范围，与其他保密事项范围的关系，解释机关和施行日期等内容。

第八条　目录作为规定的附件，名称为“××工作国家秘密目录”，应当以表格形式列明国家秘密具体事项及其密级、保密期限（解密时间或者解密条件）、产生层级、知悉范围等内容。

第九条 目录规定的国家秘密事项的密级应当为确定的密级。除解密时间和解密条件外,目录规定的保密期限应当为最长保密期限。国家秘密事项的产生层级能够明确的,知悉范围能够限定到机关、单位或者具体岗位的,目录应当作出列举。

对专业性强、弹性较大的条目或者名词,目录应当以备注形式作出说明。

第十条 保密事项范围内容属于国家秘密的,应当根据保密法有关规定确定密级和保密期限。

未经保密事项范围制定机关同意,机关、单位不得擅自公开或者对外提供保密事项范围。

第三章 保密事项范围的制定、修订程序

第十一条 有下列情形的,中央有关机关应当与国家保密行政管理部门会商,组织制定或者修订保密事项范围:

(一)主管行业、领域经常产生国家秘密、尚未制定保密事项范围的;

(二)保密事项范围内容已不适应实际工作需要的;

(三)保密事项范围内容与法律法规规定不相符合的;

(四)因机构改革或者调整,影响保密事项范围适用的;

(五)其他应当制定或者修订的情形。

其他机关、单位认为有上述情形,需要制定、修订保密事项范围的,可以向国家保密行政管理部门或者中央有关机关提出建议。

第十二条 保密事项范围由主管相关行业、领域工作的中央有关机关负责起草;涉及多个部门或者行业、领域的,由承担主要职能的中央有关机关牵头负责起草;不得委托社会中介机构及其他社会组织或者个人起草。

国家保密行政管理部门、中央有关机关应当定期对起草工作进行研究会商。

第十三条 中央有关机关起草保密事项范围,应当进行调查研究,总结梳理本行业、本领域国家秘密事项,广泛征求有关机关、单位和相关领域专家意见。

第十四条 中央有关机关完成起草工作后,应当将保密事项范围送审稿送国家保密行政管理部门审核,同时提交下列材料:

(一)保密事项范围送审稿的说明;

(二)有关机关、单位或者相关领域专家的意见;

(三)其他有关材料,主要包括所在行业、领域国家秘密事项总结梳理情况等。

第十五条 国家保密行政管理部门对保密事项范围送审稿应当从以下方面进行审核：

（一）形式是否符合本办法规定；

（二）所列事项是否符合保密法关于国家秘密的规定；

（三）所列事项是否涵盖所在行业、领域国家秘密；

（四）所列事项是否属于法律法规要求公开或者其他不得确定为国家秘密的事项；

（五）所列事项表述是否准确、规范并具有可操作性；

（六）是否与其他保密事项范围协调、衔接；

（七）其他需要审核的内容。

国家保密行政管理部门可以组织有关专家对保密事项范围送审稿进行评议，听取意见。

第十六条 国家保密行政管理部门审核认为保密事项范围送审稿需要作出修改的，应当与中央有关机关会商议定；需要进一步征求意见的，应当征求有关机关、单位意见；无需修改的，应当会同中央有关机关形成保密事项范围草案和草案说明，并启动会签程序。

第十七条 保密事项范围应当由国家保密行政管理部门、中央有关机关主要负责人共同签署批准。

第十八条 保密事项范围使用中央有关机关的发文字号印发。印发时，应当严格控制发放范围，并注明能否转发以及转发范围。

第四章 保密事项范围的使用

第十九条 机关、单位定密应当符合保密事项范围目录的规定。

第二十条 机关、单位依据保密事项范围目录定密，应当遵循下列要求：

（一）密级应当严格按照目录的规定确定，不得高于或者低于规定的密级；

（二）保密期限应当在目录规定的最长保密期限内合理确定，不得超出最长保密期限；目录明确规定解密条件或解密时间的，从其规定；

（三）知悉范围应当依据目录的规定，根据工作需要限定到具体人员；不能限定到具体人员的，应当限定到具体单位、部门或者岗位。

第二十一条 机关、单位可以依据本行业、本领域和相关行业、领域保密事项范围目录，整理制定国家秘密事项一览表（细目），详细列举本机关、本单位产生的国家秘密事项的具体内容、密级、保密期限（解密条件或者解密时间）、产生部门或者岗位、知悉人员以及载体形式等。

国家秘密事项一览表（细目），应当经本机关、本单位审定后实施，并报同级保密行政管理部门备案。

第二十二条 机关、单位对符合保密法规定,但保密事项范围正文和目录没有规定的不明确事项,应当按照保密法实施条例第十九条的规定办理。

第二十三条 保密行政管理部门进行密级鉴定,需要适用保密事项范围的,应当以保密事项范围的目录作为依据;直接适用正文的,应当征求制定保密事项范围的中央有关机关意见。

第二十四条 中央有关机关应当加强对本行业、本领域保密事项范围使用的教育培训,确保所在行业、领域准确理解保密事项范围的内容、使用要求。

机关、单位应当将保密事项范围的学习、使用纳入定密培训内容,确保定密责任人和承办人熟悉并准确掌握相关保密事项范围内容,严格依据保密事项范围定密。

第二十五条 保密行政管理部门应当加强对机关、单位使用保密事项范围情况的监督检查,发现保密事项范围使用不当的,应当及时通知机关、单位予以纠正。

第五章 保密事项范围的解释、清理

第二十六条 有下列情形的,中央有关机关应当会同国家保密行政管理部门对保密事项范围作出书面解释:

(一)目录内容需要明确具体含义的;

(二)有关事项在目录中没有规定但符合正文规定情形,需要明确适用条件、适用范围的;

(三)不同保密事项范围对同类事项规定不一致的;

(四)其他需要作出解释的情形。

保密事项范围的解释和保密事项范围具有同等效力。

第二十七条 机关、单位认为保密事项范围存在本办法第二十六条规定情形的,可以建议保密事项范围制定机关作出解释。

第二十八条 保密事项范围的解释参照制定、修订程序作出。除涉及特殊国家秘密事项、需控制知悉范围的,应当按照保密事项范围印发范围发放。

第二十九条 国家保密行政管理部门、中央有关机关应当每五年对保密事项范围及其解释进行一次清理,也可以根据工作需要适时组织清理,并作出继续有效、进行修订、宣布废止等处理;对属于国家秘密的保密事项范围及其解释,应当同时作出是否解密的决定。

第三十条 保密事项范围部分内容宣布废止、失效或者由其他保密事项范围替代的,不影响该保密事项范围其他部分的效力。

第六章　附　　则

第三十一条　本办法施行前制定实施的保密事项范围，没有目录的应当即行清理，清理之前的继续有效，有关事项的保密期限和知悉范围按照保密法有关规定确定。

第三十二条　本办法由国家保密局负责解释。

第三十三条　本办法自 2017 年 4 月 1 日起施行。

司法解释

最高人民法院　最高人民检察院
公安部　司法部关于对因犯罪在大陆
受审的台湾居民依法适用缓刑实行
社区矫正有关问题的意见

（2016 年 7 月 26 日　法发〔2016〕33 号）

为维护因犯罪在大陆受审的台湾居民的合法权益，保障缓刑的依法适用和执行，根据《中华人民共和国刑法》《中华人民共和国刑事诉讼法》和《社区矫正实施办法》等有关规定，结合工作实际，制定本意见。

第一条　对因犯罪被判处拘役、三年以下有期徒刑的台湾居民，如果其犯罪情节较轻、有悔罪表现、没有再犯罪的危险且宣告缓刑对所居住社区没有重大不良影响的，人民法院可以宣告缓刑，对其中不满十八周岁的人、怀孕的妇女和已满七十五周岁的人，应当宣告缓刑。

第二条　人民检察院建议对被告人宣告缓刑的，应当说明依据和理由。

被告人及其法定代理人、辩护人提出宣告缓刑的请求，应当说明理由，必要时需提交经过台湾地区公证机关公证的被告人在台湾地区无犯罪记录证明等相关材料。

第三条　公安机关、人民检察院、人民法院需要委托司法行政机关调查评估宣告缓刑对社区影响的，可以委托犯罪嫌疑人、被告人在大陆居住地的县级司法行政机关，也可以委托适合协助社区矫正的下列单位或者人员所在地的县级司法行政机关：

（一）犯罪嫌疑人、被告人在大陆的工作单位或者就读学校；

（二）台湾同胞投资企业协会、台湾同胞投资企业；

（三）其他愿意且有能力协助社区矫正的单位或者人员。

已经建立涉台社区矫正专门机构的地方，可以委托该机构所在地的县级司法行政机关调查评估。

根据前两款规定仍无法确定接受委托的调查评估机关的，可以委托办理案件的公安机关、人民检察院、人民法院所在地的县级司法行政机关。

第四条 司法行政机关收到委托后，一般应当在十个工作日内向委托机关提交调查评估报告；对提交调查评估报告的时间另有规定的，从其规定。

司法行政机关开展调查评估，可以请当地台湾同胞投资企业协会、台湾同胞投资企业以及犯罪嫌疑人、被告人在大陆的监护人、亲友等协助提供有关材料。

第五条 人民法院对被告人宣告缓刑时，应当核实其居住地或者本意见第三条规定的有关单位、人员所在地，书面告知被告人应当自判决、裁定生效后十日内到社区矫正执行地的县级司法行政机关报到，以及逾期报到的法律后果。

缓刑判决、裁定生效后，人民法院应当在十日内将判决书、裁定书、执行通知书等法律文书送达社区矫正执行地的县级司法行政机关，同时抄送该地县级人民检察院和公安机关。

第六条 对被告人宣告缓刑的，人民法院应当及时作出不准出境决定书，同时依照有关规定办理边控手续。

实施边控的期限为缓刑考验期限。

第七条 对缓刑犯的社区矫正，由其在大陆居住地的司法行政机关负责指导管理、组织实施；在大陆没有居住地的，由本意见第三条规定的有关司法行政机关负责。

第八条 为缓刑犯确定的社区矫正小组可以吸收下列人员参与：

（一）当地台湾同胞投资企业协会、台湾同胞投资企业的代表；

（二）在大陆居住或者工作的台湾同胞；

（三）缓刑犯在大陆的亲友；

（四）其他愿意且有能力参与社区矫正工作的人员。

第九条 根据社区矫正需要，司法行政机关可以会同相关部门，协调台湾同胞投资企业协会、台湾同胞投资企业等，为缓刑犯提供工作岗位、技能培训等帮助。

第十条 对于符合条件的缓刑犯，可以依据《海峡两岸共同打击犯罪及司法互助协议》，移交台湾地区执行。

第十一条 对因犯罪在大陆受审、执行刑罚的台湾居民判处管制、裁定假释、决定或者批准暂予监外执行，实行社区矫正的，可以参照适用本意见的有关规定。

第十二条 本意见自2017年1月1日起施行。

最高人民法院印发《关于执行款物管理工作的规定》的通知

（2017年2月27日 法发〔2017〕6号）

各省、自治区、直辖市高级人民法院，解放军军事法院，新疆维吾尔自治区高级人民法院生产建设兵团分院：

为规范人民法院对执行款物的管理工作，维护当事人的合法权益，最高人民法院对2006年5月18日发布施行的《关于执行款物管理工作的规定（试行）》（法发〔2006〕11号）进行了修订。现将修订后的《最高人民法院关于执行款物管理工作的规定》予以印发，请遵照执行。

最高人民法院关于执行款物管理工作的规定

为规范人民法院对执行款物的管理工作，维护当事人的合法权益，根据《中华人民共和国民事诉讼法》及有关司法解释，参照有关财务管理规定，结合执行工作实际，制定本规定。

第一条 本规定所称执行款物，是指执行程序中依法应当由人民法院经管的财物。

第二条 执行款物的管理实行执行机构与有关管理部门分工负责、相互配合、相互监督的原则。

第三条 财务部门应当对执行款的收付进行逐案登记，并建立明细账。

对于由人民法院保管的查封、扣押物品，应当指定专人或部门负责，逐案登记，妥善保管，任何人不得擅自使用。

执行机构应当指定专人对执行款物的收发情况进行管理，设立台账、逐案登记，并与执行款物管理部门对执行款物的收发情况每月进行核对。

第四条 人民法院应当开设执行款专户或在案款专户中设置执行款科目，对执行款实行专项管理、独立核算、专款专付。

人民法院应当采取一案一账号的方式，对执行款进行归集管理，案号、款项、被执行人或交款人应当一一对应。

第五条 执行人员应当在执行通知书或有关法律文书中告知人民法院执行款专户或案款专户的开户银行名称、账号、户名,以及交款时应当注明执行案件案号、被执行人姓名或名称、交款人姓名或名称、交款用途等信息。

第六条 被执行人可以将执行款直接支付给申请执行人;人民法院也可以将执行款从被执行人账户直接划至申请执行人账户。但有争议或需再分配的执行款,以及人民法院认为确有必要的,应当将执行款划至执行款专户或案款专户。

人民法院通过网络执行查控系统扣划的执行款,应当划至执行款专户或案款专户。

第七条 交款人直接到人民法院交付执行款的,执行人员可以会同交款人或由交款人直接到财务部门办理相关手续。

交付现金的,财务部门应当即时向交款人出具收款凭据;交付票据的,财务部门应当即时向交款人出具收取凭证,在款项到账后三日内通知执行人员领取收款凭据。

收到财务部门的收款凭据后,执行人员应当及时通知被执行人或交款人在指定期限内用收取凭证更换收款凭据。被执行人或交款人未在指定期限内办理更换手续或明确拒绝更换的,执行人员应当书面说明情况,连同收款凭据一并附卷。

第八条 交款人采用转账汇款方式交付和人民法院采用扣划方式收取执行款的,财务部门应当在款项到账后三日内通知执行人员领取收款凭据。

收到财务部门的收款凭据后,执行人员应当参照本规定第七条第三款规定办理。

第九条 执行人员原则上不直接收取现金和票据;确有必要直接收取的,应当不少于两名执行人员在场,即时向交款人出具收取凭证,同时制作收款笔录,由交款人和在场人员签名。

执行人员直接收取现金或者票据的,应当在回院后当日将现金或票据移交财务部门;当日移交确有困难的,应当在回院后一日内移交并说明原因。财务部门应当按照本规定第七条第二款规定办理。

收到财务部门的收款凭据后,执行人员应当按照本规定第七条第三款规定办理。

第十条 执行人员应当在收到财务部门执行款到账通知之日起三十日内,完成执行款的核算、执行费用的结算、通知申请执行人领取和执行款发放等工作。

有下列情形之一的,报经执行局局长或主管院领导批准后,可以延缓发放:

(一)需要进行案款分配的;

（二）申请执行人因另案诉讼、执行或涉嫌犯罪等原因导致执行款被保全或冻结的；

（三）申请执行人经通知未领取的；

（四）案件被依法中止或者暂缓执行的；

（五）有其他正当理由需要延缓发放执行款的。

上述情形消失后，执行人员应当在十日内完成执行款的发放。

第十一条 人民法院发放执行款，一般应当采取转账方式。

执行款应当发放给申请执行人，确需发放给申请执行人以外的单位或个人的，应当组成合议庭进行审查，但依法应当退还给交款人的除外。

第十二条 发放执行款时，执行人员应当填写执行款发放审批表。执行款发放审批表中应当注明执行案件案号、当事人姓名或名称、交款人姓名或名称、交款金额、交款时间、交款方式、收款人姓名或名称、收款人账号、发款金额和方式等情况。报经执行局局长或主管院领导批准后，交由财务部门办理支付手续。

委托他人代为办理领取执行款手续的，应当附特别授权委托书、委托代理人的身份证复印件。委托代理人是律师的，应当附所在律师事务所出具的公函及律师执照复印件。

第十三条 申请执行人要求或同意人民法院采取转账方式发放执行款的，执行人员应当持执行款发放审批表及申请执行人出具的本人或本单位接收执行款的账户信息的书面证明，交财务部门办理转账手续。

申请执行人或委托代理人直接到人民法院办理领取执行款手续的，执行人员应当在查验领款人身份证件、授权委托手续后，持执行款发放审批表，会同领款人到财务部门办理支付手续。

第十四条 财务部门在办理执行款支付手续时，除应当查验执行款发放审批表，还应当按照有关财务管理规定进行审核。

第十五条 发放执行款时，收款人应当出具合法有效的收款凭证。财务部门另有规定的，依照其规定。

第十六条 有下列情形之一，不能在规定期限内发放执行款的，人民法院可以将执行款提存：

（一）申请执行人无正当理由拒绝领取的；

（二）申请执行人下落不明的；

（三）申请执行人死亡未确定继承人或者丧失民事行为能力未确定监护人的；

（四）按照申请执行人提供的联系方式无法通知其领取的；

（五）其他不能发放的情形。

第十七条 需要提存执行款的，执行人员应当填写执行款提存审批表并附具有提存情形的证明材料。执行款提存审批表中应注明执行案件案号、当事人姓名或名称、交款人姓名或名称、交款金额、交款时间、交款方式、收款人姓名或名称、提存金额、提存原因等情况。报经执行局局长或主管院领导批准后，办理提存手续。

提存费用应当由申请执行人负担，可以从执行款中扣除。

第十八条 被执行人将执行依据确定交付、返还的物品（包括票据、证照等）直接交付给申请执行人的，被执行人应当向人民法院出具物品接收证明；没有物品接收证明的，执行人员应当将履行情况记入笔录，经双方当事人签字后附卷。

被执行人将物品交由人民法院转交给申请执行人或由人民法院主持双方当事人进行交接的，执行人员应当将交付情况记入笔录，经双方当事人签字后附卷。

第十九条 查封、扣押至人民法院或被执行人、担保人等直接向人民法院交付的物品，执行人员应当立即通知保管部门对物品进行清点、登记，有价证券、金银珠宝、古董等贵重物品应当封存，并办理交接。保管部门接收物品后，应当出具收取凭证。

对于在异地查封、扣押，且不便运输或容易毁损的物品，人民法院可以委托物品所在地人民法院代为保管，代为保管的人民法院应当按照前款规定办理。

第二十条 人民法院应当确定专门场所存放本规定第十九条规定的物品。

第二十一条 对季节性商品、鲜活、易腐烂变质以及其他不宜长期保存的物品，人民法院可以责令当事人及时处理，将价款交付人民法院；必要时，执行人员可予以变卖，并将价款依照本规定要求交财务部门。

第二十二条 人民法院查封、扣押或被执行人交付，且属于执行依据确定交付、返还的物品，执行人员应当自查封、扣押或被执行人交付之日起三十日内，完成执行费用的结算、通知申请执行人领取和发放物品等工作。不属于执行依据确定交付、返还的物品，符合处置条件的，执行人员应当依法启动财产处置程序。

第二十三条 人民法院解除对物品的查封、扣押措施的，除指定由被执行人保管的外，应当自解除查封、扣押措施之日起十日内将物品发还给所有人或交付人。

物品在人民法院查封、扣押期间，因自然损耗、折旧所造成的损失，由物品所有人或交付人自行负担，但法律另有规定的除外。

第二十四条 符合本规定第十六条规定情形之一的，人民法院可以对物品进行提存。

物品不适于提存或者提存费用过高的，人民法院可以提存拍卖或者变卖该物品所得价款。

第二十五条 物品的发放、延缓发放、提存等，除本规定有明确规定外，参照执行款的有关规定办理。

第二十六条 执行款物的收发凭证、相关证明材料，应当附卷归档。

第二十七条 案件承办人调离执行机构，在移交案件时，必须同时移交执行款物收发凭证及相关材料。执行款物收发情况复杂的，可以在交接时进行审计。执行款物交接不清的，不得办理调离手续。

第二十八条 各高级人民法院在实施本规定过程中，结合行政事业单位内部控制建设的要求，以及执行工作实际，可制定具体实施办法。

第二十九条 本规定自2017年5月1日起施行。2006年5月18日施行的《最高人民法院关于执行款物管理工作的规定（试行）》（法发〔2006〕11号）同时废止。

最高人民法院关于修改《最高人民法院关于公布失信被执行人名单信息的若干规定》的决定

（2017年1月16日最高人民法院审判委员会第1707次会议审议通过　2017年2月28日最高人民法院公告公布　自2017年5月1日起施行　法释〔2017〕7号）

根据最高人民法院审判委员会第1707次会议决定，对《最高人民法院关于公布失信被执行人名单信息的若干规定》作如下修改：

一、将第一条修改为："被执行人未履行生效法律文书确定的义务，并具有下列情形之一的，人民法院应当将其纳入失信被执行人名单，依法对其进行信用惩戒：

（一）有履行能力而拒不履行生效法律文书确定义务的；

（二）以伪造证据、暴力、威胁等方法妨碍、抗拒执行的；

（三）以虚假诉讼、虚假仲裁或者以隐匿、转移财产等方法规避执行的；

（四）违反财产报告制度的；

（五）违反限制消费令的；

（六）无正当理由拒不履行执行和解协议的。"

二、增加一条，作为第二条："被执行人具有本规定第一条第二项至第六项规定情形的，纳入失信被执行人名单的期限为二年。被执行人以暴力、威胁方法妨碍、抗拒执行情节严重或具有多项失信行为的，可以延长一至三年。

失信被执行人积极履行生效法律文书确定义务或主动纠正失信行为的，人民法院可以决定提前删除失信信息。"

三、增加一条，作为第三条："具有下列情形之一的，人民法院不得依据本规定第一条第一项的规定将被执行人纳入失信被执行人名单：

（一）提供了充分有效担保的；

（二）已被采取查封、扣押、冻结等措施的财产足以清偿生效法律文书确定债务的；

（三）被执行人履行顺序在后，对其依法不应强制执行的；

（四）其他不属于有履行能力而拒不履行生效法律文书确定义务的情形。"

四、增加一条，作为第四条："被执行人为未成年人的，人民法院不得将其纳入失信被执行人名单。"

五、将第二条改为第五条，修改为："人民法院向被执行人发出的执行通知中，应当载明有关纳入失信被执行人名单的风险提示等内容。

申请执行人认为被执行人具有本规定第一条规定情形之一的，可以向人民法院申请将其纳入失信被执行人名单。人民法院应当自收到申请之日起十五日内审查并作出决定。人民法院认为被执行人具有本规定第一条规定情形之一的，也可以依职权决定将其纳入失信被执行人名单。

人民法院决定将被执行人纳入失信被执行人名单的，应当制作决定书，决定书应当写明纳入失信被执行人名单的理由，有纳入期限的，应当写明纳入期限。决定书由院长签发，自作出之日起生效。决定书应当按照民事诉讼法规定的法律文书送达方式送达当事人。"

六、将第三条改为第十一条，修改为："被纳入失信被执行人名单的公民、法人或其他组织认为有下列情形之一的，可以向执行法院申请纠正：

（一）不应将其纳入失信被执行人名单的；

（二）记载和公布的失信信息不准确的；

（三）失信信息应予删除的。"

七、将第四条改为第六条，第（一）项修改为："作为被执行人的法人或者其他组织的名称、统一社会信用代码（或组织机构代码）、法定代表人或者负责人姓名；"

八、将第六条改为第八条，将第三款改为："国家工作人员、人大代表、政协委员等被纳入失信被执行人名单的，人民法院应当将失信情况通报其所在单位和相关部门。"

将第四款改为："国家机关、事业单位、国有企业等被纳入失信被执行人名单的，人民法院应当将失信情况通报其上级单位、主管部门或者履行出资人职责的机构。"

九、增加一条，作为第九条："不应纳入失信被执行人名单的公民、法人或其他组织被纳入失信被执行人名单的，人民法院应当在三个工作日内撤销失信信息。

记载和公布的失信信息不准确的，人民法院应当在三个工作日内更正失信信息。"

十、将第七条改为第十条，修改为："具有下列情形之一的，人民法院应当在三个工作日内删除失信信息：

（一）被执行人已履行生效法律文书确定的义务或人民法院已执行完毕的；

（二）当事人达成执行和解协议且已履行完毕的；

（三）申请执行人书面申请删除失信信息，人民法院审查同意的；

（四）终结本次执行程序后，通过网络执行查控系统查询被执行人财产两次以上，未发现有可供执行财产，且申请执行人或者其他人未提供有效财产线索的；

（五）因审判监督或破产程序，人民法院依法裁定对失信被执行人中止执行的；

（六）人民法院依法裁定不予执行的；

（七）人民法院依法裁定终结执行的。

有纳入期限的，不适用前款规定。纳入期限届满后三个工作日内，人民法院应当删除失信信息。

依照本条第一款规定删除失信信息后，被执行人具有本规定第一条规定情形之一的，人民法院可以重新将其纳入失信被执行人名单。

依照本条第一款第三项规定删除失信信息后六个月内，申请执行人申请将该被执行人纳入失信被执行人名单的，人民法院不予支持。"

十一、增加一条，作为第十二条："公民、法人或其他组织对被纳入失信被执行人名单申请纠正的，执行法院应当自收到书面纠正申请之日起十五日内审查，理由成立的，应当在三个工作日内纠正；理由不成立的，决定驳回。公民、法人或其他组织对驳回决定不服的，可以自决定书送达之日起十日内向上一级人民法院申请复议。上一级人民法院应当自收到复议申请之日起十五日内作出决定。复议期间，不停止原决定的执行。"

十二、增加一条，作为第十三条："人民法院工作人员违反本规定公布、撤销、更正、删除失信信息的，参照有关规定追究责任。"

根据本决定，将《最高人民法院关于公布失信被执行人名单信息的若干规定》作相应修改，重新公布。

最高人民法院关于公布失信被执行人名单信息的若干规定

（2013年7月1日最高人民法院审判委员会第1582次会议通过 根据2017年1月16日最高人民法院审判委员会第1707次会议通过的《最高人民法院关于修改〈最高人民法院关于公布失信被执行人名单信息的若干规定〉的决定》修正）

为促使被执行人自觉履行生效法律文书确定的义务，推进社会信用体系建设，根据《中华人民共和国民事诉讼法》的规定，结合人民法院工作实际，制定本规定。

第一条 被执行人未履行生效法律文书确定的义务，并具有下列情形之一的，人民法院应当将其纳入失信被执行人名单，依法对其进行信用惩戒：

（一）有履行能力而拒不履行生效法律文书确定义务的；

（二）以伪造证据、暴力、威胁等方法妨碍、抗拒执行的；

（三）以虚假诉讼、虚假仲裁或者以隐匿、转移财产等方法规避执行的；

（四）违反财产报告制度的；

（五）违反限制消费令的；

（六）无正当理由拒不履行执行和解协议的。

第二条 被执行人具有本规定第一条第二项至第六项规定情形的，纳入失信被执行人名单的期限为二年。被执行人以暴力、威胁方法妨碍、抗拒执行情节严重或具有多项失信行为的，可以延长一至三年。

失信被执行人积极履行生效法律文书确定义务或主动纠正失信行为的，人民法院可以决定提前删除失信信息。

第三条 具有下列情形之一的，人民法院不得依据本规定第一条第一项的规定将被执行人纳入失信被执行人名单：

（一）提供了充分有效担保的；

（二）已被采取查封、扣押、冻结等措施的财产足以清偿生效法律文书确定债务的；

（三）被执行人履行顺序在后，对其依法不应强制执行的；

（四）其他不属于有履行能力而拒不履行生效法律文书确定义务的情形。

第四条 被执行人为未成年人的，人民法院不得将其纳入失信被执行人名单。

第五条 人民法院向被执行人发出的执行通知中，应当载明有关纳入失信被执行人名单的风险提示等内容。

申请执行人认为被执行人具有本规定第一条规定情形之一的，可以向人民法院申请将其纳入失信被执行人名单。人民法院应当自收到申请之日起十五日内审查并作出决定。人民法院认为被执行人具有本规定第一条规定情形之一的，也可以依职权决定将其纳入失信被执行人名单。

人民法院决定将被执行人纳入失信被执行人名单的，应当制作决定书，决定书应当写明纳入失信被执行人名单的理由，有纳入期限的，应当写明纳入期限。决定书由院长签发，自作出之日起生效。决定书应当按照民事诉讼法规定的法律文书送达方式送达当事人。

第六条 记载和公布的失信被执行人名单信息应当包括：

（一）作为被执行人的法人或者其他组织的名称、统一社会信用代码（或组织机构代码）、法定代表人或者负责人姓名；

（二）作为被执行人的自然人的姓名、性别、年龄、身份证号码；

（三）生效法律文书确定的义务和被执行人的履行情况；

（四）被执行人失信行为的具体情形；

（五）执行依据的制作单位和文号、执行案号、立案时间、执行法院；

（六）人民法院认为应当记载和公布的不涉及国家秘密、商业秘密、个人隐私的其他事项。

第七条 各级人民法院应当将失信被执行人名单信息录入最高人民法院失信被执行人名单库，并通过该名单库统一向社会公布。

各级人民法院可以根据各地实际情况，将失信被执行人名单通过报纸、广播、电视、网络、法院公告栏等其他方式予以公布，并可以采取新闻发布会或者其他方式对本院及辖区法院实施失信被执行人名单制度的情况定期向社会公布。

第八条 人民法院应当将失信被执行人名单信息，向政府相关部门、金融监管机构、金融机构、承担行政职能的事业单位及行业协会等通报，供相关单位依照法律、法规和有关规定，在政府采购、招标投标、行政审批、政府扶持、融资信贷、市场准入、资质认定等方面，对失信被执行人予以信用惩戒。

人民法院应当将失信被执行人名单信息向征信机构通报，并由征信机构在其征信系统中记录。

国家工作人员、人大代表、政协委员等被纳入失信被执行人名单的，人民法院应当将失信情况通报其所在单位和相关部门。

国家机关、事业单位、国有企业等被纳入失信被执行人名单的,人民法院应当将失信情况通报其上级单位、主管部门或者履行出资人职责的机构。

第九条 不应纳入失信被执行人名单的公民、法人或其他组织被纳入失信被执行人名单的,人民法院应当在三个工作日内撤销失信信息。

记载和公布的失信信息不准确的,人民法院应当在三个工作日内更正失信信息。

第十条 具有下列情形之一的,人民法院应当在三个工作日内删除失信信息:

(一)被执行人已履行生效法律文书确定的义务或人民法院已执行完毕的;

(二)当事人达成执行和解协议且已履行完毕的;

(三)申请执行人书面申请删除失信信息,人民法院审查同意的;

(四)终结本次执行程序后,通过网络执行查控系统查询被执行人财产两次以上,未发现有可供执行财产,且申请执行人或者其他人未提供有效财产线索的;

(五)因审判监督或破产程序,人民法院依法裁定对失信被执行人中止执行的;

(六)人民法院依法裁定不予执行的;

(七)人民法院依法裁定终结执行的。

有纳入期限的,不适用前款规定。纳入期限届满后三个工作日内,人民法院应当删除失信信息。

依照本条第一款规定删除失信信息后,被执行人具有本规定第一条规定情形之一的,人民法院可以重新将其纳入失信被执行人名单。

依照本条第一款第三项规定删除失信信息后六个月内,申请执行人申请将该被执行人纳入失信被执行人名单的,人民法院不予支持。

第十一条 被纳入失信被执行人名单的公民、法人或其他组织认为有下列情形之一的,可以向执行法院申请纠正:

(一)不应将其纳入失信被执行人名单的;

(二)记载和公布的失信信息不准确的;

(三)失信信息应予删除的。

第十二条 公民、法人或其他组织对被纳入失信被执行人名单申请纠正的,执行法院应当自收到书面纠正申请之日起十五日内审查,理由成立的,应当在三个工作日内纠正;理由不成立的,决定驳回。公民、法人或其他组织对驳回决定不服的,可以自决定书送达之日起十日内向上一级人民法院申请复议。上一级人民法院应当自收到复议申请之日起十五日内作出决定。

复议期间，不停止原决定的执行。

第十三条 人民法院工作人员违反本规定公布、撤销、更正、删除失信信息的，参照有关规定追究责任。

最高人民法院关于依法妥善审理涉及夫妻债务案件有关问题的通知

（2017年2月28日 法〔2017〕48号）

各省、自治区、直辖市高级人民法院，解放军军事法院，新疆维吾尔自治区高级人民法院生产建设兵团分院：

家事审判工作是人民法院审判工作的重要内容。在家事审判工作中，正确处理夫妻债务，事关夫妻双方和债权人合法权益的保护，事关婚姻家庭稳定和市场交易安全的维护，事关和谐健康诚信经济社会建设的推进。为此，最高人民法院审判委员会第1710次会议讨论通过《最高人民法院关于适用〈中华人民共和国婚姻法〉若干问题的解释（二）的补充规定》，对该司法解释第二十四条增加规定了第二款和第三款。2017年2月28日，最高人民法院公布了修正的《最高人民法院关于适用〈中华人民共和国婚姻法〉若干问题的解释（二）》。为依法妥善审理好夫妻债务案件，现将有关问题通知如下：

一、坚持法治和德治相结合原则。在处理夫妻债务案件时，除应当依照婚姻法等法律和司法解释的规定，保护夫妻双方和债权人的合法权益，还应当结合社会主义道德价值理念，增强法律和司法解释适用的社会效果，以达到真正化解矛盾纠纷、维护婚姻家庭稳定、促进交易安全、推动经济社会和谐健康发展的目的。

二、保障未具名举债夫妻一方的诉讼权利。在审理以夫妻一方名义举债的案件中，原则上应当传唤夫妻双方本人和案件其他当事人本人到庭；需要证人出庭作证的，除法定事由外，应当通知证人出庭作证。在庭审中，应当按照《最高人民法院关于适用〈中华人民共和国民事诉讼法〉的解释》的规定，要求有关当事人和证人签署保证书，以保证当事人陈述和证人证言的真实性。未具名举债一方不能提供证据，但能够提供证据线索的，人民法院应当根据当事人的申请进行调查取证；对伪造、隐藏、毁灭证据的要依法予以惩处。未经审判程序，不得要求未举债的夫妻一方承担民事责任。

三、审查夫妻债务是否真实发生。债权人主张夫妻一方所负债务为夫妻共同债务的，应当结合案件的具体情况，按照《最高人民法院关于审理民间借贷案件适用法律若干问题的规定》第十六条第二款、第十九条规定，结合当事人之间关系及其到庭情况、借贷金额、债权凭证、款项交付、当事人的经济能力、当地或者当事人之间的交易方式、交易习惯、当事人财产变动情况以及当事人陈述、证人证言等事实和因素，综合判断债务是否发生。防止违反法律和司法解释规定，仅凭借条、借据等债权凭证就认定存在债务的简单做法。

在当事人举证基础上，要注意依职权查明举债一方作出有悖常理的自认的真实性。对夫妻一方主动申请人民法院出具民事调解书的，应当结合案件基础事实重点审查调解协议是否损害夫妻另一方的合法权益。对人民调解协议司法确认案件，应当按照《最高人民法院关于适用〈中华人民共和国民事诉讼法〉的解释》要求，注重审查基础法律关系的真实性。

四、区分合法债务和非法债务，对非法债务不予保护。在案件审理中，对夫妻一方在从事赌博、吸毒等违法犯罪活动中所负的债务，不予法律保护；对债权人知道或者应当知道夫妻一方举债用于赌博、吸毒等违法犯罪活动而向其出借款项，不予法律保护；对夫妻一方以个人名义举债后用于个人违法犯罪活动，举债人就该债务主张按夫妻共同债务处理的，不予支持。

五、把握不同阶段夫妻债务的认定标准。依照婚姻法第十七条、第十八条、第十九条和第四十一条有关夫妻共同财产制、分别财产制和债务偿还原则以及有关婚姻法司法解释的规定，正确处理夫妻一方以个人名义对外所负债务问题。

六、保护被执行夫妻双方基本生存权益不受影响。要树立生存权益高于债权的理念。对夫妻共同债务的执行涉及到夫妻双方的工资、住房等财产权益，甚至可能损害其基本生存权益的，应当保留夫妻双方及其所扶养家属的生活必需费用。执行夫妻名下住房时，应保障生活所必需的居住房屋，一般不得拍卖、变卖或抵债被执行人及其所扶养家属生活所必需的居住房屋。

七、制裁夫妻一方与第三人串通伪造债务的虚假诉讼。对实施虚假诉讼的当事人、委托诉讼代理人和证人等，要加强罚款、拘留等对妨碍民事诉讼的强制措施的适用。对实施虚假诉讼的委托诉讼代理人，除依法制裁外，还应向司法行政部门、律师协会或者行业协会发出司法建议。对涉嫌虚假诉讼等犯罪的，应依法将犯罪的线索、材料移送侦查机关。

以上通知，请遵照执行。执行中有何问题，请及时报告我院。

最高人民法院关于民事执行中财产调查若干问题的规定

（2017年1月25日最高人民法院审判委员会第1708次会议通过 2017年2月28日最高人民法院公告公布 自2017年5月1日起施行 法释〔2017〕8号）

为规范民事执行财产调查，维护当事人及利害关系人的合法权益，根据《中华人民共和国民事诉讼法》等法律的规定，结合执行实践，制定本规定。

第一条 执行过程中，申请执行人应当提供被执行人的财产线索；被执行人应当如实报告财产；人民法院应当通过网络执行查控系统进行调查，根据案件需要应当通过其他方式进行调查的，同时采取其他调查方式。

第二条 申请执行人提供被执行人财产线索，应当填写财产调查表。财产线索明确、具体的，人民法院应当在七日内调查核实；情况紧急的，应当在三日内调查核实。财产线索确实的，人民法院应当及时采取相应的执行措施。

申请执行人确因客观原因无法自行查明财产的，可以申请人民法院调查。

第三条 人民法院依申请执行人的申请或依职权责令被执行人报告财产情况的，应当向其发出报告财产令。金钱债权执行中，报告财产令应当与执行通知同时发出。

人民法院根据案件需要再次责令被执行人报告财产情况的，应当重新向其发出报告财产令。

第四条 报告财产令应当载明下列事项：

（一）提交财产报告的期限；

（二）报告财产的范围、期间；

（三）补充报告财产的条件及期间；

（四）违反报告财产义务应承担的法律责任；

（五）人民法院认为有必要载明的其他事项。

报告财产令应附财产调查表，被执行人必须按照要求逐项填写。

第五条 被执行人应当在报告财产令载明的期限内向人民法院书面报告下列财产情况：

（一）收入、银行存款、现金、理财产品、有价证券；

（二）土地使用权、房屋等不动产；

（三）交通运输工具、机器设备、产品、原材料等动产；

（四）债权、股权、投资权益、基金份额、信托受益权、知识产权等财产性权利；

（五）其他应当报告的财产。

被执行人的财产已出租、已设立担保物权等权利负担，或者存在共有、权属争议等情形的，应当一并报告；被执行人的动产由第三人占有，被执行人的不动产、特定动产、其他财产权等登记在第三人名下的，也应当一并报告。

被执行人在报告财产令载明的期限内提交书面报告确有困难的，可以向人民法院书面申请延长期限；申请有正当理由的，人民法院可以适当延长。

第六条　被执行人自收到执行通知之日前一年至提交书面财产报告之日，其财产情况发生下列变动的，应当将变动情况一并报告：

（一）转让、出租财产的；

（二）在财产上设立担保物权等权利负担的；

（三）放弃债权或延长债权清偿期的；

（四）支出大额资金的；

（五）其他影响生效法律文书确定债权实现的财产变动。

第七条　被执行人报告财产后，其财产情况发生变动，影响申请执行人债权实现的，应当自财产变动之日起十日内向人民法院补充报告。

第八条　对被执行人报告的财产情况，人民法院应当及时调查核实，必要时可以组织当事人进行听证。

申请执行人申请查询被执行人报告的财产情况的，人民法院应当准许。申请执行人及其代理人对查询过程中知悉的信息应当保密。

第九条　被执行人拒绝报告、虚假报告或者无正当理由逾期报告财产情况的，人民法院可以根据情节轻重对被执行人或者其法定代理人予以罚款、拘留；构成犯罪的，依法追究刑事责任。

人民法院对有前款规定行为之一的单位，可以对其主要负责人或者直接责任人员予以罚款、拘留；构成犯罪的，依法追究刑事责任。

第十条　被执行人拒绝报告、虚假报告或者无正当理由逾期报告财产情况的，人民法院应当依照相关规定将其纳入失信被执行人名单。

第十一条　有下列情形之一的，财产报告程序终结：

（一）被执行人履行完毕生效法律文书确定义务的；

（二）人民法院裁定终结执行的；

（三）人民法院裁定不予执行的；

（四）人民法院认为财产报告程序应当终结的其他情形。

发出报告财产令后，人民法院裁定终结本次执行程序的，被执行人仍应依照本规定第七条的规定履行补充报告义务。

第十二条 被执行人未按执行通知履行生效法律文书确定的义务,人民法院有权通过网络执行查控系统、现场调查等方式向被执行人、有关单位或个人调查被执行人的身份信息和财产信息,有关单位和个人应当依法协助办理。

人民法院对调查所需资料可以复制、打印、抄录、拍照或以其他方式进行提取、留存。

申请执行人申请查询人民法院调查的财产信息的,人民法院可以根据案件需要决定是否准许。申请执行人及其代理人对查询过程中知悉的信息应当保密。

第十三条 人民法院通过网络执行查控系统进行调查,与现场调查具有同等法律效力。

人民法院调查过程中作出的电子法律文书与纸质法律文书具有同等法律效力;协助执行单位反馈的电子查询结果与纸质反馈结果具有同等法律效力。

第十四条 被执行人隐匿财产、会计账簿等资料拒不交出的,人民法院可以依法采取搜查措施。

人民法院依法搜查时,对被执行人可能隐匿财产或者资料的处所、箱柜等,经责令被执行人开启而拒不配合的,可以强制开启。

第十五条 为查明被执行人的财产情况和履行义务的能力,可以传唤被执行人或被执行人的法定代表人、负责人、实际控制人、直接责任人员到人民法院接受调查询问。

对必须接受调查询问的被执行人、被执行人的法定代表人、负责人或者实际控制人,经依法传唤无正当理由拒不到场的,人民法院可以拘传其到场;上述人员下落不明的,人民法院可以依照相关规定通知有关单位协助查找。

第十六条 人民法院对已经办理查封登记手续的被执行人机动车、船舶、航空器等特定动产未能实际扣押的,可以依照相关规定通知有关单位协助查找。

第十七条 作为被执行人的法人或其他组织不履行生效法律文书确定的义务,申请执行人认为其有拒绝报告、虚假报告财产情况,隐匿、转移财产等逃避债务情形或者其股东、出资人有出资不实、抽逃出资等情形的,可以书面申请人民法院委托审计机构对该被执行人进行审计。人民法院应当自收到书面申请之日起十日内决定是否准许。

第十八条 人民法院决定审计的,应当随机确定具备资格的审计机构,并责令被执行人提交会计凭证、会计账簿、财务会计报告等与审计事项有关的资料。

被执行人隐匿审计资料的,人民法院可以依法采取搜查措施。

第十九条 被执行人拒不提供、转移、隐匿、伪造、篡改、毁弃审计资料,阻挠审计人员查看业务现场或者有其他妨碍审计调查行为的,人民法院可以根据情节轻重对被执行人或其主要负责人、直接责任人员予以罚款、拘留;构成犯罪的,依法追究刑事责任。

第二十条 审计费用由提出审计申请的申请执行人预交。被执行人存在拒绝报告或虚假报告财产情况,隐匿、转移财产或者其他逃避债务情形的,审计费用由被执行人承担;未发现被执行人存在上述情形的,审计费用由申请执行人承担。

第二十一条 被执行人不履行生效法律文书确定的义务,申请执行人可以向人民法院书面申请发布悬赏公告查找可供执行的财产。申请书应当载明下列事项:

(一)悬赏金的数额或计算方法;

(二)有关人员提供人民法院尚未掌握的财产线索,使该申请执行人的债权得以全部或部分实现时,自愿支付悬赏金的承诺;

(三)悬赏公告的发布方式;

(四)其他需要载明的事项。

人民法院应当自收到书面申请之日起十日内决定是否准许。

第二十二条 人民法院决定悬赏查找财产的,应当制作悬赏公告。悬赏公告应当载明悬赏金的数额或计算方法、领取条件等内容。

悬赏公告应当在全国法院执行悬赏公告平台、法院微博或微信等媒体平台发布,也可以在执行法院公告栏或被执行人住所地、经常居住地等处张贴。申请执行人申请在其他媒体平台发布,并自愿承担发布费用的,人民法院应当准许。

第二十三条 悬赏公告发布后,有关人员向人民法院提供财产线索的,人民法院应当对有关人员的身份信息和财产线索进行登记;两人以上提供相同财产线索的,应当按照提供线索的先后顺序登记。

人民法院对有关人员的身份信息和财产线索应当保密,但为发放悬赏金需要告知申请执行人的除外。

第二十四条 有关人员提供人民法院尚未掌握的财产线索,使申请发布悬赏公告的申请执行人的债权得以全部或部分实现的,人民法院应当按照悬赏公告发放悬赏金。

悬赏金从前款规定的申请执行人应得的执行款中予以扣减。特定物交付执行或者存在其他无法扣减情形的,悬赏金由该申请执行人另行支付。

有关人员为申请执行人的代理人、有义务向人民法院提供财产线索的人员或者存在其他不应发放悬赏金情形的,不予发放。

第二十五条 执行人员不得调查与执行案件无关的信息,对调查过程中知悉的国家秘密、商业秘密和个人隐私应当保密。

第二十六条 本规定自2017年5月1日起施行。

本规定施行后,本院以前公布的司法解释与本规定不一致的,以本规定为准。

附：

一、2017年3月份报国务院备案并予以登记的地方性法规、自治条例、单行条例和地方政府规章目录

地方性法规

法规名称	公布日期	备案登记编号
北京市制定地方性法规条例（修订）	2017年1月20日	国法备字［2017000428］
天津市人民代表大会代表建议、批评和意见工作条例	2017年1月20日	国法备字［2017000408］
天津市人民代表大会关于农作物秸秆综合利用和露天烧烤的决定	2017年1月20日	国法备字［2017000409］
黑龙江省人民代表大会专门委员会工作条例	2017年1月20日	国法备字［2017000406］
黑龙江省大气污染防治条例	2017年1月20日	国法备字［2017000407］
杭州市法律援助条例（修订）	2017年1月13日	国法备字［2017000380］
杭州市跨境电子商务促进条例	2017年1月13日	国法备字［2017000381］
宁波市轨道交通运营管理条例	2017年1月23日	国法备字［2017000382］
宁波市人大常委会关于修改《宁波市人民代表大会代表建议、批评和意见办理条例》的决定	2017年1月23日	国法备字［2017000383］
菏泽市煤炭清洁生产使用监督管理条例	2017年1月18日	国法备字［2017000339］
聊城市道路交通安全条例	2017年1月18日	国法备字［2017000341］

续　表

法规名称	公布日期	备案登记编号
潮州市韩江流域水环境保护条例	2017 年 2 月 16 日	国法备字［2017000416］
梅州市森林火源管理条例	2017 年 2 月 20 日	国法备字［2017000417］
南宁市城乡容貌和环境卫生管理条例（修订）	2016 年 12 月 30 日	国法备字［2017000390］
南宁市人大常委会关于废止《南宁市暂住户口管理条例》的决定	2017 年 1 月 3 日	国法备字［2017000391］
河池市立法条例	2016 年 12 月 13 日	国法备字［2017000392］
柳州市莲花山保护条例	2016 年 12 月 13 日	国法备字［2017000393］
桂林市石刻保护条例	2017 年 1 月 1 日	国法备字［2017000394］
玉林市城市市容和环境卫生管理条例	2016 年 12 月 20 日	国法备字［2017000395］
来宾市立法条例	2016 年 12 月 17 日	国法备字［2017000396］
西藏自治区人大常委会关于修改《西藏自治区人民代表大会常务委员会人事任免办法》的决定	2016 年 3 月 30 日	国法备字［2017000369］
拉萨市古村落保护条例	2016 年 3 月 30 日	国法备字［2017000370］
甘肃省地方立法条例	2017 年 1 月 13 日	国法备字［2017000387］

地方政府规章

规章名称	公布日期	备案登记编号
天津市国有土地上房屋征收与补偿规定	2017 年 2 月 20 日	国法备字［2017000436］

续 表

规章名称	公布日期	备案登记编号
山西省人民政府关于废止部分政府规章的决定	2017 年 2 月 17 日	国法备字［2017000374］
内蒙古自治区人民政府关于修改《内蒙古自治区矿山地质环境治理办法》的决定	2017 年 1 月 17 日	国法备字［2017000418］
内蒙古自治区法治政府建设考评办法	2017 年 2 月 17 日	国法备字［2017000419］
吉林省人民政府关于废止和修改部分省政府规章的决定	2017 年 1 月 10 日	国法备字［2017000420］
吉林省公安机关警务辅助人员管理办法	2017 年 3 月 2 日	国法备字［2017000421］
四平市人民政府规章制定程序规定	2017 年 2 月 15 日	国法备字［2017000410］
四平市城市市容和环境卫生管理办法	2017 年 2 月 15 日	国法备字［2017000411］
江苏省内河水上游览经营活动安全管理办法	2017 年 2 月 28 日	国法备字［2017000405］
无锡市居民住宅二次供水管理办法	2017 年 3 月 2 日	国法备字［2017000437］
泰州市城市治理办法	2017 年 2 月 24 日	国法备字［2017000422］
安徽省行政执法人员管理办法	2017 年 1 月 19 日	国法备字［2017000385］
合肥市电梯安全监督管理办法	2017 年 2 月 13 日	国法备字［2017000375］
“海上丝绸之路 · 福州史迹”文化遗产保护管理办法	2017 年 2 月 25 日	国法备字［2017000423］
三明市人民政府拟定法规草案和制定规章程序规定	2017 年 1 月 24 日	国法备字［2017000376］
三明市红色文化遗址保护管理办法	2017 年 1 月 25 日	国法备字［2017000377］
景德镇市人民政府拟定地方性法规草案和制定规章程序规定	2016 年 2 月 23 日	国法备字［2017000430］

续 表

规章名称	公布日期	备案登记编号
烟台市房屋使用安全管理规定	2017 年 2 月 13 日	国法备字［2017000372］
广东省依法行政考评办法	2016 年 12 月 19 日	国法备字［2017000362］
广东省行政执法案卷评查办法	2016 年 12 月 26 日	国法备字［2017000397］
深圳市人民政府关于修改《深圳经济特区城市雕塑管理规定》等六项规章的决定	2017 年 2 月 8 日	国法备字［2017000424］
深圳市实施《校车安全管理条例》若干决定	2017 年 3 月 1 日	国法备字［2017000438］
惠州市人民政府拟定地方性法规草案和制定政府规章程序规定	2017 年 2 月 16 日	国法备字［2017000378］
防城港市人民政府规章制定办法	2016 年 12 月 19 日	国法备字［2017000389］
海南省食品摊贩监督管理办法(试行)	2017 年 2 月 27 日	国法备字［2017000427］
巴中市人民政府拟定地方性法规草案和制定政府规章程序规定	2017 年 2 月 26 日	国法备字［2017000379］
贵阳市人民政府关于修改《贵阳市人民政府关于在各区下放、委托实施第一批市级行政审批事项和在贵阳国家高新技术产业开发区、贵阳经济技术开发区、贵阳综合保税区委托实施第二批行政审批事项的决定》附件1表中相关内容的决定	2017 年 3 月 6 日	国法备字［2017000440］
六盘水市人民政府起草地方性法规草案和制定市政府规章程序规定	2017 年 3 月 5 日	国法备字［2017000441］
云南省高速铁路安全管理规定	2017 年 3 月 8 日	国法备字［2017000439］
日喀则市文物保护管理办法	2016 年 11 月 30 日	国法备字［2017000368］
陕西省人工影响天气管理办法	2017 年 2 月 17 日	国法备字［2017000386］

续 表

规章名称	公布日期	备案登记编号
陕西省居住证及流动人口服务管理办法	2017 年 2 月 28 日	国法备字［2017000412］
陕西省转变功能干线公路管理办法	2017 年 2 月 28 日	国法备字［2017000413］
陕西省公路隧道安全保护办法	2017 年 2 月 28 日	国法备字［2017000414］
西安市城市地下综合管廊管理办法	2017 年 2 月 13 日	国法备字［2017000363］
西安市森林资源保护发展责任制办法	2017 年 2 月 18 日	国法备字［2017000364］
白银市烟花爆竹安全管理办法	2017 年 2 月 16 日	国法备字［2017000404］
青海省促进绿色建筑发展办法	2017 年 2 月 17 日	国法备字［2017000402］
青海省安全生产监督管理办法	2017 年 2 月 22 日	国法备字［2017000403］

二、2017 年 3 月份报国务院备案并予以登记，本汇编未收的国务院部门规章目录

交通运输部关于修改《小型航空器商业运输运营人运行合格审定规则》的决定

（2017 年 1 月 23 日交通运输部令 2017 年第 2 号公布　自 2017 年 4 月 1 日起施行　国法备字［2017000373］）

小型航空器商业运输运营人运行合格审定规则

（2005 年 9 月 20 日中国民用航空总局令第 151 号公布　根据 2017 年 1 月 23 日《交通运输部关于修改〈小型航空器商业运输运营人运行合格审定规则〉的决定》修正）

公共航空旅客运输飞行中安全保卫工作规则

（2017 年 2 月 7 日交通运输部令 2017 年第 3 号公布　自 2017 年 3 月 10 日起施行　国法备字［2017000388］）

图书在版编目(CIP)数据

中华人民共和国新法规汇编. 2017 年. 第 4 辑：总第 242 辑/国务院法制办公室编. —北京：中国法制出版社，2017. 4

ISBN 978 - 7 - 5093 - 8365 - 0

Ⅰ. ①中… Ⅱ. ①国… Ⅲ. ①法规-汇编-中国-2017 Ⅳ. ①D920. 9

中国版本图书馆 CIP 数据核字(2017)第 058995 号

中华人民共和国新法规汇编

ZHONGHUA RENMIN GONGHEGUO XIN FAGUI HUIBIAN

(2017 年第 4 辑)

编者/国务院法制办公室

经销/新华书店

印刷/三河市紫恒印装有限公司

开本/850 毫米 ×1168 毫米 32 开 印张/7. 5 字数/219 千

版次/2017 年 4 月第 1 版 2017 年 4 月第 1 次印刷

中国法制出版社出版

书号 ISBN 978 - 7 - 5093 - 8365 - 0 定价：18. 00 元

北京西单横二条 2 号 值班电话：66026508

邮政编码 100031 传真：66031119

网址：http：//www. zgfzs. com **编辑部电话：66066621**

市场营销部电话：66033393 **邮购部电话：66033288**

(如有印装质量问题，请与本社编务印务管理部联系调换。电话：010 - 66032926)